邹广严教育文集

第三卷 (2014—2016)

邹广严 著

国家图书馆出版社

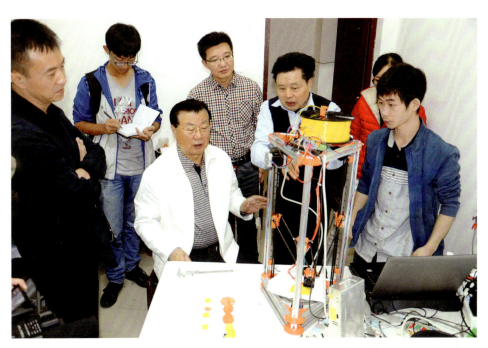

2014年10月14日，邹广严院长参观电子系学生制造的学校第一台3D打印机

四川省教育考试院

川教考院函〔2015〕22号

四川省教育考试院
关于申请调整招生录取批次的复函

四川大学锦城学院:

贵院关于申请调整在川招生录取批次的来函收悉。为积极推进和深化考试招生制度改革,进一步扩大高校招生自主权,支持学校招生培养和发展建设需要,经我院认真研究,同意贵院在川招生相关专业从2015年起调整到本科一批录取。具体专业名单详见附件。

恳请贵院一如既往支持我省招生工作,继续增加在川招生计划,同时切实做好招生宣传工作,确保2015年在川招生计划任务圆满完成。

此复。

附件:四川省2015年调整招生录取批次的学校及专业名单

四川省教育考试院
2015年3月31日

2015年3月31日,经四川省教育考试院批准,锦城学院审计学(ACCA)调整至一本招生

"锦城"毕业生与邹广严院长合影留念

2015年5月9日，锦城学院举行十周年校庆大会。图为学校领导及中层干部在校史展厅合影，共话"锦城"十年光辉历程

2016年5月9日，锦城学院为金融系王甜甜同学（左五）举办个人书法作品展，深化"长板原理"，让学生长板更长、亮点更亮

2016年5月31日，邹广严校长代表学校与四川省教育科学研究所（现四川省教育科学研究院）签署合作框架协议，左一为该院时任院长刘涛

2016年7月24日，厄立特里亚国部长代表团来访

2016年12月17日，中国教育学会会长、北京师范大学原校长钟秉林教授（前排左一）莅临学校考察指导。图为钟会长在校史馆观看展览

邹广严校长和同学们在一起

邹广严校长在锦城学院班团文化节上了解关心学生成长

目　录

2015年　十载"锦城"辉煌路

2016年　布局定策开新元

2014年

改革创新后居上

这一年，提出"办大学就是办环境、办氛围"，继续坚定不移地抓好校风建设；

这一年，深化"长板原理"，学生自制本校第一台3D打印机，创新、创造氛围蔚然成风；

这一年，明确"改革和创新是我们后来居上的两大法宝"，首提"翻转课堂""大数据"等，进一步强化利用新技术实现教育的新突破。

旗帜鲜明地反对错误倾向，
坚定不移地抓好校风建设

——在全校辅导员培训会上的讲话

（2014年2月21日）

在本学期开学之前，学工部专门组织了为期三天的辅导员集中学习。我认为开这个学习班是很有必要的。通过这个学习班，我们的辅导员进行了一系列的学习，我相信这将对学校的学生工作大有裨益。

作为学校的辅导员，不可不对我校的全局性工作有所了解。辅导员的工作要围绕学校的办学思想和中心任务去展开，因此必须有全局视野，不能"只见树木，不见森林"。只有在了解学校全局性工作的基础上，辅导员才能进一步明白自身扮演的角色，才能明确努力的方向。因此，我今天首先要给大家讲一讲学校的总体性工作。

一、我们是在办一所什么样的大学？

我在去年暑期的教学改革会议中曾经提到过，我们锦城学院的办学目标可以分为三个层次，即：近期，争取把"锦城"建设成为一所"近者悦，远者来"的大学；在不远的将来，要把"锦城"建设成为一个世界著名、国内一流的应用型、创业型大学；最高的层次，就是要把"锦城"建成一所百年长青的大学。

这是我们"锦城"的办学目标。每一所学校都有自己的办学宗旨和办学目标，在一定程度上，学校之间之所以有区别，主要就是因为不同学校办学宗旨和办学目标不同。办学的宗旨和目标，从大处说，是由国家、社会决定的；从小处说，是由这所学校的创办者决定的。不管是国家、地方政府，还是个人，他们创办一所学校，必有其宗旨和目标。例如，创办一所技工学校，目的是培养技术工人；创立一所师范学校，目的是培养人民教师。办学的宗旨和目标，实际上体现了办学主体的意志，这在任何社会里都是一样的。例如，我国的公办院校是国家创办的，那就必须体现国家的意志；南开大学是由严修、张伯苓先生创办，多多少少也体现了严先生、张先生"允公允能"的意志。总而言之，学校的办学宗旨和办学目标是由国家和其创办者决定的，而不是由学生决定的，也不是由个别老师决定的。

那么，锦城学院的宗旨和目标是什么呢？

（一）我们要办一所高水准的大学

什么叫水准？有水准首先要有底线。若论大学水准的高低，首先要保证大学的底线，越过这条底线就不能称其为一所大学。比如我们现在要求工科学生修满180个学分，文科专业修满160到170个学分，这是必须达到的，达不到的学生就不能达到一个大学本科生的水平。我们说的高水准，就是要求要严，起点要高，比底线高才叫高水准，若只能维持底线就是低水准了。

（二）我们要办一所高质量的大学

水准是我们的底线，高质量是我们的追求。我们要追求人才培养的高质量，所以提出了"三讲三心"明德教育、"一体两翼"知识教育、"三练三创"实践教育这横向的"三大教育"。还有纵向的"三大培养"：习惯养成培养、岗位胜任培养、事业成功培养。我们要培养学生养成良好的习惯，胜任将来的工作岗位，并且在事业上取得成功。这是学校的目标，是我们的追求。

邹广严院长在2014年全校辅导员培训会上讲话

我们不能让学生稀里马虎地毕业，稀里马虎地找个工作，稀里马虎地混口饭吃。什么都是稀里马虎的，就不算是高质量。我们在《十年发展规划》中提出，争取在2025年前后使我校的录取线达到"一本"的水平，这也是一种追求。讲别的指标多是主观裁量，但录取线是客观的。报考我们学校的学生越多，我们的录取线就会越高，反之则越低。分数提高了，就说明学校挺受欢迎。所以，新东方的总裁俞敏洪计划用两个"五年计划"将其接管的一所独立院校建设成为二本院校，这表明大家的观点都是相近的，以录取分数线的高低衡量学校水平的高低。我开玩笑说："看来英雄所见略同啊。"但我们只用了一个"五年计划"就做到了这一点。

（三）我们要办一所"近者悦，远者来"，让人民满意的大学

我们要办一所让师生员工满意，考生向往的大学。以现在的说法就是氛围和谐，大家幸福感高，有目标，有追求。这不仅是学校的目标，各个系也应该有这样的目标。比如就业工作关系到每一位学生的前途，我们学校是做得很好的。工商系的李渔老师在就业工作中表现非常突出，他会给每一位毕业生发短信告知学校的招聘信息，即使这个学生已经找到工作了，依然继续发信息，得到过很多学生家长赞许。这体现了什么？体现了老师对学生的负责任。我们提倡对学生的成功教育，工作都找不到，成什么功啊？学工部冯正广部长给我提供了一个例子："高考状元为何成了流浪汉？"这个新闻报道说，凉山某县的理科状元高考650余分，考上了中国科技大学，毕业后找不到工作，然后就迷上了网络，产生了网瘾，导致最后在街上流浪。为什么会有这样的事？我想，首先，这位同学应该是在学校期间没有按照学校的要求学习。我在网上看到，中科大的学生、合肥市的市民对中科大校风的评价都是不错的。既然校风没有问题，那就是学生自身的问题，这说明你在学校中并没有认真学习。其次，可能该校在具有很多优点的情况下对就业工作不像我们这样负责到底，如果他们学校老师都能像我校计科系的张志敏主任那样能够说出自己系上每一名学生去了哪个单位工作，这位学生又怎么会找不到工作呢？以650分的高

分入校，毕业时差也应该差不到哪里去啊，怎么会成了流浪汉呢？值得反思啊！

在这里，我还要补充讲一点，我们是民办高校，但是我们的投资方在办学至今还未收取过一分钱回报。投资方给我们签的协议是，前十年不拿一分钱，实际上完全是公益的。学校完全是在自我滚动、自我发展的，也就是说，我们所有的资金都是取之于投资和学费收入，用之于学生的。我们用八九年时间办成了一所接近两万人的大学，解决了一大批学生上学的问题，解决了一大批员工就业的问题。所以各位不要认为民办学校的老板都是以赚钱为主的，我们学校的投资方不是以此为目的的。

总之，我们锦城学院是一所志向远大的学校，办的是高水准、高质量的让人民满意的教育，我们决不放弃对国家、对社会、对家长、对学生、对用人单位的责任。这一点，请所有辅导员务必要有所了解，不要以为只要招了生、收了钱，几年后发个文凭把学生打发走就完事，我们"锦城"绝不是这样办学的。

二、我们面临着新的挑战

我们曾组织大家学习过美国高质量高等教育研究小组的一篇报告。该报告指出："最宝贵的教育资源是学生的时间……教育者必须与学生生活中的其他力量，如家庭、朋友、工作，争夺那有限的时间和精力。"这话是说得很不错的，但那是1984年的报告，现在已经是2014年了，30年过去了，形势起了新变化，报告上说的那些"争夺者"依旧存在，但是新的"争夺者"更是层出不穷。现在，我们是

"老革命遇到了新问题"，那么，都有哪些新问题呢？

（一）网络技术的发展和信息技术的普及给教育者提出了新的挑战

最典型的就是手机。我们发现有些课程，老师在讲台讲了十分钟学生就开始低头玩手机，你看他在笑，但他笑的不是老师的讲课内容，而是他正在微信里面和他的朋友交流，他的朋友通过手机给他发来了一个笑话，就把他原本应该用于学习的时间和精力争夺过去了，可见这个争夺者是非常厉害的。

（二）中国教育误读国外教育的思潮

现在我们有部分所谓"专家"、老师，连外国大学的门都没有进，就大讲特讲外国的大学生都是不学习的，都是玩的，所以有创造性；中国的大学学生读书刻苦，却没有创造性。这些"专家"对国外的大学一无所知，然后胡说八道，造成谬论流传，流毒甚广，所以很多学生还没有进大学，就产生了这样一个误会：大学是轻松的，是可以放开玩乐的。这种思想影响极坏。现在，不少学校只是对学生稍加约束一下，要他们好好学习，却有学生说："难道还要我再复读，再读一个'高四'吗？"好像是他刚跳出火海，老师又要逼他跳回去一样。实际上，国外教育的压力是从小学、中学、大学逐层加码的，到了大学的学习是非常紧张的。田国强教授曾经说过，学习边际成本（也就是学习的努力程度）应该是不断上升的。为什么呢？因为"随着掌握知识的难度不断增加（本科生所学比中学生所学难，硕士生所学比本科生所学难，而博士生所学又比硕士生难），并且进入大学以后的学习阶段是人生学习的黄金时段（精力最充沛、记忆力最强、思维最活跃、学习时间最集中，没有工作、家庭、社会负担），学习的努力程度（即学习的边际成本）应该是不断地增加"。这应该是很符合成才的规律的。但是国内的教育却倒过来的，小学很刻苦，中学很拼命，大学就放松了。国内教育不出人才的原因正在于此。学生正是精力充沛、学习条件优越的时候却不学习。前些年，我们去加拿大英属哥伦比亚大学（UBC）交流学习的时候，抵达他们的学校时正是周六，但他们的图书馆却座无虚席，这个是我亲眼所见的。在他们工商管理系的办公楼下面，老师和学生们在切磋，商量方案。这可是周六啊，我都感到奇怪，为什么礼拜六他们不休息呢？还有一个例子，我们到加州理工的时候正是周末的晚上，接待我们的华裔教授带我们参观了他们的实验室，我们看到同学们正在做实验，可见他们不会因为周六或周日休假就将工作停下来不做了。国外的考核是很严格的，你一问三不知，几次不及格，对不起，你就不要参加考试了。很多国外大学的教师都有权决定是否让学生参加该门课程的年终考试。不然的话，国外大学淘汰率达到30%—50%，怎么淘汰的呢？平时不努力就是不行。说国外的大学生不努力，完全是误读，而且流毒甚广。

（三）独生子女的"骄""娇"二气和"纨绔"作风

我国长期的独生子女政策造成的恶果就是娇生惯养，小孩要啥给啥，想不干啥就不干啥，全家人都要顺着他，绝对没有二话可说。不听教育，不听管束，不爱护东西，不喜欢学习。这一代人所养成的习惯就是按照自己的意志办事，其中自觉的人，应该说还是有他的自主性；不自觉的人，就学了一些不好的毛病。特别是纨绔之气，真是令人痛心疾首，大手大脚、浪费，既不爱护公物也不爱护私物，吃不得苦，受不得累，这样的毛病若不改正，很难受到用人单位的青睐。

（四）社会上和校园里存在着一些暴戾之气

动不动就煽动打砸抢，动不动就打架，动不动就要跳楼……学者余世存在几年前曾经指出："戾气之雾，遍布华林。但我们知识界、精英人士到社会大众，很少从自身出发，去涤荡戾气之腥。"此话虽有些过激，但确实从侧面反映了当前社会上仍存暴戾之气的问题。暴戾之气与中华优秀传统文化中提倡的谦谦君子、礼仪之道、祥和之气是格格不入的。特别是我们的校园，本是一方净土，是学生接受教育、增长知识和才干的地方，更应当远离暴戾之气和怨愤之声，这是我们的教育工作者必须思考和解决的问题。

三、要旗帜鲜明地反对错误倾向

的确，我们遇到了新的挑战，与我们争夺这一代学生的时间和精力的对象增多了，现在不再像以前那么单纯。这些新的挑战与固有的挑战共存，再加上我国在学校的管理上，特别是大学扩招以来，有点"水"，问题就更严峻了。怎么个"水"法？出现了"三放"现象：育人上"放任"，教学上"放水"，管理上"放羊"。

育人上"放任"具体表现在：一是教育工作者不能深入到学生中去，对学生的情况了解不够；二是学生工作的旗帜不够鲜明，不能很好地澄清一些理论困惑，导致在实际工作中游移不定、踌躇不前，或者模棱两可、摇摆动摇。最典型的思想误区之一就是认为大学生是成年人，不需要管理。

教学上"放水"和管理上"放羊"包括：部分教师在教学中的"放水"和部分学生学习上的"放水"，还有评价考核的环节——考试的"放水"。我们强调教学过程管理和期末考试并重，结果我们部分教师出现了平时不管理，平时成绩都给满分，期末考试出题时有给学生划定考试重点和漏题的现象，学生只需要期末临时突击即可。要知道，考试只是检验学生对知识掌握情况的一种手段，考试不是我们的目的，掌握知识才是目的。但是现在却变成了一切为了考试，一切为了过关，一切为了分数。我们要求考前不划范围，不圈重点，不漏题，好像是触犯了什么"潜规则"一样，不得了了。有的学生认为，学校考试不给划考试范围、不划重点就没法学习，没法考试了，好像天要塌下来一样。其实这种观点挺幼稚。试问，你都读到大学了，看书看不出重点，听课听不出重点，是不是连一些基础的素质都不具备？所以，不在考前给重点，根本就不是问题。况且我们是要求公布教学大纲的，其重点、难点一目了然，我们只是说不能在期末突击划重点而已。

我们提出"三不放水"实际上是从教师的教学抓起，从而影响学生的学习。不准教师教学"放水"，实际上是不准教师对学生的学习"放水"，这对很多平时认真学习的学生自然是好的，但对那些平时不认真学习，希望靠考试投机取巧的学生，情况就不同了，"不放水"，他就过不了关，但这怪不得别人，学校要有底线，"不放水"就是底线。

我们要旗帜鲜明地反对一些错误倾向。这就是毛泽东主席曾经讲过的："我们必须坚持真理，而真理必须旗帜鲜明。"目前，我们要旗帜鲜明地反对以下四种错误倾向。

（一）有的学生把在网络上造谣、谩骂学校说成是"言论自由"

这不属于言论自由。言论自由不能没有底线，任何一个国家都不是无限制的言论自由。言论自由不能损害国家和民族的利益，不能危害公共安全，不能恶意攻击，造谣诽谤。我们必须教会学生：对于某一事件，你可以有不同的看法，但不能够捏造事实，也不能够违反法律、违背道德。

（二）有部分同学在学校里不认真学习，上课期间不请假就离校，在外面逛街、吃喝、玩游戏，还美其名曰"接触社会"

既然是"接触社会"，怎么不见你进政府、进企业、进工地、进农村呢？反倒是走上了大街，走进了 KTV、网吧。再者说，国家有法定节假日，学校也有每周两天的休息时间和寒暑假的时间，为什么不用这些时间来"接触社会"呢？团委、青年志愿者协会每个寒暑假都组织有各种社会实践活动，为什么不通过这些好的途径去接触社会呢？上大学的首要任务当然是学习，你不好好学习，天天都想着"接触社会"，那又何必来上大学呢？用原本就十分紧张的上课时间出去"接触社会"，这不是本末倒置吗？

（三）有学生把学校的规章制度说成是限制学生的自由

这个他们说对了一半，因为规章制度本身就是限制自由的——如果把自由理解为"为所欲为"的话。世界上肯定是没有绝对自由的，限制自由最大的制度就是法律，在法律许可的边界内，你是自由的；但一旦越过了边界，你恐怕就不那么自由了，制约你的因素就要起作用了。你可以不认同法律，但你必须遵守。公司、单位也有自己的制度，用以限制员工的"自由"。恩格斯评论他那个时代的工厂时曾说："进门者请放弃一切自治。"这句话就很能说明问题了。所有的规章制度，实际上都是要约束人们的行为。譬如，上课前要求同学们提前五分钟到教室，就应当提前，而不能迟到。有什么事情无法按时到达，应当提前请假。所以，宏观上限制自由的是法律，微观上限制自由的是规章制度。从个体上讲，限制自由的是道德底线。我们的古人大力提倡"君子慎独"，这是很有道理的。有很多事情人们做还是不做，并不是根据法律，而是缘于自己的良心和道德，这就是一种自律了。孔夫子曾经说："七十而从心所欲，不逾矩。"所谓"从心所欲"，就是自由；而所谓"不逾矩"，就是自律。由此可见，自由、他律、自律始终是一体的。如果一个人不自律，也不服从他律，他就根本不配享有自由。道德、规章制度、法律法规都是约束人们的行为自由的，但也正是因为有了这些约束，大多数人的自由才得以有保障。

（四）有的学生认为大学生是成年人了，不再需要管理

我想问问各位，成年人就不需要管理了吗？那担任了中央委员、省委书记、市委书记的人是不是都不需要管理了？党中央近期出台的"八项规定"就是专门管理这些当了国家干部的成年人的，他们都需要管理，大学生难道就不需要管理吗？文传系行政管理专业有学生问毛建华教授，说："我们都是成年人了，学校为什么还要管我们？"对于这个问题，毛教授的回答是："作为行政管理专业的学生居然提出这样的问题，简直是荒唐！你们学习行政管理专业，将来不就是去搞管理的吗？"我认为毛教授的批评旗帜鲜明、一语中的。我希望辅导员们在面对类似问题的时候，也要能理直气

壮地给予回应。实际上，只要是不违背规章制度的活动和行为，是没有人对同学们进行管理的。同学们践行"一体两翼"教育，到操场进行体育运动，跟老师学习舞蹈，到图书馆看书学习……这些都是没有人会干涉的。

土木系学生在力学实验室共同学习

　　在过去，我们将老师比为园丁。园丁是干什么的？一方面要浇水、施肥，一方面要除草、修剪。不除草，花草树木的养分就要被夺去一部分；不修剪，花木就会疯长，开不出几朵花，成不了栋梁之材。我们和别的势力争夺学生的学习时间和精力，把别的势力压下去，不让它们挤占学生的学习时间和空间，这就类似于除草的工作；对学生的不当思想和言行给予纠正，让他们健康苗壮地成长，这就类似于修剪的工作。还有一种说法，是将老师比喻成导游，领着学生在知识的世界里寻幽览胜。你们看导游手上也要拿着旗子作指引，到了某个站点也要点名，这样才能防止游客脱队，可见导游也是要管理游客的。不论是将老师比喻成园丁还是导游，其中的领导、指导、管理、干涉都是题中之义，这才是真的教育。大家的认识一定要提升到这一层面，在实际工作中，要敢于管理、善于管理、认真负责，业务要过硬，工作要到位。

四、校风是关键，制度是保障，养成良好习惯很重要

我想问大家，实现我们的办学目标最主要的、最关键的东西是什么？我想是校风。校风是由教师的教风、学生的学风和干部的作风构成的。今年我校工作的一个核心任务就是校风建设。我们要坚定不移、毫不动摇地贯彻"从严治校、三不放水"的办学精神，保持大学教育的高水准！各系部都要深入贯彻落实学校意图，把学校的意图转变为全体师生员工的自觉行为。

校风的保障是什么？是制度和规则。衡量一所学校好与不好，最关键的指标是校风。校长管理学校怎么样，教授指点学问怎么样，教学工作怎么样，学生面貌怎么样，这些都体现在校风上。校风的保障又是什么呢？它的保障是制度。各位都应该去图书馆借《制度高于一切》这本书看看。校风不是哪一位老师来了就变动一次，哈佛大学的校风是几百年一直延续下来的，钱学森先生念念不忘的加州理工学院的校风也是多年传承下来的，是经过几代、几十代人的努力流传下来的，而且是形成了制度的。下面具体讲几点。

（一）认清制度的重要性

要让校风有根本性的好转，就要迎接挑战，要解决在新形势下产生的新问题。保证校风建设，关键是要有良好的制度保障、严格的管理、优良的工作。冯正广部长在上午的培训中主讲制度，任何

一个国家、社会、组织团体都要有制度和纪律。学校要运转，就必须有良好的制度，一所好的学校必然有一个良好的制度。著名教育家夸美纽斯说："学校的长处全在于制度，它包括了学校发生的一切事情。因为制度才是一切的灵魂。通过它一切产生、生长和发展，并达到完美的程度。哪里制度稳定，哪里便一切稳定；哪里制度动摇，哪里便一切动摇；哪里制度松垮，哪里便一切松垮和混乱。而制度恢复之时，一切也将随之恢复。"俄罗斯教育学家乌申斯基说："在学校中应有严肃的管理，容许说笑话，但不能把整个事业变成笑话。温和而不谄媚，公平而不吹毛求疵，仁慈而不软弱，有秩序而不拘泥。"德国教育家赫尔巴特也说过："如果不坚强而温和地抓住管理的缰绳，任何功课的教学都是不可能的。"所以，我们必须得有制度。冯部长今天早上给各位宣讲的制度，是我们建校以来集我们各个方面的专家、学者、管理者、老师和学生共同制定的，虽然不能说十全十美，但至少相对全面。我们可以逐年调整和修改完善，但是基本的框架是必须贯彻执行。

制度的生命力在于执行。有了制度不执行或者执行不力，制度就会成为一种摆设。辅导员岗位直接面对学生，是教育管理的第一线，是学校很多工作的归口。辅导员理应学习好、贯彻好学校制度，把学校的号召变为学生自觉的行动。要及时发现问题，敢于管理，坚决杜绝"破窗效应"。我们对辅导员的工作也提出了若干具体要求，新一轮的绩效考核指标也正在酝酿之中。我们希望通过一系列的措施，通过大家的共同努力，真正发挥制度的刚性约束力，为校风建设提供坚强的制度保障。

（二）引导学生养成良好习惯

在校风当中还有一项重要的工作就是要帮助学生养成良好的习惯。校风的形成很大一部分是由学生的习惯来形成的。我们要形成一个老师乐教、学生乐学的校风，没有一个良好的习惯是不可能的。对于习惯的养成，我们有一个目标计划，在这里我也要推荐大家去看看《教育就是培养习惯》。"教育就是培养习惯"这句话是谁说的？陶行知说的！原话是："教育就是教学生养成良好的习惯。"这本书中所讲养成习惯有六个重要的步骤：第一，要认识习惯的重要性；第二，要制定适当的行为规范（制度）；第三，要进行感人的榜样教育；第四，要持之以恒地练习；第五，及时而科学地评估和引导（好的要表扬，不好的要惩戒）；第六，逐步培养良好的集体风气。这本书上讲，没有训练就没有习惯，要严格要求、反复训练、不断强化，这是实现转化的关键。良好的校风是由学生的良好习惯形成的，学生没有良好的习惯，光靠学校组织运动是没有办法形成良好的校风的。例如工商系的morning call活动，这固然是值得提倡的，但还需要再跨出一步，长时间依赖同伴的叫醒是不可靠的，关键还是要自己养成准时起床的习惯。所以，建成良好的校风，一靠好的管理制度，二靠良好的习惯。而制度就是保障良好习惯养成的关键所在。

（三）锦城学院的校风建设任重道远

本学期，学院的工作继续以校风建设为中心，三管齐下，为建设对人民负责的学校而奋斗。

一是要进一步改进教学工作。教学、教师、教改要体现"课堂大于天"的精神，要提高课堂教学质量，提高课堂和实验室的吸引力，以教风带学风，所以抓好老师的工作是关键。事实证明，哪个系的教学改革做得好，哪个系的到课率就高。教师在教学过程中起到的是主导性的作用，教师的教学必须改革，要提高教师的教学水平，加强管理，提高学生课堂讨论的比重，增强学生学习的投入度。

二是要改善和加强制度管理，规范学生行为，促其养成良好的习惯。

三是要做好思想政治工作。思想政治工作就是要使同学们接受学校的办学理念、规章制度、培养方式、课程体系、教育方法，并且成为学生自觉的行为。

工商系 ERP 手工沙盘实验

这里对辅导员讲的主要是第三条。辅导员工作的全部目的就是要将学校的目标变为学生自觉的行动。学校的意图是什么？就是希望学生能够充分利用时间来学习更多、更好的知识。为了贯彻这个意图，辅导员要教好、管好学生。叶圣陶先生说："教是为了不教。"很多教育界的同行做了进一步的发挥："管是为了不管。"我认为这很对，但为了不管必须管，为了不教必须教。我们教学生的最终目的是让学生自主学习，管学生的最终目的是让学生自主管理。这个道理，就如同我们牵着孩子学走路的最终目的是让他们最终能够自己走路，而不是永远靠家长牵着一样。但是，从牵到不牵，从教到不教，从管到不管，都是一个循序渐进的过程，我们应当有"过程思维"。你不能说北大没有规定学生背书包，因此"锦城"规定学生背书包就不合适。须知，北大之所以没有背书包的规定，那是因为他们的学生往往都背着书包，而且还是大书包，里面装着一天要看的书本，还有笔记本电脑，这样才方便上课、上图书馆。北大学生的习惯养成得不错，学校可以不管了。但是我们"锦城"学生的习惯还是差了一些，因此学校还得有规定才行。要是哪天背书包成了大家自觉的事情，那相关的规定就可以淡出或撤除了。总而言之，不牵、不教、不管是牵、教、管的结果。我们不但要看到结果，更要看到过程。为了不牵，必须牵；为了不教，必须教；为了不管，必须管。这就是教育的辩证哲学。

文传系毛建华教授给学生们算过一笔账：大学四年，学生每年在学校学习的时间只有170天。同学们为什么要用这170天的短暂的学习时间去"接触社会"，而不能用其他的时间去"接触社会"呢？我们的目标是同学们能够更好地利用现有的时间和资源，在黄金的四年里更好地学习，更好地成长、成人、成才。在这点上，学生为什么就想不明白，不能和学校的理念相一致？学生想不明白，就是我们这些当老师当辅导员的工作没有做好，是我们自己出了问题。学校并不是要求同学们在校期间的所有时间都在教室、图书馆中学习，同样也欢迎同学们参加文体活动、社团活动，学校提倡对同学们的"一体两翼"教育，同学们可以积极地参与各种文体活动，参与各类文化和体育竞赛。

习近平总书记说："打铁还需自身硬。"所以各位辅导员在做学生工作时必须自身业务水平过硬。艺术系谭晶老师、机械系何源源老师在这个方面就做得很好，他们的学生就表现很好。老师必须成为学生的良师益友，学校的最终目的是要同学们有所成长，这是我们的出发点和落脚点，我们必须真心关爱学生，并让他们切身体验到这种关爱。

我希望我校辅导员的工作能做得更深、更实、更透。学校对辅导员的考核是坚持"过程和结果并重"的，既要看做了什么工作，还要看工作的成果怎样。辅导员工作是十分重要的，对辅导员的考核项目有些和教学质量是正相关，有些是负相关，比如说到课率、自习率、到馆率都是正相关的，到课率、到馆率高，自然学习成绩也相对较高，而迟到率、旷课率、晚归率这些都是与教学质量负相关的，部分系对这些数据都有详细的统计，这对辅导员的年终评价都是有影响的。大家要把工作做实，比如查课查寝，与任课老师交换意见，开展座谈，个别谈话帮助……这些具体的工作都要做，同样也要看重工作的成果。

辅导员还要充分运用手中的手段，多做正强化，适当地做负强化。辅导员对于学生的入党入团，学生干部任用，奖、助学金评定等都拥有一定的权限，辅导员要注意正确地运用这些权力，比如树立标兵、树立榜样，这都是对学生的正强化。惩罚、处分都是不得已而为之的，但也是有必要的。应该多研究和运用心理学的原理和方法，多做一些正强化、发挥正能量的工作；对于部分情节恶劣、屡教不改的同学我们也必须进行处分，但处分绝对不是目的。

我也希望我们的辅导员本学期能够很好地规划所带班级的文化建设、班风建设，制定本班的发展规划，确定几个能摆上台面的指标，到了检验成果的时候能够拿得出手。

团委苏斌书记领导的众多学生组织和学生社团也要做好工作。社团要掌握在优秀的学生手中，须知"一头狮子领导一群羊，就是一群狮子；一只羊领导一群狮子，就是一群羊"，一群好的学生才能带出一群好的社团，学生社团要选好带头人。

今天的讲话就到这里吧，希望各位老师能够精神饱满地投入新学期的战斗当中。

谢谢大家。

坚持"一中三全"，
做好新时期民办高校师生的思想政治工作

——在四川省民办高校党的理论培训会上的讲话

（2014年5月18日）

今天很荣幸能够有机会来参加本次学习班，向各兄弟学校交流学习。我希望能够通过本次的交流、报告能够将我在工作中的一些想法和做法与各位进行交流。

本次我发言的主题为，"坚持'一中三全'，做好新时期民办高校师生的思想政治工作"。主要包括以下三个方面的内容：第一，思想政治工作的重要性；第二，思想政治工作的必要性；第三，如何做好思想政治工作。

一、做好新时期民办高校师生的思想政治工作的重要性

做好新时期民办高校师生的思想政治工作的重要性，包括以下三个方面。

（一）历代领导关于"生命线"的论述

在不同的历史时期，党的领导人都极为重视思想政治工作。我

党首次提出"思想政治工作是对内工作和国家工作的生命线"，是在1932年7月《中央给苏区中央局及苏区闽赣两省委信》中。信中提出："政治工作在红军中有决定的意义，每一个红军战斗员不仅要能够有充分的军事技术——手的武器，而且最重要的是脑子的武装……政治工作不是附带的，而是红军的生命线。"自此之后，党和军队的众多领导人，如周恩来、彭德怀等在不同的历史时期都曾多次提到"思想政治工作是生命线"。1955年底，毛泽东主席在《中国农村的社会主义高潮》一书中，第一次明确提出"政治工作是一切经济工作的生命线"的论断。他指出："政治工作是一切经济工作的生命线。在社会经济制度发生根本变革的时期，尤其是这样。"1978年，邓小平同志指出："学校应该把坚定正确的政治方向放在第一位。"2000年江泽民同志指出："党的思想政治工作，是经济工作和其他一切工作的生命线。"2003年，胡锦涛同志指出，全党必须从党和国家事业发展战略高度，进一步认识做好宣传思想工作的极端重要性。2013年，习近平同志提出："要坚持把思想政治建设摆在首位。"由此可见，时代在发展，我党的领导人也都继承和发展了"政治工作是一切经济工作的生命线"这一思想。这同时也是在理论上和党的建设上确定了思想政治工作的地位，足见思想政治工作之重要性。

（二）中外教育家关于德育立人的论述

有关思想政治工作对教育的重要性，古今中外的教育家的看法也是一致的。在此我选取三个代表性的案例。其一，我国著名教育家、北京大学原校长蔡元培先生提出："德育实为完全人格之本。若无德，则虽体魄智力发达，适足助其为恶，无益也。"其二，被胡适先生誉为"美国的孔子"的著名教育家杜威先生曾说："品格之养成为教育之无上目的。"其三，西方教育学的主要代表人物之一，德国教育家赫尔巴特说："道德普遍地被认为是人类的最高目的，因此也是教育的最高目的。"这三者的共同点是将道德教化作为教育的最高目的。

（三）思想政治工作是民办高校健康发展的可靠保证

党的建设和思想政治工作是民办高校健康发展的可靠保障。以我所在的四川大学锦城学院的工作实践而言，党员的模范带头作用和党支部的战斗堡垒作用对于保证学校培养目标的实现起着重要作用。学校的最终目的是要培养出符合本校培养目标的人才，而要达到这样一个目标需要做很多的工作，付出极大的力量和努力。党领导军队的传统是党支部建在连上，锦城学院的提法是："没有一流的校长，办不成一流的大学；没有一流的党支部书记、团支部书记、班长，也办不成一流的大学。"党支部、团支部要自觉地贯彻学校的目标和工作，党的基层组织和党员起的作用是极为关键的。

以上就是我所讲的做好思想政治工作的重要性的三个方面，这三点都是必不可少的。

二、做好新时期民办高校师生的思想政治工作的必要性

做好新时期民办高校师生的思想政治工作的必要性，要从当前高等学校所存在的问题讲起。1999年以前，中国大学推行的是"精英教育"，从小学到初中，再到高中，直至大学都是在不断地进行淘汰，以选拔最为优秀的人才，那时的大学录取率也是很低的。1999年，

党中央、国务院决定进行大学扩招。伴随着扩招的进程,一些问题也就随之出现了,这是大家都很清楚的。当年的美国也曾经出现过这样的问题。提出"高等教育发展阶段理论"的美国著名教育家马丁·特罗在其1973年发表的《从精英向大众高等教育转变中的问题》中讲到大众化的高等教育与之前精英化的高等教育的差别,并提出大众化的高等教育必然会产生一系列的问题,比如就业问题、教育质量下降等。美国、欧洲高等教育大众化的时候也曾经遇到过这样的问题,而中国的高等教育大众化遇到的问题可能会更多,这主要是因为我们的准备不够充分。在高等教育大众化之前,美国通过了《莫尼尔法案》,鼓励各州建立自己的高等院校,以促进地方经济发展,所以美国发展了一大批州立大学,这些大学对美国高等教育的大众化发挥了很好的承载作用。而日本和韩国则大力发展私立高等院校,韩国大学中私立大学的比重高达70%以上,韩国排名前五位的大学有四所是私立的,大量的私立高校承担了高等教育大众化的任务。反观我国,在1949年后却陆续把大批的私立高校、外资高校给撤销了,如辅仁大学、燕京大学、圣约翰大学等,仅保留了国家公办的院校。而且,有的学校在1949年以前就国有化了,比如复旦大学在1942年被国民政府确立为国立复旦大学,南开大学1946年回天津复校,并改为国立。所以,到了1949年的局面,是公办院校一统天下。国家有多少钱办多少事,导致当时和相当长一段时期内,公办院校的规模都比较小,在这样的背景下突然进行扩招就造成了教学资源紧张、教学质量降低、大学生源质量的降低等一系列问题。应该说,这些问题在中国高等教育大众化过程当中是很难避免的,公办高校有这样的问题,民办高校也有这样的问题。

（一）学校层面出现的"三放一少"问题

我们在实践的过程中检查、检讨和梳理了所存在的问题，发现中国高校扩招之后，在学校这一层面上不同程度存在着"三放一少"的问题。"三放"指的是：管理上的"放羊"，教学上的"放水"，育人上的"放任"。

1.管理上的"放羊"

并不是民办学校才存在管理上放羊的问题，公办高校同样存在。老师上课来下课走，干部对学生管理不到位——这在很多文章中都有提到，相信大家也有自己的观察和了解。锦城学院特别学习了上海财经大学田国强教授的文章。他从美国回国后，到上海财经大学任教，觉察到国内大学的管理是"放羊式"的管理——学生没人管，大多时候是放任自流，便写了篇名为《关于加强学风、教风建设的建议》的文章。他指出的问题基本上是存在的，也是我们应该直面的。

2.教学上的"放水"

教学"放水"的表现是多方面的。其一，教师备课不严谨，上课东拉西扯；其二，学生平时上课不努力，比如课前不预习，上课不听讲，课后不复习，但他想要考试及格，怎么办呢？就寄希望于老师到了期末考试的时候划范围、勾重点、漏考题，变相地进行作弊。老师在平时的教学过程中不严格管理，学生上课不认真听讲，到了期末进行突击，这几乎成了师生之间心照不宣的约定。锦城学院自去年开始执行"三不放水"，要求老师在每学期的第一堂课都给学生展示教学大纲，让学生了解课程的教学重难点。学期末不允许老师给学生划定考试范围，不出模拟题。一开始也是遇到了少部分学生的不理解和抵制，但是，我们坚持从严治校，严格管理，这就使得学生重视教学大纲，上课集中精力听课，认真做好课堂笔记，课后做好复习。在做好这一方面的同时，我们也重视教学过程的"不放水"，要求老师课堂上要提问，要进行课堂考试，要布置课后作业并及时批改。一手抓期末的节点管理，一手抓学习过程的过程管理，取得了良好的效果。

3.育人上的"放任"

什么是放任？就是对不良的思想和习气太迁就。现在的学生大多数都是独生子女，是家里的掌上明珠，或多或少有些骄纵的习气，这对他们的成才成长极为不利。《礼记·曲礼》中说："敖不可长，欲不可从，志不可满，乐不可极。"可是现在的孩子有些是太任性了，学校也太迁就了，这就犯了立德修身、立德树人的大忌。

我们的高等教育还面临着大环境的不利因素。

庆祝建党九十三周年暨新党员宣誓仪式

首先，在客观上，我们现在的教育环境和社会舆论环境不好，

"司令"和"婆婆"太多，学校怎么做都不对。很多同行都说："天不怕，地不怕，就怕'专家'来讲话。"现在的"专家"、评论家太多了，又都好为人师，哪所学校制定一个稍微不一样的规则，他就说这所学校是奇葩；哪所学校对学生管理得严格一点，他就说这所学校限制了学生的自由……有时候连事实都没搞清楚就大发议论，简直可笑至极。我们的大学校长、书记、教授、辅导员们天天在一线工作，而这些所谓的"专家"甚至连学校都很少进，我们难道不比他们更了解学生，更了解学校的管理？他们的声音很大，误导性也很大。现在这种舆论环境并不宽松，缺乏宽容。在一片批评声中，改革创新又将如何推进？我认为社会舆论应该多一些包容，要允许各校根据自己的情况制定一些规章制度和管理措施。这样，改革创新才能推进，学校才能有特色。

其次，现在的法律环境也不宽松。党和国家依法治国，自然也要依法治教，依法治校，而法律的基本精神是要做到权责明晰，学校不能承担无限责任。现在是无论什么原因，只要学生出了事故，哪怕是假期在校外出的事故，家长都要找学校讨要说法。我们的政府部门、法律部门也会出面要求学校妥善处理问题。学校若根本不存在法律上的过失，你又让他怎样处理和承担责任呢？法律环境的不宽松造成了我国教育的娇生惯养，不敢管学生就惯着学生，我认为这将是我们民族的后患，而且会后患无穷。大家看看日本、韩国是如何教育孩子的，中国又是如何教育孩子的？我认为我们的教育在某些方面确实堪忧。

4.师生在时间和精力上的投入少

"一少"即师生在时间和精力上投入都不足（教师缺少全身心投

入，学生的学习强度低）。我们必须认识到这样一个基本规律：学生在学习上投入的时间和精力与其成绩呈正相关，与我们的教育成果也呈正相关。学生在学习上投入不够，是没有办法培养出高质量的人才的。我们批判"高分低能"的同时也要认识到低分是不太可能高能的。学生连基础的知识都没能学懂，又怎么可能会具备高能？所以，投入是极为关键的。我们曾经做过一次调查，部分专业一周课后学习任务约为5小时，平均每天1小时，而有的专业一周课后学习任务达20小时以上，平均每天4—5小时。前者的学生负担过轻，既不做作业，也不去图书馆看书，也不与同学进行交流切磋，课余时间就外出游玩。学生投入不足，老师不布置课后学习任务是重要原因。在20世纪80年代，美国高质量高等教育研究小组有一个报告，认为"教育者必须与学生生活中的其他力量争夺学习者有限的时间和精力"。锦城学院基本上采用了这个思路，循循善诱，尽最大可能把学生的时间和精力引导到学习上来。从各项指标来看，现在已经取得了一定的效果。

（二）学生层面的"三缺三无"一混问题

当前，部分大学生在思想行为的层面上，存在着"三缺三无""一混"的倾向。

1. "三缺三无"问题

"三缺"在大的方面是缺乏理想（信仰）、缺乏责任（以我为中心，不对社会和别人负责）、缺乏底线（校园暴力、违法违纪、行为不顾影响）。有的学生说："我又不是高考600分的学生，你何必对我要求这么认真、这么高？"这就是没有理想、目标、动力的表现。还有就是现在有些大学生缺乏责任感，对自己、他人、社会都不负责任，或者唯我独尊，以自己满意与否为标准。还有就是缺乏底线，如复旦大学研究生投毒杀害室友，还有人在网络上造谣，煽动制造暴力……这些都是缺乏底线的表现。

从小的方面说，大学生群体较多表现出"三无"：无目标、无动力、无耐心（或曰"浮躁、无定力"）。所以锦城学院学生工作部主编了《目标与行动》一书，引导学生设定科学合理的目标并围绕目标展开行动。我们这样做是有科学依据支撑的。美国哈佛大学对学生目标的调查显示，有目标的人比没有目标的人更容易获得成功。然而可惜的是，根据《中国青年报》近期的调查显示，不少大学生称自己在进入大学后便没有了奋斗的目标。日本某学校的老师评论中国大学生在由始至终地坚持做完一件事情上表现出困难，大多数学生表现出没有耐性、毅力。学生往往只有三分钟热度，刚开始是热情高涨，结果虎头蛇尾，坚持不好；在图书馆看书，看不了几页内容就坐不下去了；做事遇到挫折、问题就想打退堂鼓……以这样的素质，将来走上工作岗位，想开创出一番事业是很难成功的。

2."一混"问题

在高等教育大众化以后，少数学生存在混大学、混学历、混日子的思想和行为。我国高校基本上是"严进宽出"，淘汰率较低，学生基本上都能顺利毕业，拿到学位，这样就导致有些学生在潜意识里认为自己交了学费给学校，学校就必须给他颁发毕业证、学位证，就必须给他文凭。所以，努不努力没关系，反正最后都是拿一张文凭嘛。这就是蔡元培先生曾经批评过的"文凭主义"。持这种想法的学生，往往存在混大学的思想和行为倾向。

而学生"混"的表现，根据我校的实际情况，我将之总结为以下几个特点。

第一，少数学生存在"三种误会"。

第一种误会，认为考上大学是人生目标的顶点，到了大学就可以歇口气，就可以放松地玩，没有学习压力。这也与我国大学"严进宽出"的现状有关，认为只要考上了大学，就可以拿到大学文凭，这样的误会在我们的学生当中是根深蒂固的。学校管理上认真、严格一点，就会遇到强烈的反抗。很多的学生说我们是"锦城高中"，认为自己高中奋斗努力考取大学，结果却又上了几年的高中。许多高中老师说："现在坚持一下，到大学尽可以拼命去玩。"我们现在必须纠正这个观点，大学不是来玩的，不是来松一口气的，大学应该更努力才对。

第二个误会，认为美国的大学生都是玩出来的，但是创造力却是世界最强的，所以创造力是玩出来的。我和我校的王亚利副院长通过去加拿大、美国的大学实地考察，发现他们的大学图书馆是座无虚席的，不只是上课期间或者是周一到周五的晚上，即便是周六、周日大多数的学生都还在图书馆里坚持学习，外国大学生可能比中国大学生刻苦得多。

第三个误会，认为网络时代可以不读书、不记笔记、不思考，百度一下全知道。网络时代很多东西就是"百度一下"，学生们不会思考，这是不行的。我们学校提倡学生上课要背书包，同时带好"三大件"，即带好教科书、笔记本、笔，就是为了让学生养成良好的学习习惯，提高学习效率。

第二，学生观念中还流行"三个迷信"。

"三个迷信"即权力迷信、金钱迷信、关系迷信。著名的"我爸是李刚"事件就是最好的案例。有些同学平时上课不认真听讲，到了期末考试的时候找老师求情，做人情工作，认为权力和人情关系可以摆平一切，这是绝对不允许的！还有很多学生受家人影响，以为钱财可以摆平一切。这三个迷信害人不浅，必须破除。

第三，学生在大学中的学习生活还出现了"三热衷"。

"三热衷"即热衷谈恋爱耍朋友，热衷吃喝玩乐逛大街，热衷玩电脑、打游戏。我们学校是不支持谈恋爱，当然这样一点我们也不是绝对禁止、完全反对的，我们的态度是不支持。第二点，很多的学生热衷吃喝玩乐逛大街。正常的上课时间不上课，逃课外出游乐逛街。还有很多的学生逃课，没日没夜地打游戏，也是非常影响身体健康和学习的。我们的学校规定周一至周五晚上十一点半宿舍熄灯、断网，以此来保证学生有足够的睡眠和休息，而有些学生却早已将电充好，熄了灯继续玩游戏。作为民办高校，我们的学费基本相当于公办院校的2—3倍，我们认为如果我们不能教好他们，是对不起学生，对不起学生的父母，对不起社会，但学生们却不这么想。这也就是当前学校和学生在意识上、感情上存在的巨大的鸿沟，加强思想教育大有必要的！

三、如何做好大学生的思想政治工作

在学生思想政治工作的具体执行当中要怎么办？我们在这里光靠批评打压不行，光靠上纲上线威吓不行，光靠迁就退让哄着不行，光靠说教不行，光靠制度法律也不行。那么我们靠什么？我们探讨的办法是"发扬社会主义核心价值观，加强高校教育工作，多管齐下齐抓

共管"。用五句话来说具体就是"理论上教导，思想上指导，行为上引导，心理上疏导，感情上劝导"。那么要怎么落实呢？

我们倡导"一中三全"，所谓"一中"就是坚持以社会主义核心价值观为指导，以立德树人为中心。胡锦涛同志曾多次指出：育人为本，德育为先，要把立德树人作为教育的根本。所谓"三全"就是要全面地、全员地、全过程地做好思想政治工作。

（一）全面做

1.内容上注重三个方面和学科综合性

第一，加强马克思列宁主义、毛泽东思想、邓小平理论、"三个代表"重要思想以及科学发展观等理论的教育，这是指导我们思想政治工作的基础。我们必须坚持中国特色社会主义理论体系，巩固改革开放的成果。而现在的青年当中有着一些极为错误的思想，把改革开放前三十年和改革开放后三十年进行不恰当的对比，认为改革开放前少见腐败，而现在贪污腐败盛行，所以改革开放错了，还有美化"文化大革命"的，企图否定改革开放的路线和成果。我们必须加强思想政治教育，改革开放是我国的强国之路，是不可动摇和否定的。

第二，要重视中华优秀传统文化的教育。2014年5月4日习近平同志在北京大学的讲话讲得很透彻。习近平总书记提出社会主义核心价值观必须扎根于我们的民族，扎根于我们的文化，我觉得这是很对的。那么，我们进行价值观的教育，其中重要的就是反映我们中华民族优秀的传统文化。以我校而言，自2005年建校，就一直坚持中华优秀传统文化的教育，在第一届学生入学就开始讲"三讲三心"明德教育。所谓"三讲",就是讲诚信,讲礼仪,讲感恩;"三心"就是对国家、民族尽忠心,对同事、同学尽爱心,对父母、长辈尽孝心。所以,我们讲"三讲三心"。我们将忠心的教育和爱国主义的教育相结合起来,孝心的教育和尊重长辈的教育相结合起来,爱心的教育与友善待人的教育结合起来,取得了很好的效果。

第三,学习和吸收世界先进文明。世界先进文明是各个国家、民族和文明的共同成果,不是资产阶级所独有的。比如我们现在说民主、法制,尽管我们的民主和法制和资本主义是不同的,但提法却基本相同。我们本着改革开放的态度学习他人的长处,这也是我们中华民族的优点,历史上中华民族正是因为开放、包容才造就了大唐盛世。不拒众流,方为江海;海纳百川,有容乃大!

大学教育是多学科的,包括思政课、法律学、心理学、宗教学、哲学、体育学、艺术学、公民教育、劳动、创业、自然学科等。为了更好地、全面地完成这个目标,我们不光要在政治课、思想课上,在其他学科上也要下一番力气。如在外语课、心理学上我们都是需要有更多的投入,促进学生的"一体两翼"的知识体系的发展。体育、劳动也是很好的个人素养。通过各学科的并重,促进学生的全面发展。

2.方法上实行"三化一反对"

在方法上,我们主要强调以下几点:教化(宣传、灌输、教育)、文化(以文化人、风气化人)、强化(正强化、负强化)、反对"尾巴主义"。

清明节"锦城"国旗护卫队赴成都革命烈士陵园扫墓

第一，要注重教化，就是多灌输、多传播，注重网络媒体的教化作用。宣传灌输是很必要的。我们要做到"六进"：进课堂、进教材、进班团、进社团、进网络、进宿舍。其中，"课堂"包括思政课、党课、团课、讲座与报告等方式，通过这些方式来进行宣传、教育。同时，也要借助媒体的力量，充分利用报纸、电台、电视台等公共媒体与网站、微博、微信、QQ等网络渠道进行宣传教育。我们还要做好社团组织、党团组织生活，这些都是教化的一部分。锦城学院的提法是："没有离开教育目标的教学工作、活动和课程，所有的工作、活动和课程都要围绕教育目标进行。"

第二，要注意文化，就是以文化人、以风气化人。大学生的成长进步不仅仅是教育出来的，也是环境氛围熏陶出来的。钱学森先生曾回忆说，他在麻省理工的时候感觉自己很一般，但到了加州理工就感觉自己变了，因为加州理工的风气变了，氛围不同。在加州理工，每一位同学都奋发向上，努力学习，如果他不努力就会落后，大家都是在相互竞争中学习，共同进步。所以我们认为，这就是一所学校的风气对学生的影响。积极向上、沉着严谨的校园文化是形成良好校风、学风的重要因素。校风、学风是核心价值观的外在表现，是一种氛围、一种风气、一种环境、一种习俗、一种文化，是学校的软实力，具有很强的凝聚力、推动力、导向性。良好的校风、学风使学校成为一个"大熔炉"，正如天津大学老校长吴永诗所言："办大学就是办氛围。"

怎么样才能抓好学风？我们现在做的是"三管齐下"。抓教学质量，以教风带学风；抓制度管理，使学生养成良好习惯；抓思想工作，把学校目标变为学生的自觉行动。

第三，要"强化"，包括正强化和负强化两个方面。正强化的第一个手段是树立典型，第二个手段是精神和物质奖励。例如，锦城学院的钟颖同学割肝救母，吴祖恩同学舍己救人，周建良同学勇救四名落水儿童等事迹，都符合"三讲三心"明德教育的理念；梁婷同学一年读一百余本书，做读书笔记五本，李彬同学在两年内通过 ACCA 全部考试，甘晓芸、余曈同学举办个人专场音乐会等。这都是我院"一体两翼"教育的典型事例，我们将他们树立为典型，号召全校学生向他们学习。同时还要运用好惩罚措施：对作弊、晚归、酗酒、网暴、破坏公物等不良行为一是进行严肃处理、处分甚至开除，有些要"剥夺权利"，限制其参加评助、评奖；对一些错误思想要理直气壮地批评，如成年人不需管理、制度限制自由、逛大街是接触社会、网上想说什么就说什么等错误思想，要进行严肃、大胆的批评教育。

新党员入党庄严宣誓

第四，反对"尾巴主义"。"尾巴主义"是指放弃领导，迎合落后分子的错误意见和思想的行为。学生的想法，有些是正确的，有些是错误的，学校不能任何事都顺着学生的想法办，不能一味地惯着学生，凡事都顺着学生的心意，该批评的要批评，该反对的要反对。锦城学院的态度是旗帜鲜明地反对错误倾向，反对"尾巴主义"。

（二）全员做

"全员做"就是要求大家都要做。毛主席说："思想政治工作，各个部门都要负责任。共产党应该管，青年团应该管，政府主管部门应该管，学校的校长教师更应该管。"我们学校有"八路大军"同时做：即党团组织（10个党总支、80个党支部）、辅导员、教师、管理人员和兼职班主任、服务人员、"三助"学生（助教、助研、助管）、学生自律委员会、大学生校外导师。八个方面的力量汇集在一起，围绕中心，形成合力，效果明显。

（三）全过程做

"全过程做"就是要自始至终地坚持做思想政治工作。这包含以下五个阶段：一是录取后入学前，介绍学校的基本理念；二是入学后新生教育，引导学生认识、认可学校的理念、制度、培养目标和培养模式；三是成长、成人、成才教育，按照"做人第一，能力至上"的标准实行"三大教育""四大计划""五个课堂"；四是毕业前教育，即大三下学期至大四上学期，重点进行就业—择业—从业—创业的教育；五是毕业后实行跟踪教育，由校友会及时地与校友进行沟通交流。

各位同志，我今天的经验介绍就到此为止。希望我们能进一步增进交流与合作，携手开创我省民办教育的新局面。谢谢大家！

准确定位，建设应用型大学

——接受《光明日报》采访实录[1]

（2014年6月3日）

"应用型"是对人才需求的积极回应

记者：怎样理解"应用技术型"大学的概念？"应用型"大学的基本内涵和要求有哪些？

邹广严：我们谈论教育问题，往往习惯于从教育内部出发，有些所谓"不识庐山真面目，只缘身在此山中"。我认为讨论"应用技术型大学"这个概念，需要有"跳出教育看教育"的眼光，也就是要站在经济社会发展对大学人才培养要求的角度来审视当下的教育。

"应用型"大学首先是对经济社会发展中人才需求的一种积极回应。人类社会不但需要牛顿发现力学定律，还需要钱学森把火箭送上天。正是由于应用型人才，特别是高层次的应用型人才缺口很大、需求旺盛，才会有"应用型"大学的兴起和发展。应该说，"应用型"

---

[1]本文是邹广严院长接受《光明日报》记者练玉春采访的实录，发表在《光明日报》2014年6月3日第14版上，原题为《准确定位，建设应用技术大学》。

这个概念诞生之初，就与社会需求有着密不可分的联系。

在现阶段中国教育的语境下，应用型大学是区别于研究型大学以及当前高职院校的一种办学类型。应用型大学培养的学生，动手能力强于研究型，理论基础和专业能力又强于高职院校。

这就构成了"应用型"大学的内涵和要求：第一，培养目标应以能力而非以知识为核心；第二，专业设置应从社会需求而非从学科自身出发；第三，课程体系应该突出实践环节，加强实习实训；第四，应采用问题导向、案例分析、项目驱动等适应应用型人才培养目标的多样化教学法；第五，"双师型"教师队伍建设是办学质量的关键；第六，应不断深化产学合作，吸引大中型企业参与是成功的根本。

因此，我们可以说，"应用型"大学是一种以满足经济社会发展需求，以应用型人才为主要培养目标，并有其独特的办学理念、办学模式以及办学规律的大学。

记者：教育部提出一批地方本科院校要转型为应用技术大学，怎样理解这一要求，目的何在？

邹广严：首先，这项改革决策是十分正确的。当前，国内不少地方本科院校定位模糊，往往在追求研究型大学的道路上花很大精力，但实际能力确实较为薄弱。在这种情况下，教育部推动一批地方本科高校向应用技术型大学转型，既顺应了经济社会发展对人才培养的需要，又是对一些地方本科高校的"再造"，应该说是正确、必要而且及时的。

落实"应用型"，分层次分步骤

记者： 您觉得这个过程如何落实？

邹广严： 对于这次重大转型，不能靠行政力量，搞"一刀切"，要区别情况，分步实施，做好"顶层设计"。我建议：从整个高等教育体系着眼，稳定一批、支持一批、转型一批。

记者： 请您解释一下这个概念。

邹广严： 所谓"稳定一批"，就是要在一定时期内，"冷却"一下专科学校的"升本热"，以及中职院校的"升高热"。按理说，职业教育的体量是不小的，可为什么技能型人才还是如此短缺呢？很大一个原因就在于部分高职、中职学校不甘于自身定位，热衷于"升格"，而在人才培养上偏离了合理的定位。

所谓"支持一批"，就是对于那些本身定位就很准确，办出了一定成效和特色的本科院校，应该加大政策、资金的支持，使其成为这次转型的"排头兵"，起到示范引领的作用。我认为，这个支持范围不必局限在地方高校，不少民办高校、独立学院，因其自身对市场相当敏感，办学思想较为解放，体制机制束缚相对较少，更适合做改革的先锋。对于这类学校，国家给些支持，一来体现对公办和民办的一视同仁，二来能花小钱办大事。教育主管部门如果引领这股潮流，统筹兼顾，无疑会增加转型成功的概率。

所谓"转型一批"，就是对于那些自身定位不准确的地方高校，应该逐步、分批地引导其转型。有条件的先转，条件不足的可以创造条件后转，有的也可以调整它的办学方向和办学层次。

记者：怎样实现应用型大学的转型？政府应起到什么作用？学校应做哪些准备？或者说，怎样把转型做实，怎样算成功？

邹广严：我的建议是，政府可以借鉴经济改革"放活"的思路，大力支持，大胆放权，尤其是办学自主权，充分尊重高校的主体性，调动其积极性，发挥其创造性。

对于学校自身来说，办应用型大学，有三个重大问题肯定绕不过：其一，如何在专业设置和人才培养上充分体现市场需求导向；其二，如何建设"双师型"教师队伍；其三，如何开展深度的校企合作，尤其是与实力雄厚的大企业的合作，使其成为应用型大学建设的参与者、合作者。

记者：在社会层面以及职业教育层面应起到什么作用？

邹广严：显然，应用型大学应该处在整个职教体系的"顶层"。它培养各行各业的高端应用型人才，特别注重培养学生就业的核心竞争力：一是横向可迁移的适应能力，举个例子说，会计毕业的可以搞会计，也能搞审计，可以到银行，也能去企业，也就是说学生的适应面比较宽广；二是纵向可提升的专业能力，毕业生可以从初级会计做到高级会计，从普通财务人员做到财务总监，也就是发展有后劲。

同时，应用型大学应该承担培养应用型研究生的任务，例如工程硕士等"专业硕士"，使应用与研究结合起来。

从需求出发，落实应用型建设

记者：锦城学院的"应用型"建设对于其他院校，有哪些可以借鉴的内容？

邹广严：锦城学院在建校伊始就旗帜鲜明地提出了兴办应用型大学的主张，明确"学校错位竞争，人才分类培养"的竞争方略。近十年来，学校不跟风、不攀比、不动摇，可谓一以贯之。

记者：十年一直如此？

邹广严：是的。我们具体"落脚"实际上是三个环节：

第一，从社会需求出发，以岗位调查为起点，进行具有颠覆性意义的专业设置"逆向革命"，变传统"学科—专业—专业方向—就业"的专业设置为"就业岗位—专业方向—专业—学科或跨学科"的专业设置。

第二，据此设定独具特色的应用型人才培养目标和模式，包括：把"做人第一，能力至上"作为应用型人才培养的标准；把"三讲三心"明德教育、"一体两翼"知识教育、"三练三创"实践教育为核心的"三大教育"作为应用型人才培养的课程体系；把"教学内容、教学方法和教学评价"相结合的"三大教改"作为落实应用型人才培养的方法途径；通过突破学生实习实践环节，深化学校与地方政府、行业协会、企事业单位和国外高校的"四大合作"，建立近600家稳定的"教学实习就业根据地"，以实现学校教育与社会需求的"无缝接轨"；加强"双师型"教师队伍建设，实行"双向进修制度"，使业界精英熟悉讲台，科班教师熟悉业务，打造应用型大学的"王牌"等。

第三，毕业生能否为社会需要并认可，是检验应用型大学办学成功与否的唯一标准。所以，锦城学院实现了"高就业，就好业"的目标，蝉联省教育厅授予的"四川省普通高等学校毕业生就业工作先进集体"称号，创造了连续六年毕业生就业率98%以上的"奇迹"。

记者：需要是"应用型"的基础，也是破题的入口。

邹广严：是的。我们这"三个环节"实际上是一个"无缝闭合"，一切从社会需求中来，到社会需求中去，出发点和落脚点都是满足社会需求，为经济社会发展培养优秀人才，这就是锦城学院落实"应用型"大学建设取得成功的秘诀。

教育奠定基础，思考决定未来

——在2014届毕业生毕业典礼上的讲话

（2014年6月25日）

今天我们隆重地举行2014届本科毕业生典礼。首先，请允许我代表锦城学院全院教职员工并以我个人的名义，向四千余名毕业生致以热烈祝贺！并对参加这个盛典的各位来宾、各位家长、各位老师、各位同学表示热烈欢迎！

在这样一个时刻，我们要感谢各位校董，他们答应十年内不要任何回报，使我们有更多的资金办学，不然的话，锦城学院不会发展这么快、这么好！

我们要感谢川大的各位领导，他们在学校的建立和发展过程中给予我们极大的支持和帮助！

我们要感谢各位家长，感谢你们把孩子送到"锦城"来学习，并始终与学校默契配合，为孩子们的成长成才提供了坚强保障！

我们要感谢各位"根据地"的代表，六百多家企事业和政府机关与我校密切合作，是我校实习、就业的稳固根据地。还有多家公益机构和基金会，感谢你们在扶持学校、帮助贫困生方面做出的诸多善举！

同时，我们要感谢各位老师和员工，你们在贯彻学校理念、发扬

"锦城精神"方面尽心尽力，你们是辛勤耕耘的园丁，是青年学子的良师益友！

　　同学们，若干年后，你们也许会忘记一些原理和公式，会忘记一些不常用的知识和理论，但是，我相信你们一定会记得"锦城教育"带给你们不一样的大学体验和青春回响！

　　这四年，你们接受了"锦城"的"三讲三心"明德教育，理解了"做人第一"的内涵，养成了公忠体国的爱国情怀，践行了成人成己的奉献精神。在每年孔子诞辰纪念日，你们缅怀圣人，诵读《论语》，在千年的传习中，理解经典，弘扬传统；在"礼仪月""感恩月""诚信月"活动中，你们学好人、敬好人、做好人；在志愿服务活动中，你们组织的"爱心助教团"走进了山区，"文艺大篷车"开进了社区……文明在这里得到传承，美德在这里得到发扬，青春在这里焕发出灿烂的光华！

邹广严院长在 2014 届毕业生毕业典礼上讲话

你们当中，财会系审计学专业的蒋亚南同学践行爱心和感恩教育，利用假期带队深入家乡遂宁开展"关爱留守学生"活动，他的志愿服务模式开创了全国大学生返乡志愿服务的先河并且在全省推广，而他也被评为"全国社会实践十佳之星""四川省雷锋式志愿者"；会计专业的梁婷同学一年12次走访帮助山区孩子百余位，募集、捐献书籍400多本、衣物200余件、学习用品126套。他们的大爱感动了四川，感动了"锦城"，我也因此为他们颁发了"校长特别奖学金"。同学们，榜样就在身边！愿"明德教育"赋予你们的道德感、责任感和使命感伴随你们的一生！

这四年，你们接受了"锦城"的"一体两翼"知识教育，既练就了精湛的专业能力，又形成了良好的综合素质，更在体育锻炼中强健体魄，在艺术熏陶中变得文雅精致。你们在文传系"毛爷爷"的指导下，践行"读、写、听、练"全方位"成才计划"，成就了"十项全能"的"文科技术型人才"；你们在计科系"张伯伯"的引领下，创造性地组织"第四课堂"（课外活动）的答辩，又在"第五课堂"中感受线上线下一体化的"优课"；你们在工商系"左妈"以赛促学的感召下，南征北战，睥睨群雄，收获的奖状据说可以绕"锦城"一圈；你们在机械系"张爷爷"的鼓励下，开始"发明之旅"，薛金洋同学一次性申请了"可调温衣服""球形折叠椅""多功能鼠标垫"三项专利，成为"锦城发明达人"。

艺术系张云智、孙元超同学拍摄的纪录片《石响》在第三届中国襄阳大学生电影节上捧得"最佳纪录片奖"，成为"锦城青年导演"；外语系的白兰富同学凭借扎实的专业功底赴泰国担任孔子学院教师，成为汉语和中国文化的传播者；今天代表毕业生发言的金融系唐可文同学多次获国家奖学金，更为难得的是，他的原创音乐基地博客点击率高达2000万次，他参加了花旗银行成都分行的"精英培训计划"，曾在全球500强企业埃森哲公司实习……"锦城"能够发挥你们的优势和特长！我相信，你们就是未来各行各业的领军人物和社会精英！

这四年，你们接受了"锦城"的"三练三创"实践教育，你们具备了走向社会的生存能力和取得更好发展的创新创业能力。我看到你们在农场里亲手播种，浇灌幼苗，汗水沁入泥土，收获时绽放会心的微笑，这是"三练三创"传递给你们的基因——对自然的敬畏，生命的温情，以及对劳动尊严的体认；我记得你们为了一项创业设计方案，小组队员们夜以继日地头脑风暴，在大赛现场听取评委老师一针见血的点评，不久后我又听说你们把项目孵化成了创业实体——你们不但是岗位的有力竞争者，更是岗位的提供者。你们"为自己代言"，更为"锦城"代言！

记住这些灿若繁星的名字吧：机械系的刘威，金融系的杨博闻，艺术系的曾怀志、王九州、杨璠璠，计科系的张炼、杨芸嘉、张果……记住这些本届毕业生的"创业先锋"，记住弈程广告传媒、时光沙漏珠宝、红番茄少儿艺术学校吧，它们承载着"锦城人"敢为人先的勇气和鲲鹏展翅的梦想！支持这些公司吧！为你们的校友加油！

当然，"锦城教育"带给你们的远不止这些，还有名家大师们的"全身心投入"。我相信你们感受到了"锦城课堂大于天"，每位老师奉献给你们的课堂，都像初恋一样有激情，像约会一样有期待，像演员上台一样有表现欲。而既有从业资质，又是专家学者的"双师型"教师总是受到你们的喜爱和追捧，像土建系的张爱玲、电子系的张志亮等老师。老师们对你们严格要求，一丝不苟，没有给你们泄露考试重点，没有给你们送人情分，但却将真才实学带给了你们，将通往未来成功之路的力量赋予了你们！

同时，"锦城"也不会忘记你们带给母校的感动和惊喜。"阅读之星"——文传系的李慧同学在"阅读计划"的激励下，整理的读书笔记重达数十公斤；"青年领袖"——工商系的潘聪同学在"三自三助三权"的学生自主管理中，成为全国独立学院当选省学联主席的第一人；"锦城音乐人"——财会系的杨星同学充分发挥自己的"长板"，创建了我校第一支原创民谣乐队"彩虹人"，并举办了"锦城"首场原创音乐会，《锦城青年》唱出了所有"锦城人"的心声："让青春与梦想一起舞蹈，'锦城'为你我搭上通往理想的桥。"毕业生们，你们都是"锦城"不可抹去的记忆，你们的名字都会被"锦城"铭记！

同学们，你们在"锦城"的四年，接受了良好的高等教育，这为你们的一生奠定了坚实的基础。你们在学校锻造了各种才华，练就了各种能力，这些才华和能力无疑是十分重要的，对你们的未来大有裨益，你们一定要在以后的事业和生活中将其发扬光大。但在今天这个特殊时刻，作为校长，我特别建议你们在走向社会之后，要充分发挥思考的能力。

正如韩愈所言，"行成于思"，思维决定行动，行动决定结果。耶鲁大学校长理查德·莱文曾说："由于我们坚持培养学生推理、反思和独立批判性思考的能力，我们的毕业生充满求知欲，具有适应不断变化的工作和家庭环境的能力，具有把新观念用于实践的灵活性和想象力。"你们在"锦城"的四年，学校教给你们的，主要不是思考什么，而是如何思考。

人们常说"思路决定出路"，"要改变口袋，先要改变脑袋"，

"思想对了头，一步一层楼"……这些格言都道出了思考的重要性，任何财富、任何成就都起源于思考。因此，思考能力、思维方式、思想水平往往决定着人们的未来！可以说，思考能力的大小、思维方式的优劣、思想水平的高低，就是成功与失败、辉煌与黯淡、快乐与苦闷等一系列人生问题的分水岭。

你们可能知道任正非领导的华为公司的取胜之道。1988 年华为初创，以代理香港一家公司通信设备起家，那时候跨国通信公司正在中国大城市攻城略地，任正非选择到偏远农村寻求市场，巧妙地保存和发展了华为。1992 年，深圳房地产和股票大热，任正非不为所动，他孤注一掷，大搞 C&C08 交换机的研发，最终填补国内市场空白，这个冒险思维成功了！华为因产品性能好、价格低，市场不断扩大，销售额不断上升，最终成长为中国最大的通信设备制造商。这是"思路决定出路"的典型。

去年的"双十一"，天猫和淘宝单日交易额创下了 350 亿元的奇迹，开创了"传统商业模式想都不敢想的局面"。创造这个奇迹的是阿里巴巴和他的领导者马云。早在 20 世纪末，在电子商务还不广为人知的情况下，他们捷足先登，缔造了今天中国最大的"电商帝国"。我们不禁要问，是什么力量，让一个并非出身名校，没有相关专业技术，也没有任何靠山的年轻人取得了如此巨大的成功？从淘宝、余额宝那些具有开创性和革命性的创造中去寻找答案吧，唯有卓尔不群的思考，才有可能引领未来！

你们熟知的世界首富比尔·盖茨从小就喜欢思考，向父母抛出各种千奇百怪的问题，而这种思考的习惯一直伴随他到管理微软公司，他著名的"思考周"每年有一两次，为的是专注思考微软发展的重大战略和决策。

就在两个月前的今天，诺基亚公司的手机业务被微软公司收购，曾经的芬兰巨人日落西山，而他昔日的对手——苹果公司却是如日中天，连续四年稳坐全球市值最大公司的交椅。很多评论家都认为苹果成功的第一大原因是乔布斯的非同凡"想"（异想天开的"想"）。乔布斯用"触屏"的创新思考，站在了消费者的一边，突出创新应用，改变了全球手机市场的格局。"锦城"学子们，在苹果湖畔晨读和思考的你们，是否会在未来的某一天成为某领域改变世界的领军人物呢？我希望，下一个"乔布斯"就是你！

这就是思考的力量！不管是人类改变世界，还是个人改变命运，思考都是最有力的武器。"锦城"青年们，拿起这个武器，投入未来的战斗中去吧！

你们要坚持独立思考。

思考是一个人的"特权"，是我们驾驭人生的第一手段，是我们对自己人生的"领导权"。所以，不要做没有主见的人，不要做人云亦云的人，不要做见风就是雨的人，因为如果你那样做，你就是在放弃自己作为人类成员的最可贵的权利，在放弃自己对自己人生的"领导权"。高扬起"独立之精神，自由之思想"的价值传统吧，你就是那个思考者！

你们要坚持正面思考。

有光的世界必然会有影子，面对光影世界，有人见到的是阴影，有人见到的是光亮。视野的灰暗带来心境的灰暗，视野的光明带来心境的光明。因此，正面的思考才会带来阳光的心态，建设性的思考才会有精彩的人生。当你在日后的事业、生活中感到步履维艰时，不要灰心，那说明你正走在上坡路上；当你抱怨父母的啰唆，厌恶情感的束缚，你要想到，啰唆是因为关心，束缚是因为在乎。凡事都看到光明、向上的一面，你就会发现，挫折不过是化了妆的祝福。"锦城"青年们，做一个向上且能带给周遭力量的人吧！把正面思考的种子像蒲公英一样放飞到远方！

你们要坚持批判性思考。

人类历史上惊天动地的事大多都与批判性思考有关：哥白尼的日心说是对地心说的批判，达尔文的进化论是对上帝造物的批判，弗里德曼的自由市场经济理论是对凯恩斯主义的批判，马克思的《资本论》就是对资本主义的批判。我们几乎可以说，没有批判就没有进步！但什么是批判？批判是不迷信、不盲从，是大胆怀疑、小心求证；批判是辩证地、全面地、理性地看问题，凡事持平而论，"爱而知其恶，憎而知其善"；批判就是运用自己的思维习惯和能力，从芜杂的表象中看到真相，透过现象看本质，从而做出正确判断；批判就是"锦城"的追求事实，追求真理，追求至善！所以，"锦城"的毕业生们，你们要做智慧的思考者。我们要为世界送去的不是偏激的情绪，而是精巧的理性、前行的动力！记住欧洲大哲学家、数学家笛卡尔的话吧："良好的思考必须建立在有根据的假设上！"让你人生的每一个设想或计划，都经得起质疑、批判和证实！

你们要坚持反思性思考。

如果说批判性思考重在观照外部世界，反思性思考则更多地观照自身。这一点也是我们民族宝贵的精神传统，曾子的"吾日三省吾身"就是一种典型的反思性思考。一个人只有不断自我反省、自我否定、自我提升才能进步；而一个自以为是、自命不凡、自认为一贯正确的人是很容易撞到南墙上的。所以，反思性思考很重要，正如先贤孟子所言："行有不得者皆反求诸己"，凡事要多从自己身上找原因。因此，孩子们，多一些自我反省，少一点怨天尤人吧！反身而诚，定能天宽地阔！

你们要坚持创新性思考。

创新是一个民族的灵魂，创新是21世纪国与国、企业与企业、人与人之间竞争的核心。在这个创新的时代，不要认为创新离你多么遥远，一个新视野、新点子、新思路、新方法，都可以使你成为一个创新者。在未来的工作中，只有想到才能做到，只有发现问题才能解决问题。黑格尔说："一个民族有一批仰望星空的人，他们才有希望。"同理，一个企业、一所大学，如果没有几个"想入非非""异想天开"的人，这个单位恐怕也是没有希望的。同学们，张开思想的翅膀，利用"锦城"的训练，发挥你们的想象力和好奇心，发掘你们的灵感之源，然后专注地做下去，你们的事业定会越来越兴旺，你们的人生定会越来越精彩！

各位来宾，各位家长，各位同学，让我以最近发生的一个真实小故事来结束我的讲话。最近，北京优炫公司的一位何老总主动找到我们学校，洽谈合作事宜，并已签约。他为什么要千里迢迢找到我们学校合作呢？原来，前些日子，因为车辆限号，他乘公交车到成都分公司检查工作，听见车上有几个年轻人议论纷纷，有的人在抱怨自己的学校不行，有的人在哀叹就业形势的严峻。这时候，一个充满自信的声音说："我们学校不存在这些问题！虽然学费贵些，但教学质量高，物有所值；虽然管得严，有时感觉不舒服，但养成了好习惯，学到了真本事。所以我们人人都找得到工作，从不为就业问题而苦恼。"何总一听，觉得很好奇，就问这个同学："你读的是什么学校啊？"这位同学满是自豪地回答——"四川大学锦城学院！"后来发生的故事想必你们也清楚了，何总慕名而来。他说："与这样的大学合作，事业一定成功！"

要问这位同学是谁？他就在你们当中！你们和他一样，都是"锦城"的铁杆粉丝和忠实信徒。有这样热爱"锦城"的学生，多么让人骄傲和感动！有这样一批忠实于"锦城"的校友，"锦城"怎么能不兴盛！

再见了，同学们，母校时刻关注着你们，母校与你们同在！

新进员工要着力解决认同感、忠诚度、教育之道和教育之术的问题

——在2014年新进员工培训典礼上的讲话

（2014年6月30日）

今天是新员工入职培训典礼。看到有这么多新生力量加入我们这支队伍，我感到很高兴。在这里，我首先代表学校向你们的加入表示热烈的欢迎！

有这么多的新员工加入我们的队伍，说明我们的事业是兴旺发达、蒸蒸日上的。因为如果事业不发展，队伍就很难发展。大家加盟锦城学院，说明锦城学院和你们一样，是在发展当中，你们的到来也将加快锦城学院的发展。

我要求这次岗前培训着力解决四个问题。

一、关于认同感的问题

你们加盟这个学校，首先就是要认同。对这个学校的办学思想、办学理念、办学定位、培养模式等，大家得有一个认同感。你如果不认同这些，工作起来多少就会有些别扭。比如我们学校定位于多学科、综合性的应用型、创业型的大学，这和国内有些大学定位于研究

型或教学型是不同的。那么，我们提的应用型定位是什么样的？首先，应用型大学里有研究，研究型大学里也有应用。世界上办得最好的应用型大学是哪家？加拿大的滑铁卢大学。我们给大家发了一个小册子，就是介绍滑铁卢大学办应用型大学的有关情况的。但是滑铁卢大学从不承认自己是一般的应用型大学，他说他是应用型，但首先是研究型。这说明什么？说明应用型大学有很大的比重是研究，但却是以应用为导向，以应用为主。我们学校应用型这个定位你认同不？我们最近有一个老师离职，是搞基础学科的，他为什么要走呢？因为他说他比较适合做研究，不适合于搞应用，比较愿意坐在屋里头做1+1=2这样的基础研究，这当然是很好的，人各有志嘛。但这样的基础性研究与我校的定位还是远了点，他既然提出要另谋高就，我们也只好悉听尊便了。

再比如说，我们学校是主张传统与现代相结合的，很重视继承和弘扬中华民族优秀传统文化。我们从2005年建校就把优秀传统文化高高举起，不是现在习近平总书记讲了话我们才做的。学校的建筑风格是欧式的，但是名字却是很"中国"的，走的是一个中西结合的路子。但骨子里，我们是继承中华民族优良传统的。我们最早鼓励大家把中华优秀传统文化当作我们学习的重要内容，我们的"三讲三心"明德教育，很大程度上是中华民族传统教育。比如说忠心，先前大家有点不敢提，说忠心不就是忠于皇帝吗？这种解释太狭隘了！我们的解释忠心是忠于我们的国家，忠于我们的祖国，忠于我们的中华民族，忠于我们的人民，就是现在总书记提的"家国情怀"。又比如说爱心，爱心是什么？就是孔夫子说的"仁"，孔子的学生樊迟问孔子什么是"仁"，孔夫子回答说："爱人。"西方的基督教也是主张"博

爱"的，从这个角度讲，人类的基本信仰都是一致的。我给大家讲，
我们学校的教师节，事实上都是在9月28号过的，我们主张孔夫子的
生日就是我们中国的教师节，世界上各民族都是把本民族最优秀的分
子当作自己的骄傲，我们为什么不能这样做呢？这里引申开一点，我
们的"三大教育"大家一定要熟悉，这"三大教育"不能说是我们的
独创，但是我们却是坚持得很好的。通常大学都是讲的知识教育，我
们前面加了一个明德教育，后面加了一个实践教育，这是我们的一个
很大的特色，需要大家认同的。

又比如我们的发展愿景。这也是要大家认同的一个东西。在你们
还没来这里之前，我们制定了一个发展愿景，叫"十年规划"。我们
曾经设想用十年的时间上二本，再用十年的时间上一本。但是呢，我
可以愉快地告诉大家，我们用五年的时间就上了二本（指的是实际调
档线突破二本线）。但根据我国的招生考试制度，你在"几本"，需
要教育考试院批准了才算数，所以我们是从2012年正式开始在二本
招生。我们从来不赞成一二三本的划分，而且这个政策也不是从来就
有的，我读书的时候就没有什么一二三本。但是客观情况如此，不能
改变它，就只能适应它，所以我们就定了什么时间进几本的规划。大
家要知道，招生分数线是客观的，公众的认可度高，报你的人多，你
的分数就上去了。我们为什么五年就上了二本？是广大考生用自己
的"选票"把天花板戳破了的。一楼撑不下了，就到二楼去了嘛，是
不是？现在我们争取再用十年或十年多一点的时间，在2025年左右，
戳破第三层楼的天花板，争取达到一本线。按理说这个一本不应该成
为我们的目标，但是这是客观现实，如果这种划分法在今后被取消
了，那就更好了。

大家一定要对中国的民办教育有信心。远的不说，你先看成都的几所好的私立中学，我开玩笑说："好家伙，已经有美国哈佛大学的风光了。"为什么这么说呢？你看他们的招生，第一个分数很高，第二学费很贵。多贵？好几万块！天啊，这是中学啊，比大学的收费还高，家长们还趋之若鹜。这两点，中国的民办大学没做到，但是我相信迟早会做到，也就是说，民办大学完全可以达到"高质量，高学费"的水准。中国的民办教育发展很晚，但发展很快，我们一定要对自己的前途有信心，我相信你们都不愿意加入一个没有前途的单位，对不对啊？如果这个单位没有前途，我相信你们是待不住的。不是说"良禽择木而栖"吗？肯定是这样的嘛。对于我们学校的愿景，大家认同不？

今天学工部部长也在这里，我顺便说一下学生管理。现在有一种理论，说大学生是成年人，不用管，学生想干什么就干什么。我告诉大家，我们不相信这样的理论。成年人就不需要管理？我看未必，我们共产党的领导干部都要被管理，"八项规定""六项禁令"是不是管理？毛主席说，一味地迁就落后群众，落后群众要干什么就干什么是一种"尾巴主义"。我们说一味地放纵学生中的错误想法，学生要干什么就干什么也是一种"尾巴主义"。"尾巴主义"盛行，其实就是在消解教育存在的必要，其结果只会是杂草丛生、乱七八糟。学生的课堂需要管理，课外生活需要管理，社会活动也需要管理。当然这个管理要和学生的自主、自立相结合，这点上也需要大家认同。有人说我只管在课堂上讲课，学生听不听，我不管，也管不着，那怎么行呢？至少在我们这里是不行的。

管是为了不管，教是为了不教。在这个阶段，我们不要老是盯着

"不管"或"不教"，而要盯着"管"和"教"。我们中国的教育还远远没有发展到"不管"或"不教"的地步。不是说我们的水平低，是我们的社会环境有问题。外国高校有一个法宝，就是高淘汰率。据说，哈佛大学淘汰率接近百分之四十，我读书的天津大学在叫北洋大学的时候，淘汰率也是接近百分之五十。现在的中国行得通不？如果一个学生淘汰后，家长不托人来找啊？没有人来闹啊？没有这个关系、那个关系来给你施加压力啊？我们不说淘汰百分之五十，就算百分之五也难。我们提出"三不放水"，要加强学生学习过程中的管理和教育，也曾遭到过部分学生的反对。王星教授今天也在这里，他在企业是搞质量管理的，他以前给大家开讲座，说一个产品的生产，要每一个步骤都合格，这个产品才合格，对不对？这套理论，我以前在工厂的时候就背下来了的，原料合格，工序合格，产品才合格，这叫过程管理，我们教育也要重视过程管理，这样的理念，大家认同不？

二、关于忠诚度的问题

前面我讲了认同感的问题。认同感要产生一个东西——忠诚度，就是要求大家忠诚于"锦城"的教育事业。什么叫忠诚？首先是同甘苦、共患难。大家要和前辈们一起奋斗，一起来实现我们的发展愿景。你看马云的创业团队，有"十八罗汉"之说，十八个人跟他同生死、共患难，再大的困难，大家坚持下去。创业都是艰苦的，吃饭都要省着点吃，出门要搭公交，但大家不离不弃。再看华为的老总任正非，大家都知道，华为已经是中国乃至世界通信领域的翘楚，想当年，他下了一个很大的赌注，把所有的钱都押在一个宝上，就是研发交换机，弄3G去了。当时很多人都说3G太虚无缥缈了，很多人都离开了，他给留下的人说，我们只能成功不能失败，失败了怎么办呢？我只好跳楼了。这就是置之死地而后生啊。大家共患难，发奋图强，最终研发成功，华为才从小变大，由弱变强。同志们，"一个好汉三个帮"，没有一帮子人共同奋斗，怎么可能有大的成就？大家加盟了这个单位、这个大学，就要和这个大学同呼吸、共命运了。

邹广严院长在2014年新进员工培训会上讲话

你们听说过这样一个小故事吗？丰田汽车公司的一个员工在马路上看到一辆丰田车，上面布满了灰尘，脏兮兮的，他把自己的手帕拿出来，把车给擦干净了，然后悄悄走了。别人问他，那个车子放在那儿好多天了没人管，你操这个闲心？他回答说："我们公司生产的车子怎么能是这种形象呢？"他要爱护他们公司的形象。

我们也需要大家一起来爱护我们的品牌，维护我们的形象。大家要同甘共苦，共同奋斗，要把学校的事情当成自己的事来办。不要认为是被抓壮丁给国民党干的，也不要以为是给资本家干的。我们这个学校没有资本家，我们十几家股东，到现在一分钱没有要，这在全国民办学校里面是极少见的。我们实际上就是哈佛大学的模式，性质上是私立的，但却是公益的事业。我跟你们一样也是打工的，打工就得拼命，就要把它当成事业，不能当成一个混碗饭吃的岗位。当然，养家糊口是必需的，青年人嘛，走向社会的第一件事就是养家糊口。但是仅仅把教育当作养家糊口的手段，那水平就太低了。也不能把工作当作是照顾关系的跳板——因为我老公在高新区工作，所以我到你这里来混两天，等明天我老公调到上海去了，我也就跟着去了——这样的想法恐怕不好。你得把教育当作是自己的事业。万一你有一天实在要走，我也不反对，也不能叫你们夫妻分离啊，但是既然在这个岗位上，在这个单位里面，就要为这个岗位、这个单位作出自己应有的贡献才行啊。

三、关于教育之道的问题

这个职前培训既要解决认同感和忠诚度的问题，又要解决职业道德、职业操守的问题。前者是提高对学校的忠诚度，后者是提高对教师这个职业的忠诚度。我们要帮助大家解决教育之道的问题。

大家知道，教师对于一所学校来说，是最重要的因素。美国哥伦比亚大学的拉比教授说："教授就是大学。"武汉大学的老校长刘道玉也写文章说，"有好的老师才有好的大学"。美国总统奥巴马则说教育的水平不可能高于教师的水平。这些话，都是把教师的重要性说到底了的。

论教师的职责和师风师德，讲得最好的是我们的孔老夫子。孔老夫子说"学而不厌，诲人不倦"，八个字，就把教师应有之面貌、应尽之义务概括无遗了。毛主席后来加了几个字，"对自己，'学而不厌'，对人家，'诲人不倦'"。这个就是对师风师德的最高概括。唐朝的韩愈，专门写了一篇论教师的文章《师说》，说老师的主要任务是"传道受业解惑"，这个也是说得很好的。

我们"锦城"的观点是什么？是"全身心投入是第一师德"。首先是要讲投入，天津大学现在的校长说，当前摆在我们中国高等教育面前的重要问题是：教师的投入程度低，学生的学习强度低。我认为这个概括是比较准确的。我们要改变这种状况，怎么改变？首先是号召老师们全身心投入。我们"锦城"的又一观点是——"锦城课堂大于天"，十分重视课堂。我们要求老师要具有"三个意识"——示范意识、平等意识、责任意识。示范就是你要做个样子给别人看，你要别人读书，自己先要读书。平等就跟学生平等交流，不能讽刺、挖苦、打击。个别老师居高临下，没理由地盛气凌人，是很不好的。想当年我们还是三本的时候，他居然在课堂上公开说你们三本的学生怎么样怎么样。这是赤裸裸的歧视，在西方社会这叫"政治不正确"，美国总统要是在公开场合讲"黑人怎么样怎么样""妇女怎么样怎么样"，那他肯定要遭到舆论谴责，要"下课"。为人师表绝不能这样！凡是这样的老师，我们统统不欢迎他。三本的学生怎么了？三本的学生比谁矮一截？我们现在升二本了，但我们也从来没有看不起人家三本的师生，将来我们升了一本，也照样尊重二本、三本的学校。我很赞同这样一个观点：高考分数多几十分，少几十分，并不说明智商的高低。不要以为多考了几分就很了不起。咱们的老师不能居高临下，不能侮辱学生，不能不尊重学生。老师道德、操守的底线，不容突破。

"锦城"春早

我们教育的目的是使学生受益最大化。我们学校有"三个增值"：学生增值、老师增值、学校增值。增值就是增加他的价值。学生的价值，通过四年教育要增加；老师的价值，通过不断的教育活动来增加；学校的价值随着学生和老师的增值而增加。事实也正是如此，有的老师来的时候是助教，现在变成教授了，这才几年的光景啊？不到十年的光景嘛。我们有六届毕业生了，有的学生拿的工资比他老师的工资还高，这是不是增值了？

不误人子弟是我们的底线，学生受益最大化是我们的目标。做教师不能误人子弟，什么时候你都得想想："我这堂课给学生带来了什么？"有的学生反映个别老师上课不备课，信口开河侃大山，那就是误人子弟。今天我要给你们讲话我还做了功课的呢，昨天我又把孔夫子的书看了一遍，我还得写个发言提纲，还得找些材料证明我的观点，是不是？你上课不备课，信口开河，老讲自己当年过五关斩六将怎么了不起，能行不？讲讲自己的经历是可以的，但你老讲过五关斩六将，恐怕也不行，学生听了也觉得烦，是不是？误人子弟还配当老师吗？所以这个是我们的底线，大家不能触碰这底线啊。

四、关于教育之术的问题

光是有道还不行，还得有术，"道术结合"嘛。术是什么？术是方法，是技术。我们锦城学院的"六大教学法"就是术。怎么学习这个"术"？当然是要转益多师，多学习先进经验，既包括中国的，也包括外国的，既包括现代的，也包括古代的。

比如说我们的孔夫子，就是一个大教育家，不仅仅是育人有道，也是育人有术的。他有一种教育方法，叫作"不愤不启，不悱不发"，今天讲的"启发"一词，大概就缘于此。现在有人写文章说中国的传统文化是服从，不让人提问题，这种观点不正确，我昨天又看了《论语》，《论语》里面百分之七十的内容都是学生向孔子请教问题，或者是学生之间相互切磋问题。有人说，孔夫子回答完问题后，不准别人否定他。我看也不见得，我昨天就看到两个事例。第一个事例，是他的学生子路问他，如果卫国请你去当官的话，你第一件事是做什么呢？他说，我第一件事是正名。子路不理解，就说老师您太迂腐了吧，您做您的事，正什么名啊？孔子跟他说，"名不正则言不顺，言不顺则事不成"，讲了一番道理。这个事例说明什么？说明孔子的学生可以反驳他。另外一个事例，是说孔子的学生子游在鲁国武城县做县官，有一次，孔子来到武城，听见弹琴唱歌的声音，高兴之余，对子游说："治理武城这个小地方，根本用不着礼乐。比如杀鸡，何必用宰牛的大刀呢？"子游不服气，他引用孔夫子以前讲过的话来反驳他："以前我听老师讲过，君子学了礼乐就能懂得爱人，小人学了礼乐就容易服从领导。我照你的话去做，难道不对吗？"孔子听了子游的辩驳，连忙改口说："子游这话讲得对，我刚才说的那句话，不过是开个玩笑罢了！"这说明老夫子还是放得下架子嘛，不是说一定要当"不可侵犯的权威"。我们也要善于启发学生提问题，善于引导学生独立思考，并敢于表达自己的见解。我看在这方面，还真是得向孔子好好学学。

又比如说"因材施教"，也是从老夫子那里传下来的。我们民族的教育源远流长，是一个大宝藏，值得我们去挖掘。同时，我们也要学习西方的教育方法，我们学校的"六种教学法"，有很多就是现代的，是老夫子时代没有的，比如利用网络平台来教学，老夫子肯定是不知道的。我们要跟上这个时代，就要放眼古今中外，既要研究经典又要研究前沿，博采众长，兼收并蓄。我们的逻辑就是见贤思齐，谁做得好我们向谁学，我从来认为向别人学习不是耻辱。大家要通过不断的学习，提高自己的能力，真正领会一些方法。接下来，就要胜任教师这个职业和岗位了。

这次参加培训的有刚毕业的学生，也有博士生导师，有跨国公司的高管，也有从部队复员的干部。大家既是老师又是学生，希望你们能够互相切磋。人事部在课程安排上，要注意有时候让老师讲，有时候让大家讲，这样才能教学相长。

今年新进的100多名老师和工作人员，将给我们学校增加新的生命力。我希望你们能够发挥你们的正能量，作出你们的大贡献！现在，我们共同奋斗；将来，我们共享光荣。什么时候我们学校能像哈佛大学那样，成为世界私立大学中的顶流，别人提起来都肃然起敬、啧啧称赞，我们的奋斗目标就达到了。

我刚才讲的这个目标，如果这一代做不到的话，下一代做；下一代做不到的话，下一代的下一代接着做。总有一天我们会达到目标，只要大家坚决、坚忍、坚持地沿着这个方向锲而不舍、目不转睛、聚精会神地努力，我们的目的就一定能够达到！

谢谢大家。

深化改革，努力创新，
办"学生受益最大化"的教育

——在2014年夏季教学工作会议上的讲话

（2014年7月15日）

这两天我们召开学校第九届教学工作会议，有全体老师、管理干部和学生代表参加。会议开得很好，有二十位老师和两位学生代表发言，讲得生动活泼、非常精彩。这既是一次教学经验的交流会，又是一次各部系教学教改成果的展览。我听了大家的报告，很高兴，也很受启发。现在我讲以下几个问题。

一、办大学就是办环境、办氛围

建设和整顿校风、学风仍然是我们非常艰巨的任务，办大学就是要办好环境，办好氛围。清华大学老校长梅贻琦说，大学不是大楼之谓也，是大师之谓也。他强调大师，大师是办大学十分重要的一根支柱。近年来教育部评估大学，有一项重要指标，即人均教学行政用房，也就是说必须有大楼，大楼是第二根支柱。此二者是硬指标、硬实力，但光有此恐怕还不行，还要有一个软实力的指标，即校风（主要是教风和学风），这是第三根支柱。我们可以这样讲：办好一所大学需要三根支柱——大师、大楼和大好校风。

自古以来，我们就强调环境的重要性。"橘生淮南则为橘，生于淮北则为枳"——可见环境对生物的影响。战国时期的著名思想家、教育家孟子的母亲，非常重视环境的重要性，为了让年幼的孟子有一个良好的学习环境，曾三次搬家，这叫"孟母三迁"，为的是让孩子有一个良好的成长环境。

一所学校的风气对学生的成长具有十分重大的影响。钱学森就曾深深受益于加州理工学院的校风，他说加州理工学院有一种"你追我赶、人人向上"的氛围，创新的学风弥漫在整个校园，在那里必须想别人没有想到的东西，说别人没有说过的话。那里的学术气氛非常浓厚，学术讨论会十分活跃，大家互相启发，互相促进。建立于战争时期的西南联大，师生们怀着强烈的使命感和爱国心投身学习，他们克服了设备短缺、校舍简陋、生活贫苦等困难，教师严谨治学、敬业育人，学生刻苦读书、专心致志。据原北大副校长、西南联大学生沈克琦先生回忆：当时一间宿舍住 40 个人，晚上九点半自习时间鸦雀无声，学风浓郁。他认为联大所以成为名校，一是有一大批大师，二是有非常好的学风和校风。联大的教师不仅传授先进的知识、文化，并且通过他们的言传身教，形成良好的学术传统和学风。另一位联大学生吴宏聪回忆说："我认为西南联大最令人难忘的是学风，最值得珍惜的是师德。"中国著名教育家，曾任复旦大学校长，现任英国诺丁汉大学宁波分校校长的杨福家院士在谈到建设一流大学时说，"创建一流大学，离不开必需的资金投入，但这仅仅是最起码的外因和基础，更重要的是营造一个有利于产生学术大师的良好的研究环境。纵观当今世界著名大学，哪里有好的研究传统，哪里有自由探索的学术氛围，那里就会吸引住一流人才"，而拥有一流的创新人才队伍已经成为一所大学具备较高学术水准的重要因素。教育部原副部长周远清教授最近撰文指出"学风就是质量"，我的母校天津大学有位老校长吴咏诗曾说"办大学就是办氛围"。这些著名人物的论述，都说明学校风气的重要性。

我校自建校以来，就十分重视校风建设。我们的校风建设不是最近提出来的，而是在2005年建校之初就提出来了。在2005年11月13日的教师座谈会上，我就提出了"学校的教风、学风、作风、校风如何建设，学校的秩序、氛围、习惯、传统如何形成"的重大问题，这实际上就是如何建设校风的问题。这十年以来，我们的校风建设有很大的好转，有很大的成功，但是也存在不少的问题。最大的问题是什么？少数教师教得不敬业，少数学生学得不用心，总的来说，学生学习的强度还很低。

从全国来讲，中国的大学生现在其实是低强度的学习，每天用来学习的时间较短，用来休闲的时间较多，休闲的时间比学习的时间多；从学校角度来讲，不同程度地存在"三放现象"——管理上的放羊、教学上的放水、育人上的放任。这学期我们重新学习田国强教授的文章，他对国内大学普遍存在的学风、教风和校风问题，句句说到点子上。学生学习不投入，不仅是"锦城"的问题，全国都有这个问题，不但是中国的问题，国外也有，但是程度不同。大量数据和事实证明，学生投入学习的时间和他们的学习成绩成正比。所以，整顿校风、建设校风，是我们的一个重大任务。一个好的环境、好的学风，把不好的学生都能变好，一个差的环境、不好的学风，把好的学生都有可能变差。

校风是什么？校风是一种环境、一种氛围、一种风气，是一种无形的力量，它可以潜移默化，塑造人于不知不觉之中。校风一旦形成，你不走，它推着你走，拉着你走，甚至逼着你走，不走也得跟着走。很多人都是"随大流"的，一所学校的"大流"是吃喝玩乐，大多数人就跟着吃喝玩乐；一所学校的"大流"是刻苦学习、努力创造，这个学校不想学的学生都得跟着学。因此，要想把学校办好，不能只热衷于硬件的投入，更要注重软件的建设，建设一个良好的校风就是学校的软件建设。

我们的校风是什么？我们以往提到过"自由的氛围、严谨的氛围、沉静的氛围、积极向上的氛围、你追我赶的氛围"等，总体来讲，可以归结为更凝练的两个方面：它必须是刻苦奋斗、积极向上、严谨认真的；同时它必须是自由平等、和谐宽松、有利于创新创造的。一方面，校风需要严谨认真、一丝不苟，一定不能是松松垮垮的；另一方面，校风也一定是宽松自由的。什么是宽松？就是允许学生在探索中的失败，鼓励他们仰望星空、想入非非、探索未知。譬如我们有个学生，要搞个无人机实验室，我觉得要鼓励。在探索真理的道路上，是允许犯错的，只要不是越过底线的错误。最近我在报纸上看到某大学校长对新生说"你要么变成学霸，要么变成学渣"，觉得有些不妥，要么一百分成学霸，要么五十分成学渣，那考八十分行不行？"简单二元"容易导致不宽松，我们要注意克服这种"非黑即白、非好即坏"的思维。

从去年下半年起，我们提出"三不放水"后，各部系积极贯彻，校风有很大的好转，到外面去吃喝玩乐的学生明显减少，上课出勤率大大提高。但是，从学风督导组朱玥同学的学风报告来看，这个形势还不容乐观，大家不要过高地估计我们学风建设的成果，不要放松我们的努力。譬如，我们从2005年提出不准抽烟，到现在还是有个别学生照样抽烟，为什么呢？因为我们管理不严格。学生的问题反映的是"先生"的问题，"先生"的问题反映的是校长的问题。如果说2005年提出不抽烟只是我们学校的号召，现在教育部和成都市都是这么规定的，为什么我们还是贯彻不彻底？所以，我们不能过高地估计校风建设所取得的成绩，很多难点还没有突破。还有一些学生不按时吃早饭，上课了拿到教室去吃，最后垃圾扔到课桌上、抽屉里，到处都是，风气不好。每位老师都有培养学生、教育学生、管理学生的责任，大家建设校风的决心不能动摇。我们刚提出"三不放水"时，有些同学想不通，激烈反抗，但不能因为学生反抗就不贯彻落实了。毛主席批评"群众要怎么办就怎么办"是一种"尾巴主义"，我们要注意克服"尾巴主义"。过去每到期末考试，有些老师就划重点漏考题，学生就抱佛脚、搞突击，这是我非常反对的。我们进行教学改革后，考试就不划范围、不漏题目，现在不是考得很好吗？所以我们的决心要坚定，措施要果断，良好的风气才会形成。我在此向大家重申：在整顿校风的问题上，绝对不能手软，绝对不能松懈，绝对不能对我们的成绩估计过高。

二、千方百计激发学生投入学习

我们刚才讲校风，讲的是外部条件，讲的是环境、氛围。但是，我们无论如何都不能忘了内因的重要性。毛主席在《矛盾论》中讲过："外因是变化的条件，内因是变化的根据，外因通过内因而起作用。"鸡蛋在一定的温度下可以孵出小鸡，石头就不行，给它什么温度都不行。我国著名语言学家吕叔湘先生讲，教育绝对不是工业，而是农业。为什么是农业呢？农业洒下种子要自己长，我们提供的是土壤、空气和养料；工业是被加工的，只要将原材料进行加工就可以了。学生不是工业品，而是洒到地里的种子，我们可以提供良好的环境，但谁也不能代替他们生长。

邹广严院长在 2014 年全校教学工作交流会上讲话

我多次讲过，教育不是万能的，只有当教育者和受教育者意向一致的时候，教育才能改变受教育者的命运。如果受教育者不接受教育，就改变不了他的命运。我们多次强调"合力"的原则，合力才能增大力量，教育力是教师力量和学生力量的合力。我们还说"共振"的理论，重庆发生的"彩虹桥"事故，说明了共振的时候产生的力量是最大的。当老师的频率和学生的频率一致时，教育力是最大的，效率最高。我们说校风是氛围、是环境，但光有这个还不行，我们的责任是千方百计地调动学生投入学习，使他们的频率和我们教育的频率一样，发生

"共振"；使他们的力量和我们的教育的力量一致，形成"合力"。

（一）学校和老师的责任是点燃和激发孩子们求知的欲望、学习的动力

苏联教育家苏霍姆林斯基曾经说过一句名言："哪里没有求知欲，哪里便没有学校。"哈佛大学校长陆登庭也说："如果没有好奇心和纯粹的求知欲为动力，就不可能产生那些对人类和社会具有巨大价值的发明创造。"爱尔兰诗人叶芝说："教育不是灌满一桶水，而是点燃一把火。"我们有几位老师做了很好的实践，在启发调动学生的积极性上下了很多功夫：电子系的周正松老师把数学教学与生活中的各种现象结合起来，把看似晦涩难懂、枯燥严密的逻辑推导变成生动有趣、环环相扣的形象展示，让学生懂得理论来源于实践，学习积极性大大提高；土建系的李茜老师为了解决现代工程项目巨型化、复杂化与学生知识融合不够、实践环节缺乏的矛盾，进行专业教学的改革，加强实践环节，对学生实行"双证"（毕业证和从业资格证）培养，使学生学习起来更有主动性；通识教育中心的文举老师根据学科特点和学生需要，对学生实行"分类培养"，增加大学英语课程的可选性，满足不同基础的学生的不同学习需求，使学生学习的自主性大大增加……在他们的"教学字典"里，学生需要就是重点，课程需要就是重点，调动学生的学习积极性更是重中之重。

（二）既要强调激发动力，也要强调给予压力，要给学生一定的学业挑战

按照天津大学李家俊校长的说法，天大本科生每周用在学习上的

时间有 40 多个小时，但国外一流大学一般是 70 多个小时，中国的大学生缺乏学业挑战和学习压力。根据清华大学的"中国大学生学习投入性调查"和我校的"学生学习投入调查"对比数据显示，我校学生每周投入学习的时间为 30 多个小时，其中课余投入学习时间的比重偏低。学生每周的学习时间比重点高校差一些，学生与教师课堂互动的情况比国内重点高校要好一些，这说明了"院校资源条件优势并不等同于学生的高学习投入和高教育收获"，锦城学院在促进学生"高学习投入和高教育收获"方面可以大有作为。那么，我们如何把我们的教育资源更好地应用到受教育者身上，让学生实现受益最大化，十分重要。我们的学生需要挑战，所以题目太容易了不行，教学内容水平太低了不行，大家思考的问题没有挑战性不行，不能只是记忆性问题。例如鸦片战争发生在哪一年？这样的题目只有记忆性，没有挑战性。因此，我们一方面要激发学生，赋予动力；另一方面也得设置挑战，给予压力。我一直有一个疑问，为什么我们的一些学生在国内大学学习时不努力、喜欢玩，到了国外大学之后马上就变得很努力了？为了写一份 15—20 页的作业，查文献，准备资料，每天不到夜里十二点不休息。我们的学业缺乏挑战性是一个原因。我校加强过程管理、期末考核管理、抓"三不放水"是给学生增加学习压力，我们还可以在哪些环节给学生以学业挑战，需要每位老师继续实践。

（三）淘汰率是增加学业挑战的一个重要方面

土建系老师说他们已经在课程教学中设置了一定的淘汰率，我觉得这个很好；文传系今年也开始探索淘汰率的做法。没有一定的淘汰率绝对不会有压力也不会有动力的。今年，南科大第一届教改实验班的44名学生中，有4位学生退学，三四位学生因学分未满要延迟毕业——近20%的淘汰率，在当代中国高校闻所未闻。校长朱清时认为，有几个学生退学、延迟毕业没什么奇怪的，就是要让一定的淘汰率使学生始终处于努力的巅峰状态，南科大20%的淘汰率，相比美国30%、40%甚至50%的高淘汰率，要低很多。我校一位学生的家长提到，他的孩子在英国读研究生，中国人去了30个，淘汰了16个，他的孩子是留下来的14个之一。这个淘汰率真够高啊！淘汰率不一定是退学，有些是降级了，有些是重修的，是实行学分制。

所以，现在我们教师的责任就是用压力，用动力，用点拨，用激发，使学生爆发出强烈的求知欲望，这是我们没有破解的难题。当然并不是所有的学生都没有破解，大多数还是很好的。我们要既创造外部的环境、校风条件，又要激发学生内心的学习欲望。

三、好的教风才能带动好的学风

我们中华民族是全世界最古老的民族之一，中国也是一个尊师重道的国家。教师在学生心目中和社会评价中都有着崇高的地位，从"天地君亲师"到"一日为师终身为父"，都可以看出教师在社会中的重要性。孔老夫子是教师之祖，他确定的师德标准是"学而不厌，诲人不倦"；韩愈也对教师的职责做了一个很经典的定义，"师者，所以传道受业解惑也"；《三字经》中有关教师的描述是"养不教父之过，教不严师之惰"。可见，我国历来非常重视老师，而且非常明确老师的责任。美国哥伦比亚大学的拉比教授说："教授就是大学。"奥巴马总统也认为，学校的水平取决于教师的水平，学校的水平不可能高于教师的水平。所以，教师有崇高的地位，有重要的职能。

我们的"锦城老师"，既要有对教师职业的价值认同，也得有对"锦城老师"的价值认同。"锦城老师"价值体现的最高目标是"学生受益最大化"，底线是"不误人子弟"。我们有很多老师做得不错，比如，工商系的杨泽明老师发明了"第六课堂"，用微信、微博、QQ等现代新媒介加强与学生的联系和沟通，他提出"学生在哪里，教师就在哪里"，就是说老师随时和学生在一起，和学生讨论，利用私人空间来进行教育，这个很好；艺术系的郭悦昆老师提到，从礼拜一到礼拜五，教研室的老师排班陪同学生晨练和晚练，这是没有课时费的，是大家自愿的，给学生的教育不是上课才是教育，下课也是教育；我们有三位老师探讨了"三不放水"，金融系的蒋志平、计科系的赵杉、机械系的蒋冬青，他们都是非常严格地执行了"不放水"，结果学生对他们的评分最高。"从严"不是目的，出高徒是目的。我们有几位老师报告了批改作业的数量、上课提问题的数量，都记录得清清楚楚。所以，教风带动学风，老师的认真负责、言传身教，决定一切。"中国大学生学习与发展"系列调查报告指出：无论是国家要求，还是大学规划，只有具体转化为院系（专业）层面的改革举措，落实在课堂内外的教育教学改革实践，才能真正地惠及学生！校长的理念再伟大，没有老师来贯彻等于零，因为直接面对学生的是我们的老师。我听了20位老师的发言，想起了刘邦的《大风歌》："大风起兮云飞扬，威加海内兮归故乡，安得猛士兮守四方？"我们有这样的老师在前线教书育人，学校的声誉能不蒸蒸日上吗？

因此，我们要把师德师风建设放在所有工作的首位，我们要继续发扬"大鱼带小鱼"的精神，就是清华大学校长梅贻琦先生说过的

"学校犹水也，师生犹鱼也，其行动犹游泳也。大鱼前导，小鱼尾随，是从游也。从游既久，其濡染观摩之效，自不求而至，不为而成"。大鱼引导、保护、支持小鱼学习、体验、探究；大鱼之间、小鱼之间、大鱼与小鱼之间，应有民主，有合作，使小鱼的自主性得到很好的发挥。所以，教师是关键，好的教风才能带动好的学风，要使学生忙起来、全身心投入学习，教师要花上几倍的工夫。

四、深化改革仍是"锦城"发展的最大红利

改革和创新是我们"锦城"后来居上的两大法宝。近年来我们深化的"三大改革"（教学内容、教学方法、教学评价）都取得了很大成效，但是还有很大的空间。所谓最大的红利就是指改革的空间还很大，我们要继续深化改革。

授业解惑

第一，评价方面的改革。我们要求考试评价当中实行"两个并重"，具体比例可以有差别，但我们执行得并不算好。我们的考试当中，初级的、记忆性的内容太多，高级的、综合分析批判性的内容太少。因此，我们的考试要提高"高阶段认知目标"，降低"低阶段认知目标"。具体来说，每门课程每学期的考试至少有一两个题目应当是开放性的，这在社会科学方面是很容易做到的，至于理工科，要多一些应用方面的题目，让学生思考分析，培养他的思考判断能力和解决问题的能力。这个事情需要下定决心来做，我们的题库要有一些这样开放性的题目，所以，考试改革一定要能够使学生的思考能力、分析能力提高，而不是死记硬背。考试的改革中，还有平时成绩和期末考试成绩的平衡问题，我看大家做了很好的探索，每位老师都有一个考核的办法。课堂管理可以分成两个方面，一方面是行政管理，譬如说课堂纪律、迟到早退等；另一方面是学术管理，包括回答问题、作业、读书报告、论文等。我们规定的"教师六条"主要就是学术管理。我们不仅要实行行政方面的管理，而且更要加强学术方面的管理。考核也是同样的，平时考核更多的是学术考核，当然也包括行政考核。美国大学教授有权决定取消迟到两三次的学生的考试资格，但这是行政管理，我更希望大家加强学术管理、学术考核。

第二，课程方面的改革。美国的大学一学期选课只有四五门（包括哈佛、耶鲁等名校都是这样），我们一个学期学生要修十门左右的课程。我们的课程数比美国多，但学生学习的强度却依然很低；美国高校的课程数少，但学生学习强度大，很努力。这是为什么？我想了很久，现在考虑逐步实行"三精三多"的课改方针。"三精"就是第一要有"精干的教师队伍"，教师队伍不是越多越好，关键是职业、专业、精干、高效，我们发言的老师就很精干，讲得很清楚，表达能力很强，有条不紊；第二要有"精选的课程"，课程多了互相之间的衔接就有问题，有些可以合并的就合并，重复的就取消；第三要有"精彩的课堂"，就是要运用新的教学方法和教学模式，提高课堂的创造力。讲解必须精彩，准备充分，讲到点子上，要点拨学生，名师指点就是关键的时候点拨一点。当然，还有一个专业或专业知识、技能的精深问题。我们的大学在近些年强调了宽口径、厚基础，这当然有一定的道理，但是对某些知识和技能的不精、不深、不透也是不可忽视的。我校突出专业方向就是为了在强化基础、培养横向迁移能力的同时，要把与岗位或岗位群对应的专业方向做精做细，以便深度对应。"三多"指的是"多读、多思、多练"。多读的意思就是课程少了，读的书却不少，给学生出一个专题，让学生多读。而后启发学生多思，即自主思考问题，解决问题，并形成批判性思维。多思之后再多练，例如外语系要多翻译，把《哈佛通识教育红皮书》《1828年耶鲁报告》等类似的书拿来翻译；土建系要多进行建筑画图，不画是不能锻炼出来的；计科系和电子系要做项目，从小项目开始做起；财会系、金融系要多进行实例分析，譬如把上市公司的报表重新分析一遍。所以，精讲多练是很重要的，要给学生挑战性，没有挑战就没有提高。

第三，通识课的改革。在"三精三练"原则之外，还要做好以下两方面的工作。一方面是分类教育，通识教育中心的文举老师讲了英语课程的分类，这个很好，既要有层次上的分类，又要有类型上的分类。另一方面是将问题讲深讲透。例如："马列毛邓三"、近代史等科目，要把问题讲深讲透，宁可讲得少也要讲得好；"三讲三心"明德教育教研室重点讲道德，不要重复讲，也不能只讲原则；讲法律的老师重点讲几个法——例如宪法、民商法、刑法和诉讼法等，不要什么都讲；讲近代史可以把几个大事件，例如鸦片战争、甲午战争、五四运动等用报告的形式，讲深讲透，以后组织大家讨论。基础课改革一定要注意，很多基础知识学生在中学时已经学过，大学再重复一遍，就不能激发学生的兴趣，就会出现逃课的现象。所以基础课程改革，在教学内容、教学方法、考核办法和课程设置方面都要改，而且要大胆地改。不是课程门数越多越好，也不是上课的次数越多越好，而是让学生受益最大化。

总之，改革这个事情，希望各系认真讨论，深化改革，这是我们后来居上的法宝，谁改得好就走在前列，谁不改革墨守成规就没什么出路。

五、让"大数据"成为"个性化教育"的突破口

现在，我们讲讲如何利用"大数据"做好因材施教、个性化培养。我们能不能在大数据的应用上，走在全国的前列，利用大数据改革我们的教育呢？大家知道在互联网，特别是移动互联网时代，有许多的信息技术，现在主要有四个方面：云计算、物联网、大数据、智慧共享，它们不仅是我们教学和科研的内容，同时也是我们改进教学的手段。从 1991 年开始，美国人提出了信息高速公路以后，互联网的发展很快，它们不但改变了我们的生产和生活，而且我相信将改变我们的教育。所谓"大数据"就是我们要利用互联网、云计算来搜集、储存、整理、分析全面的而不是抽样的巨额数据，探索其相关性

和因果性，并做好总结和预测。

马云说，人类正在从IT时代走向DT时代，所谓DT时代就是大数据时代。利用数据分析教育，找出大数据的相关性，研究怎样发现人才，研究怎样培养人才，研究什么样的教学对什么样的学生最有效。包括我们的教研室、学工部、就业部等部门都要进行数据分析，例如：分析高端就业率高的是哪个类型的学生？是考试分数最高的学生，还是成绩一般、社会活动参加多的学生呢？这就是分析其中的规律性。

因材施教、个性化教育，一直以来是教育追求的目标，我们可否用"大数据"来分析和解决这个难题，让"大数据"成为"个性化"教育的突破口，用"大数据"来筛选发现人才、比较锁定人才、排序评价人才等。比如我们可以利用"大数据"分析学生在什么样的环境下有利于成长，学生的哪些特长、兴趣、爱好有利于成长，什么样的教材、教学方法对什么样的学生最有效，什么样的学生比较容易得抑郁症等。"大数据"在现今社会已经不可小觑，外国人把所有的东西数据化，如他们通过发表论文被引用和评价的数据，来分析预测获诺贝尔奖的人物。所以，我们以后可以在"大数据"这方面有所作为、有所突破，在"大数据"信息技术的基础上，分析学生特点，预测学生未来，提高我们教育的准确性、针对性。教育是一把钥匙开一把锁，特定的教育措施只对特定的人有效，不是放之四海而皆准的，不要企图用一个方法、一个做法来对所有人。"大数据"现在发展很快，信息技术发展也很快，可以用于改善企业管理，用于指导我们国民经济的调整，也可以用于人才的评价和发掘。我希望我校在利用"大数据"做好因材施教、个性化培养这方面能有所突破。

　　老师们，大学之本在于学，大学之大也在于学。不但在于学，而且是全面地学，老师学生都要学；不但在于学，还在于勤奋地学、刻苦地学、发奋图强地学；不但在于学，还在于开放地学，国内国外的、中方西方的都要学；不但在于学，还要学深学透，不是一种形式，我们讲的新技术、新思想都要学。19世纪后半叶，东亚发生过两次变革，一次是始于1868年日本的明治维新，一次是中国的洋务运动与戊戌变法。前者成功了，后者失败了。为什么？值得我们深思。因此，我们的学习，不管中国的还是外国的，要大胆地学、坚决地学，谁好向谁学，不要扭扭捏捏、半途而废、囫囵吞枣、学了点皮毛。科学没有国界，教学是科学，所以我是想动员大家，假期回去多读点书，研究点问题。我们大家要继续努力，把我们锦城学院的水平、知名度再提高一点！

着力解放思想，深化改革创新

——在第九届教学改革工作暨暑期中层干部学习研讨会开幕会上的讲话

（2014年8月17日）

同志们，这次学习我要打破常规，以前我是最后讲，这次我要先讲一次，最后再讲一次。我们这次学习的主要任务是读书、思考和交流，学习的主题是改革与创新。改革和创新是我们学校后来居上的两大法宝，我认为不仅我们锦城学院需要改革创新，全国高校都存在这个问题。我们刚才搞了一次"头脑风暴"，效果很好。下面我想讲几个问题。

我们的高等教育自1949年以来经历了一个由慢到快的曲折发展过程。我国前30年实行高度集权的计划经济，把所有的民办高校和所有的所谓的外资办的高校统统取消了。1949年民办高校加上教会办的高校占整个高校的44%，接近50%，之后把这些都消灭了。当时实行计划经济，而且没有改革开放，教育由政府高度包办，所以教育资源很紧缺。我读书的那个时候，初小升高小淘汰一批，高小升初中淘汰一批，初中升高中淘汰一批，高中升大学又淘汰一批，所以真正能够读大学的一个村就一两个人。

改革开放后，尤其是1999年以后我们的教育事业开始快速发展。

恢复高考后我们的毛入学率只有1.55%（1978年），到1998年的时候我们只有9.76%。1999年国务院决定扩招，高校实现了超常规跨越式的发展，2002年，毛入学率达到了15%，实现了高等教育的大众化。后来继续发展，发展到2006年速度放缓，现在我们的毛入学率已经超过30%（2013年为34.5%），发展得很快。所以前一段时间高等教育是以扩张规模增加教育供给为主要目标。什么供给呢？教育资源的供给，教育机会的供给，这当然是很重要的。但是发展到一定的阶段，到现在已经到了一个节点，或者转折点，因为一方面高速发展给更多的孩子提供了受教育的机会，另一方面也积累了很多的问题，比如，教育资源分配不公平、教育质量不高等。这和经济发展一样，经济高速发展了，大家有饭吃有车坐，但是意见也不小，是不是？

在这样一个节点上，我们的教育改革到底应该改什么？要解决的主要矛盾是什么？我假期把近期发表的关于教育改革的文章浏览了一下，包括两所顶尖级的大学北大、清华的专家们写的意见。大致有这么两种意见：第一种认为过去我们是数量扩张，机会增加，以扩大规模为主，那么现在应该重点解决公平问题，比如择校、优质资源分配不公、各地录取率差异大等；另外一种意见认为，过去是数量上的增加，现在应该转到以质量提高为中心，现在中国教育质量不高，培养的高端人才不足，一般人才的培养也不能满足社会的需求，这是主要矛盾。提高质量的目的是出人才。概言之，一种观点认为多出人才是教育改革的目标，另一种观点认为教育公平是改革的目标，实际上还是一个公平和效率的问题。

我想教育改革不论怎么改，都要强调学校本位论、学术中心论、主体多元论，即强调大学自主办学，强调学术自由，强调多主体多样化办学等。

我看公平首先要靠发展，在发展过程中解决公平，如果是质量的发展就更公平。原来孩子们没书读，现在教育的机会增加了，大家有书读了，这就是比较的公平。至于说群众要求读好学校但是优质资源不够，主要是政府把有限的财政拨款都集中在少数学校，如985、211院校所造成的。如果说政府给予每所学校以平等的支持，我看就不会是这样的了。

锦城学院第九届教学改革工作会议暨暑期中层干部学习研讨会

我们这次主要讨论我们学校的改革和创新，我下面讲三点意见。

一、回答"两个问题"

（一）"钱学森之问"——国家之问

钱学森晚年十分关注教育事业，曾多次提到一个问题——"为什么我们的学校总是培养不出杰出人才？"1949年以后我们的学校培养不出大师来，拔尖的人才冒不出来。回想起20世纪前期，我们的大学是大师云集的，像金岳霖、冯友兰、陈寅恪、王国维、赵元任、梁启超，以及在西南联大求学的杨振宁、李政道等。而如今我们大学数量增加、经费增多，办学条件改善了很多，为何杰出的人才没有冒出来？1949年以后我国的高等教育经历了艰难曲折的发展过程。在指导思想上，由于"左"倾思想逐渐抬头，以阶级斗争为纲，教育为政治服务，政治运动不断。在办学模式上一边倒，全盘苏化。"文化大革命"的发生进一步把有成就的专家扣上"资产阶级反动学术权威"帽子，把广大知识分子列在地富反坏右"黑五类"，称之为"臭老九"，除个别受特殊保护外，几乎所有大师均遭横扫。后30年抛弃"以阶级斗争为纲"的失误，转向以经济建设为中心，解放思想，实事求是，平反冤假错案，知识分子政治地位、生活工作条件大大改善，在"科教兴国"方针指引下，科教事业迎来了空前的大发展，但是为什么培养出大师的目标依然看起来遥不可及呢？钱学森的疑问，是对中国教育界提出的疑问，更是对整个国家和民族提出的疑问。

（二）"锦城"之问——大学之问

我这里也想提出一个问题，为什么我们有一些孩子在中国的学校里学习不努力，到了国外就非常努力了？换言之，学生的积极性从哪里来？这是我一直以来在苦思冥想的问题。从全国来讲，中国的大学生，很大一部分是低强度的学习，每天用于学习的时间较短，用于其他活动比学习的时间多。美国的大学生一学期只选四五门课程，我们的学生一学期少的七八门，多的十几门。美国大学生所选的课程门数少，但是学习强度很大，学生很努力，经常到图书馆查资料写报告，准备讨论。我们的门数多，但是反而很轻松。据调查，美国大学生每周学习的时间为70个小时，中国重点大学约40多个小时，地方学院约为30多个小时。课程门数是别人的一倍，学习时间却只是人家的一半，为什么会出现这种情况呢？怎样让大学生投身学习？我的这个问题是对中国大学提出的疑问，更是对"锦城"师生提出的疑问。

二、下足"三个功夫"

（一）要在应用型大学的深化和发展上下功夫

现在"应用型"这三个字很热，鲁昕同志说要把一半本科学校办成应用科技大学。以前我们定位应用型的时候很多学校不感兴趣，现在大家都说自己是"应用型"了。"应用"变成了热门词，但是这个"应用"目前是没有落实的，应用型大学应该是什么样的，落实了才算数，我觉得这个文章我们得好好做。

应用型大学应该有应用型的人才培养目标、应用型的人才培养模式、应用型的课程体系、应用型的教师队伍、应用型的教学方法和应用型的实习实践等。应用型涉及什么方面，这些方面应该怎么落实，大家要好好思考，比如应用型教材和课程怎么落实。德国的应用科技大学落实的方式是在教学上非常突出实践，教材内容偏重传授与行业实践密切相关的专业知识而不是系统的学科知识，他们是实践联系理论而不是理论联系实践。我们金融系现在就在做这方面的尝试，根据对就业市场的调查，随着互联网金融的发展，越来越多的银行职员变为客户经理，于是他们新开设了"金融客户经理技能"这门课。再比如双师型教师怎么落实？我们提出科班和业界出身的教师要双向进修。有些问题我们已经开始有意识地去做了，但是做得还不够深入。因此，我们要在坚持定位的基础上，找准主要问题，在深化和发展上狠下功夫。

（二）要在学生"剩下的东西"上下功夫

为什么越来越多的华人给国外大学捐款而不捐给中国的大学呢？2007 年雅虎公司创建者之一的杨致远向耶鲁捐款 7500 万美元，2010 年高瓴资本创始人、耶鲁大学毕业生张磊向耶鲁捐了 800 余万美元，最近又报道潘石屹给哈佛大学捐了 1500 万美元，这些捐款举动引起了很多争议和质疑。张磊回应为什么捐款时说："耶鲁管理学院的教育改变了我的一生，我学到的不仅仅是金融或企业家精神，还有给予的精神，因此我会捐钱来感恩。"校友捐款是诸如哈佛、耶鲁等美国私立高校经费的重要来源之一，为什么会有这么多校友捐款？除去美国捐赠文化的原因，我想很重要的一点是因为这些学生毕业后把所学的知识都忘了，但"剩下的东西"却让他们受益终身，比如张磊所说的"给予的精神"。我们的教育要进一步提高水平，就要在"剩下的东西"上下功夫。

（三）我们要在贯彻特色发展，在我校和他校的差异化上下功夫

我们学校和别的学校的差异在哪，我们学校的特色在哪，经过十年的发展，我们在学校定位、办学理念和办学模式上都形成了一系列的特色，但是我们的功夫还下得不够，一些思想理念并没有很好地落

到实处。你说劳动教育是特色，但农场到处都是草；你说"三讲三心"明德教育是差异，但我们有的系贯彻得却并不好。学生也是一样，要找到自己的比较优势，比如他们到中国银行去应聘，要跟财大的研究生竞争，那我们的学生的优势在哪里？没有特色就没有优势，要在差异化发展上下功夫。

三、关于继续改革创新的关键、重点和目的

（一）改革创新的前提、关键和保障

1.改革创新的前提是持续解放思想

这也是党中央讲过的。改革最重要的是要解放思想，解放思想的基础是开放。思想要解放，眼界必须开放。要向国内外开放，要敢于实事求是，敢于承认别人的长处，见贤思齐。要看到国际国内教育改革如雨后春笋，不论是发达国家还是欠发达国家都在改革，他们有很多好的经验，我们要敢于向他们学习，切不可闭门造车。

1978年5月，中央决定派谷牧副总理率团赴法国、联邦德国、瑞士、比利时和丹麦五国考察。在考察中，他们看到战后三十年的联邦德国是如此先进和繁荣，普遍实现了电气化和自动化，代表团的同志们都震惊了，他们看到了我国与欧洲各国在经济、科技等方面的巨大差距。谷牧同志回忆说，我到欧洲访问的结果，是得出这么一个结论：每一个发展快的国家都要利用他人之长，补自己之短，要开放。转了一圈之后回到中国来，坚决主张对外开放。

眼界要开放，这个事说起来容易做起来难。改革开放后小平同志

再三讲，我们不能老是纵向比，还要横向比，要打开国门横向比。我想锦城学院的干部在解放思想上也要这样，我们既要和国内做得比较好的学校比，也要和国外发达和发展中国家的高校比，包括印度、新加坡和马来西亚这些国家的高校，实事求是地承认人家的教育在某些方面比我们的好，要敢于向国内外开放，敢于承认别人的长处，敢于向人家学习，不要老是关着门说事。

2. 改革创新的关键是要打破多年来形成的条条框框

这次暑假我让大家学习的《当代国外大学本科教学模式的改革与创新》这本书的第一部分讲了本科教育有一个发展的过程，经历了三个阶段：第一个阶段是中世纪阶段，第二个阶段是以德国为代表的阶段，第三个阶段是以美国为代表的阶段。每一种新的教学方式都是一种创新或发展，有的是在原来的基础上更加完善了，有的是把过去的东西推翻了的，产生了一种全新的教学方式。

可见，教育始终是发展着的，主动适应教育的发展，就要求学校积极改革创新。而改革创新的关键是要打破多年来形成的条条框框，敢于颠覆一些陈腐的观念，敢于突破一些陈规陋习，敢于提出一些见所未见、闻所未闻的新方案。

3. 改革创新的保障是要有宽松的环境和宽容的理念

改革是一个史无前例的事业，改革只能在一个宽松的环境下才能进行。如果条条框框太多，到处是禁区，人们谨小慎微，动辄得咎，那谁会冒险改革？教育创新的成功与否取决于广大师生员工的主体性、积极性和创新精神，所以我们要鼓励教育模式的多样化，允许教育工作者"想入非非""无中生有"，允许"五花八门""奇思怪想"。美国、日本以及一些欧洲国家的教育之所以成功，就是因为他们的办学主体多元化、办学目标多元化、办学模式多样化。全国只办一所教育部大学是不可能成功的，大家没有积极性，上头说怎么办就怎么办，是不会成功的。所以教育部原部长，后来的全国人大常委会副委员长陈至立在给一本书写序言时说，我现在最关心的是教育多样化问题，教育没有多样化我们是没有出路的。如果教育部门把什么都规定好了，同一个模式，同一套课程体系，连专业目录都规定好了，那高校还谈什么改革和创新呢？大环境我们一时半会儿改不了，但可以先在学校营造一个改革创新的小环境。

（二）改革要围绕教育思想、教育理念、教育模式和教育制度四个方面开展

这次改革的内容包括教育思想、教育理念、教育模式和教育制度，特别是我们学校的"三大改革"和人才培养模式。我校的教育改革和人才培养模式改革的目标是进一步提高教育质量，多出人才，提高学校的档次和水平，使我们过去提出的"学校增值、教师增值、学生增值"更加显现，办学生收益最大化的大学。

我们学校的制度是与国际接轨的，在这种制度下我们在改革和创新的过程中是有相对更多的自主权和更强执行力的。我们现在已经结出了一些改革创新的果实，接下来一方面要做走出去的工作，把这些成果先在全校推广，同时也要向外发声，把我们的成果推出去，比如文传系编的《新型现代应用文写作教程》，现在多所学校都在用这本教材。我们这学期在《中国教育报》《中国青年报》上发了两个头版，这就是在向外发声嘛。另一方面，我们要做引进来的工作，学习国内外先进的办学思想和理念，比如我们要增加学生选择的自由度和多样

性，加快国际化的步伐，拓展学校的社会服务功能等。

福建师范大学研究教学模式的专家写了一本书，里面写到，评价改革有一个很长的动态发展过程：中世纪一开始没有考试，后来有了考试，但只是口试面试；之后才发展到笔试，从笔试再发展到笔试和面试相结合；再后来发展到多种形式的考试，最后才发展到平时考试和期末考试相结合。这说明评价制度是不断改革、不断发展的。中国的科举制度也是发展变化的，隋唐兴科举时，只有考试，常设科目有明经（经义）、进士、秀才、明法（法律）、明字（文字）、明算（算学），到武则天时期她发展了武举和殿试，而且考试的内容也有变化。随便举两个例子是想说，改革创新永远在路上，与其被动适应，不如主动引领。

"两问"、"三下功夫"、继续改革和创新——这三方面内容大家要认真考虑，希望在接下来几天的研讨中能够听到诸位深刻的思考和富有建设性的意见。

这是我开头讲的话，谢谢大家。

加快改革创新，全面贯彻落实，
争做应用型大学的领头羊

——在第九届教学改革工作暨暑期中层干部学习研讨会闭幕会上的讲话

（2014年8月21日）

今年的学习围绕改革和创新的问题，这也是我们的教育发展到这个阶段普遍存在的问题。对于我们这样的学校有个后来居上的问题，现在我们的学校中有一类是1949年以前就办了的，像北大、清华、复旦和天大等；还有一类是中等年龄的，是1949年以后才办起来的；再有一种就是我们这样的，21世纪才办起来的。对我们这样的学校来说，要么你就长久处于追赶型，要么你就后来居上。办一个学校肯定是需要时间的，要有钱、有人、有时间。我们办学时间短，又要后来居上，只有一个办法，就是加快改革和创新。

不论一个国家还是一个学校，后来居上的案例是有的。19世纪60年代到90年代，中日两国分别进行了维新运动，在日本叫明治维新，在中国叫洋务运动，但结果大不一样。日本明治维新在政治、经济、社会、文化等各个方面进行了全面改革，促进了日本的工业化和现代化，使日本成了东亚强国。大清呢？洋务派只在不触动清廷封建制度的前提下引进技术，叫作"师夷长技以制夷"，尽管在开展工业化方面有一些成果，但在甲午战争中受到毁灭性打击，没有达到自救自强的目标，最终失败了。中国一度遥遥领先于日本，曾几何时，北洋海军号称"亚洲第一舰队"，但在很短的时间内就被日本超越了。日本后来居上，大清则是"被后来居上"了。

学校也不乏后来居上的案例。比如香港科大，它在20世纪90年代才开始招生，但是它在很短的时间内办成了世界一流大学，在亚洲排在前列。上海的中欧商学院没有本科，只有MBA，但它的MBA在亚洲的排名也是很靠前的。第一，它没有历史包袱；第二，它是按照世界上最先进的模式来办学；第三，它在财政上有充分的保障。举这几个例子是想说明，学校后来居上是可能的。

但是后来居上必须靠大家努力，是有条件的，不是无条件的。我们建校以来，将近十年，在大家的努力下，"锦城"的发展还是很快的，也可以说取得了很大的成功。其中最主要的原因，从宏观上来讲，赶上了国家这一轮教育大发展的机遇，整个国家的教育事业处在大发展中。我们建校后遇到了大发展的机遇，这是我们发展的背景。另外一个是从川大和其他学校来了一批骨干，大家白手起家创办了这个学校。第三个原因就是我们用创新的思维、改革的思维来办这所学校，而不是用传统的思维来办这所学校。

根据现在的调查，独立学院大多沿用了母体学校的体制和思路，因为老师和干部基本上是母体学校过来的，所以没有另搞一套。而近些年我们新建的若干所地方本科院校也是看老学校怎么办就怎么办，没有另辟蹊径，定位和办学理念等方面也就没有多少创新，教育部的指导思想和现在的教育体制也没有强调多元化、多样性，所以大家就习惯性地沿用以前的东西、别人的东西，较少创新，因而出现了同质化。我们学校恰恰在这点上走了不同的道路，就是创办应用型大学的道路。后来我们又进一步学习了欧美创业型大学的经验，加了个创业型，即创办应用型、创业型大学。我们学校就是别具一格，另辟蹊径，别人在那条路堵车，我们走这条路不堵车。

这十年来我们的发展总体来说是良好的，不论从招生还是就业这两头来看效果都是好的。我们2011年的招生分数，大部分专业已经突破二本线，2012年我们在四川地区二本招生，又过了这两年，已经达到四川二批次本科院校的中游，不算是理想但也不是很差，四十几所二本高校我们算中游，比上不足，比下有余。

从就业这个角度看，我们的出口似乎比进口更好。"就读锦城，锦绣前程"的口碑已经越发地响亮了。

总的来讲，我们走了一条改革创新的道路，走了一条实事求是、因地制宜的道路，走了一条教育多元化、多样化而非趋同的道路。今天，我们学习和讨论改革创新的问题，更要加快改革创新的步伐，更快地达到长期规划的远景目标。

今天我们主要要讨论十个问题。

一、关于引进和留住骨干教师，发展和壮大骨干队伍的问题

我们学校建校十年了，这十年是大发展的十年，学生规模从两千人发展到两万人，教师队伍从无到有，由少到多，职称水平由低到高，教学骨干队伍正在形成。但这个队伍还有两个不适应，首先是和人民群众对高水平大学的要求不适应，其次是和我校办一流应用型大学的目标不适应。解决这两个不适应怎么办？就是要下最大的决心，

"内培外引"，加强师资队伍的建设。

　　首先要说明的是，我校开办以来，兼职教师发挥了很大的作用。他们的高职称、高教学水平支撑了我校高起点办学，同时他们的传帮带对本校青年教师的成长起了很好的作用。

　　但是兼职教师有两个与我校需求的差异，一个是他们来自不同的学校，这些学校有着与我校不同的办学定位、培养目标和教学特点，而这些东西都必然反映到兼职教师身上，要使他们与我们的办学定位、培养目标和教学特点保持一致，要他们为到我校上课再备一次课，比较困难；二是由于兼职的性质，他们"上课来，下课走"就是一种自然态（少数例外），而这和我校对教师的要求不一致。

　　因此，建设一支本校骨干的专职专任教师队伍刻不容缓。当然，我们总是会保留少量兼职教师以调剂余缺，取长补短。

　　建立一支骨干的专职专任教师队伍，要做好"内培外引"的工作。

　　"内培"要做好三件事。一是加强对中青年教师的培养，包括以老带新，教研室集体备课，共同科研，教师定期培训，送出去参加学术活动和进修，鼓励他们提高学历和晋升职称等。二是鼓励科班出身的教师和业界来的教师双向进修，以达到双证上岗（教师资格证书和从业资格证书）。三是要留住骨干，稳定队伍。我校的教师队伍在同类学校中是最稳定的，每年的流动率不超过5%。但仍然有个别青年教师博士毕业或评上高级职称了，就要离开学校，这是我们所不希望的。我们号召大家向池兆念、杨骊、王建等同志学习。我们要使学校的工作环境和工资福利有吸引力，能留得住人才，大致有五个因素需要考虑，即票子、房子、位子、环境和福利。

票子是所有待遇当中最重要最基本的待遇。我校实行的是总收入分解制，即基本工资加各种补贴。总收入达到一个什么水平？首先达到公办大学的平均水平，然后争取超过它！近几年来我们每年增加工龄工资和绩效工资，所以总水平上在同类高校中肯定是最好的，与公办地方学校比也差不多。据统计，我前几年提出的讲师、副教授、教授的收入水平目标已经实现了，现在是研究上一个新台阶的问题。我们要做到"锦城"的教师衣食无忧，才能保证教师的人格尊严和全身心投入。

这次上新台阶的目的是稳定骨干，包括教学骨干和管理骨干。重点考虑三个因素：一个是本校工龄，日本人叫"年功序列"；一个是职称（职务），学术职称和行政职务通常是水平和资格的标志；一个是绩效，即教学或工作效果，这当然最重要。至于这三个因素如何排列，由各系提出方案，报学校商议决定。学校拨给各系部一个总额，你们要按学校的要求用好用活，达到目标。至于有些同志暂时还未成为骨干，希望大家积极努力，锦城学院历来讲究少而精，希望大家都是骨干。

第二个因素是房子，安居乐业嘛！葛红林市长现场办公，批准我们建设教师住房。第一批经济适用房年前可以交房，符合条件的教师可以购买，这对于刚到成都工作的青年人来说，已经很不错了。

第三个因素是位子。一个是行政的位子，我赞成按照既定的编制加快提拔一批"本土"的干部，成熟一个提拔一个，不搞运动，不搞批次，形成老中青三结合的局面。由于我校是新建大学，学术空间很大，我们希望更多的青年人成为副教授、教授、学科带头人。同时学校支持他们成立研究院、研究所、学术研究中心等，他们要为自己和学校打下个地盘，创建个品牌。再就是鼓励对外纵向或横向合作，做项目或搞培训，学校放水养鱼，鼓励大家自己走出一条路子。还有一个就是推荐到社会上，比如学会、协会、研究会，让老师们去担任社会团体的职务。总的来说，位子问题是一个发展的问题，个人发展要有规划，学校发展要有规划，学校发展得越快、越好，位子就会越多。只有把"锦城"的这块蛋糕做大，大家才有饭吃。

第四个因素是环境。大环境是学校负责，小环境各系各部负责。每个系部都要营造一个留住人才的小环境，要关心职工、善待职工、尊重职工，不要到你那个地方工作人家感觉不愉快，这就不好。当然学校也要营造个大环境，其中一个是搞好服务。比如说新教师报到，要一站式服务，不要让老师到处碰壁，人事部、办公室、后勤部、保卫部和各系部一站式服务，创造良好的服务环境。

第五个因素是福利。所谓福利，最重要的是养老保险。学校已经按照规定给所有员工购买了"五险一金"，可以说解决了员工的后顾之忧。现在我们争取的是达到与公办学校同等待遇的目标。我们相信国家的改革会解决这个问题，不是正在研究企事业单位社保并轨吗？退一步说，如果到青年教师退休时，国家还没解决这个问题，学校也要有办法。学校已经决定，先把副教授以上教师和行政中层干部以上人员补齐到公办同等人员的退休待遇，具体办法另定。

总之，只有保证教职员工的衣食无忧，"不为五斗米折腰"，才能保证他们的"全身心投入"，才能保证我们的师道尊严！

以上讲的是内培或内稳的问题，这一条很重要，但光有这一条还不够，因为高层次人才的培养和成长是需要一个较长时间的，这点上我们等不得，我们必须加快高层次人才的引进。

香港科技大学是怎样办成一流的？最重要的一条是挖人才，按照国际标准在当地政府的支持下挖人才。我们也要大力地挖人才，一是要瞄准目标，二是要寻找机会，三是要发挥比较优势。我们要清楚自己的比较优势是什么，比如我们的地域吸引力，对各地市就有吸引力，对北京、上海就没有；又比如我们的办学优势，对川大、交大没有吸引力，但对某些地方院校、职业院校就有吸引力；就待遇来说，对垄断性的央企没有吸引力，但对那些工作压力大或地处边远地区的企业就有吸引力，这就是相对而言的。我们要找准并运用这些相对优势，对人才产生吸引力，包括待遇的吸引力、地域的吸引力、文化氛围的吸引力、团队的吸引力、行业发展的吸引力等。

二、关于进一步国际化的问题

教育的国际化是一个潮流，世界名校都是国际化的。这次很多老师的发言都谈到了国际化的问题，我的意见是各个系都要在国际化上有所作为。

第一是与中外大学联办一个专业、一个中心，这个"外"既可以是外国，也可以是外地。我校通过审计署与英国特许公认会计师公会合办ACCA，很好，很成功。如果艺术系能跟中国传媒大学联办一个专业就很好，要是能跟肯特大学联办服装专业那就更好，背靠大树好乘凉嘛。

第二是和外国的企业联办，就是与国外的企业、教育基金会联办。中欧商学院就是与欧洲教育基金会联办的，很成功。

第三是要进一步引进外籍教师。要加大引进外籍教师的力度，能不能一个系有一门课请国外、境外的老师讲？现在的条件还是比较好的，比如你们这次去台湾跟他们的教授协会进行了交流，你们就可以邀请他们的教授过来讲一个月的课嘛。我们还要和人事部门的外国专家局联系，请他们提供一些帮助。

第四要进一步发展交换生，创造条件接收留学生。有没有交换生、留学生是国际化程度的标志之一。我们还要发展、扩大与外国名大学的合作，开展专本连读、本硕连读、专本硕连读等项目。

第五是引进教材，采用国外名校相关专业的教材。这次计科系说他们要用斯坦福的教材，我看很好。除了ACCA是用的原版英文教材双语教学以外，其他系要争取一门课用国外的原版教材或者翻译教材，不一定双语教学。计科系用斯坦福的教材，工商系能不能用哈佛的教材？这叫作"乘凉计划"。我们要学习南京审计学院走的这条路，它大胆地和国外联办专业，从1983年创办时的普通高校发展成为三部一省共建的重点大学。去年我讲"商山四皓"，今年讲"乘凉计划"，总的来说，能借光的借光，能借力的借力。

三、关于进一步弘扬中华民族优秀传统文化的问题

我们建校以来一直很重视中华民族优秀传统文化的传承和发扬。我们招生的广告词第一句就是：这是一所给学生打上中华五千年文化烙印的学校。社会主义核心价值观的提出，为我们进一步弘扬中华民

族优秀传统文化提供了一个广阔的发展空间，习近平总书记的多次讲话把弘扬中华民族优秀传统文化提到了一个新高度。如果说前十年我们的行为只能算是学校的办学行为的话，那么从党的十八大以后，特别是今年五四习近平总书记在北大发表重要讲话以后，我们的行为就和党中央传承和发扬中华民族优秀传统文化的号召高度一致了。

我们要讨论和研究三件事。

第一件事是我们要总结一下我校坚持继承和发扬中华民族优秀传统文化的成绩。包括载体（校训、办学思想、"三讲三心"明德教育、百家经典）、方式（进教材、进课堂、进社团、演讲会、讲座、礼仪、感恩晚会、晚点名）和效果（学校文化、教师情操和学生成长）。

第二件事是制定一个规划。按教育部的要求和我校实际制定的《进一步继承和发扬中华民族优秀文化规划纲要》，要站在振兴中华民族的高度把习近平总书记重要讲话的精神和教育部《纲要》的要求深入贯彻下去。要提出一些新载体、新方法、新形式，包括礼仪、服饰、节日，使我校已经先行十年的弘扬中华民族传统文化的成果更加发扬光大。

第三件事是创造性地做好优秀传统文化的转化工作。任何一个古老的文化，任何一个民族的文化或伟大先哲的思想，要使它在现代社会条件下继续发扬光大，都有一个转化的工作。习近平同志说："研究孔子和儒家思想要坚持历史唯物主义立场，坚持古为今用，去粗取精，去伪存真，因势利导，深化研究，使其在新的时代条件下发挥积极作用。"我校历来主张传统和现代相结合，弘扬中华民族优秀传统文化与崇尚科学民主的现代精神相结合。我们办的是一所中国的大学，也是世界的大学，中华文化是我们的根，根深才能叶茂；科学、民主的现代精神是五四以来我们的追求，只有秉承着科学、民主的精神我们才能解放思想，把我们蕴藏的巨大创造力和独立思考精神发挥出来，实现创新发展、后来居上。

四、关于进一步深化应用型大学的若干问题

首先，我们要在领先中继续深化。其他学校在研究怎么起步，我们在研究怎么深化。高校转向应用型关键不在口号，而在落实。深化人才培养模式、课程体系、教学方法、师资队伍等建设和改革，至少应该包括这四个方面，以这四个方面为重点来进一步深化应用型大学的办学实践。课程体系一定不能照搬，一定要有自己的特点。我们要突出实用性，如工商系的"以赛促学"、财会系的"两证结合"、计科系的"项目驱动"、电子系的"动手创造"等；也要突出跨学科，比如文传系的"技术文科"，计科系的电子商务，外语系的商务英语、工程英语等，这实际上就是应用型的一些特色。

主干课、核心课要保证，实践课的比重要加大。我们提出要精讲多练，知识力争"够用、能用、会用"。要像德国应用技术大学那样，有的要理论联系实际，有的是实践联系理论。应用型的学生不是知识越多越好，而是会用的知识越多越好。

其次，虽然我们是应用型大学，但是应用中也要有研究。斯坦福是应用型，MIT 是应用型，滑铁卢也是应用型，这些应用型大学都说自己是研究型，为什么？因为应用型和研究型是你中有我、我中有你的。日本的近畿大学，它的口号是制作市场上最好卖的东西，这肯定是应用，但它很注重研究，最先实现了对金枪鱼的养殖，培育的一

种新的芒果很快就占有了高端市场，去年报考近畿大学的有10万人。这说明应用型大学也是有研究的，既要不断培养学生，也要不断出新的知识。

最后，我们要做到人人有创新，户户有改革，系部有出版，家家有成果。美国的大学提出没有出版就要灭亡，因为大学是精神产品的生产工厂，是知识的生产者，所以必须出版。在刊物上发表文章是好的，出版教材和专著也是好的。当然现在出版多样化了，你可以在出版社出版，也可以在网络上发表，我们学校是以教学为主的，但是没有出版、没有科研也不行。每个系都要在自己的领域里，在国内教育界占有一席之地。我曾经说过要设立一个"加分奖"，这个"加分奖"可以设立一个不定期的、不成文的奖，比如你编的教材被多少学校使用，你的文章被多少报刊转载或引用，你在网上发表的文章有多少点击率等，凡是给学校声誉加了分的都要奖励。

五、关于适应在移动互联网新形势下教学改革和创新的问题

互联网已经开始改变我们的教育，也必将改变我们的教育。我们要尽早适应它，并创造性地应用它。我们在这个问题上还是很敏感的，可汗学院是王副院长向我推荐的，那是2012年寒假期间，我把大家召集起来说这个事，我们要早点动作，现在发展成为"慕课""优课""翻转课堂"，计科系、文传系、财会系、工商系动作很快，效果很好。所以现在有同志提议我们搞一个"锦城在线"，校内校外学生都能点，把老师制作的课程视频放上去，以点击率论英雄。

我们要成立大数据中心，做好大数据的采集、存储、分析、挖掘等工作，从中找出相关性的东西、规律性的东西，从而为个性化教育创造条件。学校要花点钱，需要增加服务器就增加。大数据也是个相对的概念，我看刚起步时没有大数据，"中数据"也可以；没有"中数据"，"小数据"也可以。有数据就比拍脑袋好，信息化建设要加快，各部系都要起步才好。

六、关于给学生更大选择自由的问题

自主选择是教育界的主流意见，教育越来越主张学生的自主学习，所以从大势上看，我们也是要顺应这个潮流的。从招生宣传来看就是发挥三大优势，其中一个就是选择的优势。选择什么？选择学校，选择专业，选择课程，选择教师。我们要逐步扩大选课的范围，争取每个学生都有自己的课表，同样的课程可以选择教师。讲课差的教师没有人选怎么办？下课嘛，去培训或者转岗嘛！

我们今年是否开个头：第一条，各系管理上以大类为主，系内允许大家自由调整，以后有的系实行大类招生，专业方向培养；第二条，从今年开始，每学期末都可以转专业。这样的话有的专业可能面临着垮台的风险，怎么办？那我们就养士——养贤纳士，同时鼓励教师一专多能，上别的课，或者做科研，或者调别的岗位上做力所能及的事。我们要允许学生自由转专业，但是学分要修够。所以我们要求每个专业要把课程体系拿出来；第三条，专辅专业制和专辅互换制。允许一个主修、一个辅修，同时允许主修、辅修互换，这样就解决了有些人可以不转专业、不转系，但是获得自己想要的专业学位，允许学生利用互联网进行学习，鼓励更多人辅修第二专业。

邹广严院长在第九届教学改革工作暨暑期中层干部学习研讨会闭幕会上讲话

七、关于加强对外宣传、筹备十周年庆的问题

明年我们学校就建校十周年了，借着十周年的契机我们主要是要做好两件事，一个是对内增强凝聚力，一个是对外扩大影响力。对外宣传要多渠道、多形式，广泛发动广大干部和群众。

第一，要利用有影响力的纸媒来做宣传。纸媒作为发展多年的传统媒体，具有较强的内容生产力，不但有较为正规的信息来源渠道，还有"把关人"，因而具有较高的权威性。所以有关深度挖掘和归纳总结的内容我们还是要充分利用传统媒体来宣传，比如我们在《中国教育报》头版头条的报道——《"锦城"已经实现了"一所应用型大学的'逆风飞扬'"》，要继续争取和鼓励上头版头条。

第二，我们要加强建设学校的三大网站。现在是多媒体、自媒体时代，我们要实现从公共媒体到自媒体的全面发展。相较传统媒体，新媒体有两个突出的差异点：传播信息的海量化与碎片化，传播渠道的多元化和快捷化。我们要利用这两个特点去弥补纸媒宣传的一些局限，比如今年开学的"断奶行动"用新媒体的宣传方式效果就很好嘛。所以学校的三大网站要继续加强作用，同时还要创新孵化，培养更多的自媒体和大 V。

第三，利用校友进行宣传。校友是学校宝贵的资源和财富，我们要做好校友工作，充分发挥校友在学校建设发展中积极的推动作用。我们可以适当扩宽校友的定义，不一定我们学校毕业的学生才叫校友，来我校进修学习和培训过的都可以是我们的校友，要跟这些校友建立好联系，各系部要积极配合和支持学校校友办的工作，通过多种渠道、多种措施收集和整理校友资料，发挥校友的优势和作用。

八、关于如何使学生怀念母校、感恩母校的问题

最近一段时间发生了几起中国留学生捐赠给美国学校而不捐赠给中国母校的事情。七月份 SOHO 董事长潘石屹向哈佛捐款 1500 万美元；日前，恒隆集团的陈启宗、陈乐宗兄弟向哈佛捐赠 3.5 亿美元；再前，高瓴资本集团创始人张磊决定向耶鲁捐赠 800 余万美元用以支援耶鲁新校区的建设。张磊本科读的是中国人民大学，研究生读的是耶鲁大学，他说"耶鲁管理学院改变了我的一生"。同志们，要使毕业生怀念母校、回馈母校，你就要改变学生的一生，就要在看得见和看不见

的东西上下功夫。

什么是看得见的东西？教学、科研、实践活动和服务公益，这些是看得见摸得着的，也是学校的常规业务，必须下功夫做好。还有些是看不见的东西，即一个人把在学校所学全部忘光后剩下的东西。这些东西主要就是价值观念、思维方式和学习能力。一个学生经过学校培养，树立了正确的人生观、世界观、价值观，能够正确对待人生、对待事业、对待爱情，正确处理与外部世界的关系、与他人的关系，这很重要。杨振宁年轻时得了诺贝尔物理学奖，一个重要原因是他受到老师费米教授思维风格的影响；还有与杨同时代的著名物理学家黄昆，他称受其师莫特的思维风格的影响，他说，学生从导师那里获得的东西中，最重要的是思维风格，而不是知识或技能；钱学森在加州理工学院进步很快，其中一个重要原因是受到老师冯·卡门教授的影响。教给学生一个批判性思维的能力，比教给学生一打知识重要。中国古代有句话："授人以鱼不如授人以渔。"学校会教给学生知识、技能，甚至品格等，但这世界上的东西是不可能在大学里学完的。现在联合国教科文组织提倡终身学习，学生必须拥有再学习、自学习的能力。我们既要在看得见的东西上下功夫，也要在看不见的东西上下功夫。

九、关于进一步提高学校教育对市场的灵敏度的问题

在经济市场化、全球化的情况下，作为上层建筑的教育，必须提高对市场的灵敏度。公办学校和民办学校最大的区别之一就是对市场需求的灵敏度，民办学校为了更好地生存和发展必须有更高的灵敏

度。对市场的反应就是对市场主体的反应，作为高校，我们面临的市场主体有哪些？主要有四类，一类是社会、行业、企业，它们是学校的用户或合作单位；一类是家长、学生、潜在的加入者，这是学校的服务对象；一类是国内外不同类型的学校，这是同行，是竞争者也是合作者；还有一类是本校的教师和员工，这是学校的雇员也是学校的主人。市场的任何变化，都会在这四类主体上有所反应。学校要赢得成功和胜利，就必须提高对市场反应的灵敏度，及时采取相应对策和措施。以不变应万变不行，反应慢了也不行。所以我们要灵敏观察，深刻体验，及时反馈，快速反应。教育要遵循自身的发展规律，这是一个方面；教育要适应或引领市场和社会，这是另外一个方面。

十、关于提供一流的服务，保障改革创新和教育发展的问题

我们学校的管理队伍和服务队伍很精干，人数少，任务重，这是个客观事实。但是要建设一流的学校要有一流的教学和科研，还必须有一流的管理和服务，所以各个机关必须本着这个精神进一步改进自己的工作。要进一步改善服务态度和服务效率，对师生的合理要求要多说 yes 少说 no，不要什么事都说不行，应该说"可以，但是要这样做"；要告诉别人有权做什么，不要老说你无权做什么。要大力鼓励管理创新和服务创新，不同学校应有不同的管理，对不同的学生应有不同的管理，不要像某些专家，用同一种管理原则来套所有的学校，乱加评论，这是很荒唐的。

我们要提倡周到的服务、细致的服务、及时的服务、主动的服

务，要提供服务对象提不出意见的服务。搞好服务不是什么高科技问题，就是一个态度问题，一个全心全意为师生服务的问题。

这十个问题是大家在讨论中涉及的、最关心的问题。我希望这次学习回去后大家能把这些精神进行很好的贯彻，你们回到系里也"头脑风暴"一下，怎么把系办成一流的系，办成中国有名的系，办成最受市场欢迎的系。改革和创新是我们的两大法宝，要高举这两面旗帜，希望大家回校后能精神抖擞地迎接新学期，开创新局面！

谢谢大家。

领先的教育，领先的你

——在2014级新生开学典礼上的讲话

（2014年9月1日）

今天，我们在这里隆重举行2014级新生开学典礼，我谨代表全体师生员工向进入锦城学院学习的新同学们表示热烈的欢迎和衷心的祝贺！向四川大学各位领导、各股东单位、奖助学金设立单位、用人单位和友好合作办学单位的各位领导和来宾对我校长期的支持和关心表示衷心的感谢！也向充分信任锦城学院的广大家长们表示诚挚的敬意！

同学们，今天你们来到"锦城"，已经成为"锦城"大家庭光荣的一员。你们是锦城学院招收的第十届新生，因此你们是特殊的一员。因为在你们进入这所大学的时候，我们已经在创办应用型大学的道路上艰苦奋斗了十年，这是具有里程碑意义的时刻！

自1999年起，中国的高等教育以极快的速度蓬勃发展，并于2003年实现了由精英阶段向大众化阶段的转变。此后的十年，中国高等教育一方面继续稳健发展，一方面调结构上水平，狠抓同质化向差异化、大一统到多样化、重计划到接近市场的转型升级，并且已初见成效。

我校正是在这个光辉的年代创始肇建，并发展壮大。我们老一代"锦城人"率领全校师生高举改革创新的旗帜，筚路蓝缕，艰苦创业，并在创办应用型、创业型大学的道路上，十年求索，十年拼搏，十年发展，十年创新！可以说，中国高等教育转型升级的十年，就是锦城学院坚定前行的十年！尽管我们是一所年轻的大学，但是全校师生员工同心同德，励精图治，而今"锦城"后来居上，已经跃上了一个新的台阶！

同学们，在全国大学教育转型升级的大潮当中，我可以愉快地告诉你们：我校已经走在了前头！

"锦城"率先提出并坚持了创办应用型、创业型大学的定位和目标。今年4月，当全国178所地方高校在河南驻马店共同探讨"地方本科高校转型发展"时，锦城学院已经在应用型大学这条路上理直气壮地走了十年！早在十年前的新生开学典礼上，我就宣布："我们办的是一所应用型、创业型大学，培养的是高素质、复合型、经世致用的创新应用型人才。"正是因为我们从一开始就找准方向，明确定位，抢占先机，并坚定不移，一以贯之，才有了现在《中国教育报》头版头条的报道——《"锦城"已经实现了"一所应用型大学的'逆风飞扬'"》！

"锦城"率先提出并坚持了把中华优秀传统文化纳入大学日常教育。今年6月，当北大、清华等40所高校在南开大学发出"在大学教育中要弘扬中华民族的优秀文化"的倡议时，锦城学院倡导的以"三讲三心"明德教育和以阅读百家经典为载体的中华优秀传统文化教育，已经整整进行了十年！我校倡导以"忠孝仁爱、信义和平"和"礼义廉耻"为代表的中华文化与"科学民主、平等自由"的世界现代精神相结合，造就的是有风骨、走正道的股肱之士，培养的是负责任、知礼节的世界公民！

"锦城"率先提出并坚持了把劳动和创业作为必修课。前不久的全国职教工作会上，党中央和国务院肯定了"劳动光荣、技能宝贵",当大家还在热烈讨论劳动是怎么光荣,技能是如何宝贵时,锦城学院那块培养学生劳动光荣意识和生存技能本领的"试验田",按照《中国青年报》头版头条的报道,已经实践了八年!"锦城"的"三练三创"实践技能教育已经进行了十年!

当全国上下都在感叹,当前大学生面临创业难、创业率低的尴尬局面时,我校早在2006年就已确定了把创业教育列入必修课!在你们的学长学姐中,已经有500余名同学创业,有的企业年产值已逾千万。"锦城"毕业生的创业率已超过3%,远高于全国高校1%的平均水平!可以名副其实地说,"锦城"已经成为培养未来企业家和创业者的摇篮!

"锦城"率先提出并坚持了开展产教融合的"四大合作"。今年,当全国应用型高校和地方高校开始关注产教融合时,锦城学院早在建校之初就提出了与地方政府、行业协会、企事业单位以及国内外高校开展"四大合作",而且特别重视与大企业的深度合作。我们与大企业共建、共享实验室,共同制订教学和人才培养方案,共同进行项目开发,并创造了五种人才培养模式,实现了与企事业单位的无缝对接。"四大合作平台"是广大师生真刀真枪实习实践的巩固根据地,近600家合作单位为你们打通了实习就业的"四条高速公路",因此我校创造了连续六届毕业生超98%的高就业率,真正实现了"就读锦城,锦绣前程"!

"锦城"提出了需求拉动、市场导向的专业设置原则,从而开创了专业设置的"逆向革命"。我们改变了从学科出发的专业设置思路,颠覆性地提出市场需求决定专业的新原则;我们从市场需求的细胞——工作岗位出发,广泛地进行了调查研究;我们用两年的时间对学生就业的2000多个岗位的素质、能力、知识要求进行研究和分析;

我们在全国范围内率先出版《大学生就业岗位调查报告》，并用它来指导我们的专业、专业方向的设置，教学内容和方法的改进，帮助你们制订职业生涯发展规划，以便更有针对性地学习。

"锦城"提出了"学校谋特色，学生谋特长"的"锦城精神"和"锦城教育学"的"长板原理"，从而开创了独树一帜的办学和人才培养的特色之路。我们认为，和管理学的木桶原理相反，一所学校、一个人的成功不取决于他的短板，而取决于他的长板。学校鼓励你们扬长避短，重视你们的兴趣爱好，发挥你们的优势和特长，从而使"锦城"学生人人有优势，个个有亮点。因此我们有全班同学都申请国家专利的机械制造"最牛发明班"，有4位在全国已小有名气的青年作家，以及多次在各大赛事中夺旗捧杯的"锦城"学子。当你们具备了不易被他人赶超和替代的优势，你们在未来的竞争中必定会立于不败之地！

琅琅书声唤醒黎明

"锦城"提出了由"明德教育、知识教育、实践教育"构成的

"三大教育"，从而形成了"应用型全人教育"的课程体系。我校立足于社会对大学生的要求和评价，特别明确地提出由"三讲三心"明德教育，"一体两翼"知识教育、"三练三创"实践教育这三大板块构成的课程体系，特别强调了"明德"，突出了"实践"，形成了由教室教学、实验室教学、生产实习基地教学、课外活动和网络在线教学组成的"五个课堂"，保证了学校"做人第一，能力至上"的人才培养目标的实现。

"锦城"提出了教学内容、教学方法和教学评价的"三大改革"，从而形成了"锦城课堂大于天"及"师生共鸣"的生动活泼的新局面。我校根据社会需要、知识更新重组教学板块，使教学内容与市场接轨，与前沿接轨，更与世界接轨；我校推广"六大教学法"和"十种学习法"，形成了以教师为主导的生动教学和以学生为主体的主动学习；我校在教学评价上强化过程管理，强调平时成绩和期末考试并重、标准答案和非标准答案并重，促使你们投身学习，增加学业挑战。在"锦城"，你们将与你们的老师和同学一起踏上不断挑战的征程，直抵荣耀的巅峰！

同学们，"锦城"是一所年轻的学校，但又是具有光荣传统的学校；"锦城"是一所新办的大学，但它是在川大的基础上后来居上的大学；"锦城"尽管只有六届毕业生，但却英才辈出。"日月之行，若出其中；星汉灿烂，若出其里"，领先的"锦城"值得每一个"锦城人"为她骄傲！而这样领先的大学，也势必会培养出领先的人才。作为你们的校长，我对你们有几点建议。

第一，智慧选择。

人生的境遇大抵相似，但选择却各有不同。面对伤痛，有人选择软弱，有人选择坚强；面对隔阂，有人选择沉默，有人选择沟通；面对将来，有人选择等待，有人选择创造……选择在一念之间，但它的影响却很长远。

管理学大师彼得·德鲁克曾预言："21世纪是一个选择的世纪。"在我们迎来空前选择自由的年代，斯坦福大学迈克尔·雷教授又对我们说："成功是道选择题。"

选择是一种判断力，是对阅历和智慧的考验。人生处处面临着选择，选择哪所大学，选择什么专业，选择和谁结婚，选择与谁合作，甚至选择什么样的对手……都会成为影响人生的重大因素。试想，如果爱因斯坦当年选择去做语文教师，相对论恐怕就与他无缘了；如果钱锺书选择到工厂去当工程师，可能中国就会少了一名作家和他的《围城》。

我相信，你们都有望成为明智的选择者，因为你们已经明智地选择了"锦城"。我也相信，在"锦城"良师的指导下，你们会选择正确的人生目标，选择适合自己的发展道路，选择良好的学习、生活习惯，你们一定能在人生的各种选择题目上斩获高分！

我想提醒大家的是：在大学里，你是选择沉迷网络游戏，还是选择成为"优课"达人；是选择上街闲逛、K歌娱乐，还是选择在图书馆品读研习；是选择每天睡到自然醒、上课迟到，还是选择坚持晨跑、晨练、晨读……有什么样的选择，就有什么样的人生。套用萨特的话来说，"是英雄的选择让他成为英雄，是懦夫的选择让他成为懦夫！"你们每一次的"锦城选择"，都应该为自己的大学生活和职业生涯负责！永远选择乐观、奋斗、勤奋、坚强、包容、信任……让每一次选择带给你们前行的正能量，助力你们进入崭新的人生境界！

第二，积极改变。

你们或许听说过刻在威斯特敏斯特大教堂墓碑上的文字，说的是一个怀抱改变世界梦想的人，年轻的时候，想改变整个世界，可是没有做到；壮年之时，希望改变国家，还是没有做到；进入暮年，希望改变家庭，依然没能做到。在生命的尽头，他若有所悟：原来是顺序搞错了！如果他一开始选择改变自己，再改变家庭，再而国家，再而世界……没准儿可以做到。

据说，年轻的曼德拉从这篇碑文里找到了改变南非的金钥匙。这个原本赞同以暴抗暴的黑人青年，一下子改变了自己的思想和处世风格，他从改变自己、改变家庭做起，历经几十年，终于改变了他的国家。

同学们，你们从中学升到大学，从家乡走向"锦城"，面临的就是改变。你们的学习目标、学习内容、学习方法要改变，你们的生活习惯、思维方式和处世之道也要改变。

大学之道，在日新月新。要达到"常新"，就必须努力改变，而改变，要从现在开始，从自身开始！做一个"常新"的"锦城人"吧！学习上，变被动为主动；生活上，变依赖为独立；行动上，变犹疑为果敢……在自我改变中找到改变世界的力量！

第三，专心专注。

你们要学会专注。专注就是认真，就是集中力量、聚精会神把一件事情做好，做到极致；专注就是探索、研究时那股刨根问底，抓住不放，"咬定青山不放松"的劲头。

读书治学，最需要专注的精神。《荀子》上说："无冥冥之志者，无昭昭之明；无惛惛之事者，无赫赫之功。"意思是说若没有潜心钻研的精神，没有心无旁骛的投入，就不会有大的创建和成就。爱因斯坦在分析自己能够提出相对论的原因时说道："普通的成人不会考虑时间和空间的问题，而我的智力发展缓慢，不管长到多大，还会抱着这样的疑问不放。"他说的"抱着不放"就是专注，是每一个读书治学者都应该学习的。

不仅读书治学如此，任何人若想有所建树，没有持续的专注和投入是不行的。巴菲特说过："强度是卓越的代价。要成为行业里面的第一名，必须持续专注才能完成。"我们共和国的开国元勋、有"战神"之称的粟裕大将，一生不抽烟、不喝酒、不凑热闹，把空闲的时间都用在了研究军事规律和作战方案上，所以他指挥的军事行动战无不胜，攻无不克。

2014级新生军训

同学们要学会专注，不仅是因为专注会让人变得卓越，更是因为专注会带给人很多的快乐！孔子就是典型，他老年读《易》，韦编三绝，发愤忘食，乐以忘忧，不知老之将至。同学们，当你们在图书馆凝神思考时，当你们在课堂上认真讨论时，当你们为一个项目忘我投入时……你们一定会感受到专注的快乐，并走向卓越！

第四，大胆创新。

我们处在一个日新月异的世界，创新已经成为社会变革的主导力量。几天前，阿里巴巴董事局主席马云登顶财富榜首，成为中国首富，紧随其后的是马化腾和李彦宏。他们都从事着以互联网为核心的各种创新：阿里巴巴用淘宝、支付宝开创了中国的电商时代，腾讯用QQ、微信改变了人们的社交习惯，百度则利用自己的搜索技术，优化了人们获取信息的渠道。他们在给社会带来深刻变革，给人们提供极大便利的同时，也为自己积累了极大的财富！

这就是创新的力量！正如乔布斯所言："领袖和跟风者的区别就在于创新。"创新是希望之窗，是力量之源，是后来居上的法宝！

我们的"锦城"是一所崇尚创新的大学，创新的精神融入基因，创新的空气弥漫校园。我们倡导自由平等、和谐宽松的校风，就是为了塑造有利于创新创造的环境；我们改革教学评价的方式，就是为了让创新型人才冒出来。我们这里欢迎"异想天开"，鼓励"五花八门"，包容"想入非非"……只要你敢于创新，这里便是最自由的"锦城"！

自古英雄出少年。马可尼获得无线电通信专利的时候不过22岁，爱因斯坦提出相对论时不过26岁，诸葛亮隆中对策时不过27岁。你们处在最富朝气、最富创新潜力的年龄，创新的希望和重任在你们身上。你们身上本就流淌着创新的热血！孩子们，只要唤醒它，就能点燃未来！

最后，我用三段语录，与大家共勉。

第一段语录，是《论语》里的话。

子曰："富与贵，是人之所欲也；不以其道得之，不处也。贫与贱，是人之所恶也；不以其道得之，不去也。君子去仁，恶乎成名？君子无终食之间违仁，造次必于是，颠沛必于是。"

这句话告诉我们，求富贵，去贫贱，追求美好人生的幸福和尊严是无可厚非的，但必须有底线，守正道，宁向直中取，不从曲中求！

第二段语录，是《孟子》里的话。

孟子曰："天将降大任于是人也，必先苦其心志，劳其筋骨，饿其体肤，空乏其身，行拂乱其所为，所以动心忍性，曾益其所不能。"

"锦城"学子将在未来担当大任，必须经过吃大苦、耐大劳的锻炼，要有敢于直面一切艰难困苦的精神气象！

第三段语录，是诸葛亮的《诫子书》。

夫君子之行，静以修身，俭以养德。非淡泊无以明志，非宁静无以致远。夫学须静也，才须学也，非学无以广才，非志无以成学。淫慢则不能励精，险躁则不能治性。年与时驰，意与日去，遂成枯落，多不接世，悲守穷庐，将复何及！

"锦城"师生当修身养性，宁静致远，当前关键是戒除浮躁之风！

以上是圣人之言、前贤之教，愿我"锦城"师生切记切行，将古今圣贤的精神发扬光大！

老师们、同学们，新的学期开始了，让我们沐浴着灿烂的阳光前进吧！我祝愿你们在领先的"锦城"，做领先的你！

深入学习习近平总书记重要讲话精神，全面深化我校优秀传统文化教育

——在锦城学院纪念孔子诞辰2565周年暨弘扬中华优秀传统文化研讨会上的讲话

（2014年9月28日）

习近平总书记关于传统文化的几次重要讲话，我们已经编辑成册，印发给大家学习了。刚才老师们做了很好的发言，对习近平总书记重要讲话精神，大家谈了体会；对我们学校弘扬中华优秀传统文化的教育实践，大家也做了回顾；对下一步怎样在学校教育中贯彻习近平总书记重要讲话精神，大家也积极建言献策，提出了很好的建议。我接着大家说的，谈五个问题。

一、必须认真学习党的十八大以来习近平总书记关于传统文化的系列重要讲话，深刻领会系列讲话重要精神

对于传统文化，党的历代领导人都是持肯定态度的。毛泽东主席曾指出："今天的中国是历史的中国的一个发展，我们是马克思主义的历史主义者，我们不应当割断历史。从孔夫子到孙中山，我们应当给以总结，承继这一份珍贵的遗产。"江泽民主席提出了依法治国

和以德治国相结合，批准成立了孔子基金会，推动了孔子、儒学的研究和传播。到了胡锦涛主席，他在耶鲁大学演讲时也说："中华文明是世界古代文明中始终没有中断、连续五千多年发展至今的文明。中华民族在漫长历史发展中形成的独具特色的文化传统，深深影响了古代中国，也深深影响着当代中国。"由此可见，对于优秀传统文化的肯定和重视，中国共产党历代领导人的观点都是前后一致、一以贯之的。

邹广严院长在纪念孔子诞辰2565周年暨弘扬中华优秀传统文化研讨会上讲话

尽管我们党从来都没有否定传统文化，但我们看传统文化在20世纪的命运，几乎可以用"命悬一丝"来形容。自鸦片战争以来，西方的坚船利炮轰醒了天朝上国的迷梦，百年的外部欺凌和内部动荡，积贫积弱的历史使得我们的民族自信衰落了，其中也包含着文化自信的衰落。正是这种文化自信的衰落，导致近代以来的精英知识分子往往都有一抹焦虑、激进的精神底色。有些人把中国落后的原因统统归罪于中国文化，似乎自己的老祖宗一无是处，比如钱玄同，他竟然在《中国今后文字问题》一文中公开宣称："欲使中国不亡，欲使中国民族为二十世纪文明之民族，必以废孔学，灭道教为根本之解决；而废记载孔门学说及道教妖言之汉文，尤为根本解决之根本解决。"他把民族存亡和汉字兴灭联系在一起，主张废除汉字，在今天看起来，是有些匪夷所思的。以上这些事例，都体现了在那个特定的时代，我们的精英知识分子对本民族传统文化信心的强烈动摇，可以说在新文化运动时期，传统文化的处境就不太妙了。而到了中华人民共和国成立后的"文化大革命"，"破四旧""批林批孔"，很多历史文物被捣毁了，孔子被批倒批臭，传统文化及其载体受到了很大的破坏，造成的一些负面影响至今仍然存在。

只有当我们了解了传统文化的近代衰落史，我们才能懂得习近平总书记系列讲话的重要意义。习近平总书记去年专程去曲阜孔府、孔子研究院考察，向社会传递了强烈的文化信号。几天前，他还专门出席了纪念孔子诞辰2565周年国际学术研讨会暨国际儒学联合会第五届会员大会开幕会，并发表了重要演讲，这是史无前例的，是历史上第一位在这个会议上发表正式演讲的中共最高领导人，意义十分重大。另外，他还在中央政治局集体学习时，在出席中宣部会议时，在北京大学、北京师范大学考察时，都谈到弘扬优秀传统文化的问题。总之，习近平总书记身体力行，不管是从行动上还是讲话上，都充分肯定了中华民族几千年的文明。他向党内外传递着一个强烈的信号，那就是，我们要大力弘扬中华优秀传统文化！

习近平总书记的系列讲话，可以说是从根本上正本清源，从根本上对中国的优秀传统文化给予了充分的肯定。注意，我说的是"从根本上"，而不是从某一个方面，或是泛泛而论。习近平总书记说传统文化是中华民族的"根"，是"灵魂"，是"精神命脉"，是"特有的标识"，是五十多个民族的"最大公约数"，是我们的"文化软实力"，这些词都是很有力量、很彻底、很到位的，体现了习近平总书记对传统文化价值的充分肯定。

习近平总书记在系列讲话中充分肯定了传统文化的历史意义，认为中华传统思想文化是中华民族生生不息、发展壮大的重要滋养。中华文明，不仅对中国发展产生了深刻影响，而且对人类文明进步作出了重大贡献。同时，他也指出了传统文化的现实意义，说"包括儒家思想在内的中国优秀传统文化中蕴藏着解决当代人类面临的难题的重要启示"，并一口气列举了十五种可以用于当代社会的重要思想，而且明确指出传统文化的当代价值不仅是对中国而言的，对世界也同样适用。

习近平总书记特别强调了传统文化"和而不同、与时俱进、经世致用"的三个重要特质。这既是对传统文化特质的精辟概括，同时也表明了他对弘扬优秀传统文化所持的价值取向。因为和而不同，所以能包容、不排外、不唯我独尊；因为与时俱进，所以能进行创造性转化和创新性发展；因为经世致用，所以能以古鉴今、古为今用、对国家发展有所裨益。这三个特点的概括无疑是十分精当且富于现实意义的。

对于如何处理好中华文明与其他文明之间的关系，习近平总书记指出，一是维护世界文明多样性，二是尊重各国各民族文明，三是正确进行文明学习借鉴，四是科学对待文化传统。他的讲话还包含了反对历史虚无主义、文化霸权主义、狭隘的文化民族主义、文化复古主义等问题，都是旗帜鲜明，极富指导意义的。

大家下去之后，一定还要进一步学习领会习近平总书记系列重要讲话精神，各系还要组织教研室老师学习，在全校掀起一个学习习近平总书记系列讲话的热潮。

二、把握优秀传统文化的五个特点，树立强烈的文化自信

习近平总书记号召我们要树立强烈的民族自信和文化自信。为什么？因为中华民族有世界上最灿烂的文化。文化是一个民族区别于其他民族的标志，我们的文化有许多特征，我总结最重要的有五条，当然这只是我个人的归纳，未必很准确，研讨会嘛，各抒己见而已。

第一个特点：历史悠久，源远流长。我们的文明是久远的文明，被列为世界四大古文明之一，可见是"源远"的。而在这四大古文明中，埃及、巴比伦、印度前面都要加一个"古"字，唯独中国的前面不加"古"。为什么？因为他们都已经消亡了，有古无今，而我们却没有消亡，流传至今，配得上"流长"二字。源远流长，这一点是完全值得骄傲的。

第二个特点：原创内生，辐射力强。我们的文化原创性强、内生性强，除佛教外，诸子百家都是发源于本土，可谓生于斯、长于斯、兴旺于斯。这种情形和日本、美国是不太一样的，日本文化一开始主要从中国输入，美国文化一开始则从英国输入，殖民地时期美国的大学都是参照英国大学的模式办起来的嘛！我们的文化不同，我们的文化主要是内生的。另外，我们的文化辐射力也很强，影响所及，包括日本、韩国、朝鲜、越南、新加坡等国，叫作"儒家文化圈"，以前

这些国家都是用中国文字作为书面语的，韩国1945年以前的文字基本上都是汉字，日本至今还保留了大约30%的汉字。这些国家也都很重视孔夫子的学说，即便到了今天，韩国和日本都还是要祭祀孔子的。韩国人甚至还说孔子是韩国人，说端午节是他们的节日。韩国人这样尊崇中国传统文化和节日（尽管他们的某些言论是我们不能接受的），也是受我们的文化影响之深的一个极好的佐证。

第三个特点：和而不同，包容性强。一个重要的明证，就是中国没有大规模的宗教战争，虽然小规模的文化冲突还是有的，但绝对没有像法国宗教战争那样旷日持久的战争。中国文化崇尚和平，我们倡导和而不同，能够包容多种文化形态，智慧地避免了针锋相对的流血冲突，这是很了不起的。另外，我们的文化也能以一种很温和的方式改造外来文化，最典型的案例是佛教的中国化过程。比如说孝这个问题，佛教是要讲出家的，出家人六根清净、尘缘已了，是不管他父亲母亲的，这和中国人根深蒂固的孝的观念相冲突，中国自汉以来都是"以孝治天下"嘛，中国人讲"父母在，不远游"，讲"慎终追远"，你出家就置父母于不顾，那能行吗？这算是给佛教出了一道大难题了。佛教为了解决这个问题，就必须协调出家和孝的矛盾，对其宗教教义做"创造性的转化"和"创新性的发展"。佛教在这方面还做得比较成功，比如唐代敦煌的《大目乾连冥间救母变文》，就是把中国人的孝道和佛教的因果循环理论结合起来了，这就为佛教赢得了在中国的生命。佛教在印度已经灭亡了，但在中国还挺兴盛，什么藏传、汉传，大乘、小乘，还挺兴旺的，这当然要部分归功于中华文化的包容性。

第四个特点：以人为本，经世致用。以人为本是中华文化的一个很大的特质，孔夫子"不语怪力乱神"，"敬鬼神而远之"，他的一整套学说，都是建立在现世人生的基础上，是提倡"仁者爱人"，是真正关心人、关爱人的。这与天主教关心神、关心彼岸世界，将"一切荣耀归于上帝"，以神为本不同；也与印度佛教追求解脱、涅槃，"把人生观变成人死观（胡适语）"不同。这种关心现世人生的态度，自然就会衍生出经世致用的品格。你看儒家文化，讲究"内圣外王"，"内圣"就是讲个人修养嘛，所谓"格物、致知、正心、诚意"；"外王"就是治理家国嘛，所谓"齐家、治国、平天下"，不管是"内圣"还是"外王"，都是讲究实用的。另外一个例子，说"为天地立心，为生民立命，为往圣继绝学，为万世开太平"，这不也是体现了一种为天下担当的精神吗？所以我说中华文化是经世致用的。

第五个特点：历久弥新，与时俱进。中华文明五千年不中断，是四大文明中绝无仅有的。孔夫子的思想经历了百家争鸣，到汉朝被列为独尊，发展到现在已经两千多年了，它为什么能够存在下来？最重要的是因为它拥有历久弥新、与时俱进的品格，有内在的鲜活的生命力。我们中国文化是讲"新"的，《大学》上说"苟日新，日日新，又日新"，《诗经》上也说"周虽旧邦，其命维新"。以儒学为例，它也是在历史中发展变化的，有先秦儒学，有两汉儒学，有宋明理学、心学，发展到现在叫作新儒学，可以说儒学既是旧的，同时也是新的。习近平总书记着重讲到了传统文化的十五个思想，这些思想都是不过时的，都是能完全适应当代形势的。连外国人也明白了这种情况。不是有报道说，1988 年，诺贝尔奖获得者在巴黎聚会时，就有人指出："人类如果要在 21 世纪生存下去，就必须回到 2500 年前，去孔子那里吸取智慧。"这也就是说，孔子的智慧能够解决 21 世纪的问题，为什么？就是因为它历久弥新、与时俱进，就是因为它能够很快地转化。现在我们一些人一听说要回到2500年前，就不分青红皂白地反对，就是因为不懂得习近平总书记提出来的"创造性转化"和"创新性发展"的含义，不明白旧学也能出新知的道理。

这五个特点，使我们中华文化不但具有"普世价值"，更具有"永世价值"。有人说西方的价值是普世的，我说我们中国的传统文化也是普世的。不但是普世的，而且还是"永世"的。普世是说一种共时性，永世是说一种历时性，两千五百年来一直在起作用，而且在未来还要继续起作用的中华文化，怎么不是永世的？

只有当我们把握了中国文化的五个特点，我们才能更深入地认识传统文化的价值，才能加深对弘扬优秀传统文化重要意义的理解。同时，我们还要驳斥一些错误的论调和糊涂的思想，廓清前进道路上的思想障碍。

多年以来，攻击和反对中国文化的论调主要有三种。

第一种论调是说传统文化制约经济发展。这是完全不符合历史事实的。事实上，儒家文化最兴盛的宋朝同时也是中国经济最发达的时期。世界著名经济学家安格斯·麦迪森写过一本《世界经济千年史》，对近千年的世界主要经济体进行了考察，他对中国经济的历史地位非常肯定，特别指出："在宋朝末期，中国无疑是这个世界的领先经济体。同亚洲的其他部分或中世纪的欧洲相比，他有着更密集的城市化程度和更高的人均收入。"更有学者指出，宋代的GDP占当时全球的50%，是名副其实的第一经济大国。如果说儒家文化桎梏经济发展，又怎么可能出现儒学和经济共同繁荣的局面呢？

这样的例证不是孤立的，清朝也出现过类似的情况。中共中央党校主办的《学习时报》曾经发表过一篇文章，叫《落日的辉煌》。据该文介绍，乾隆末年，中国经济总量占世界的32%，居第一位，对外贸易长期出超，以致英国迟迟不能扭转对华贸易的逆差。全世界有十个拥有50万以上居民的城市，中国就有六个。可见当时的经济是多么的繁荣！那时候也有不少"崇中媚华"的人呀，法国启蒙学者伏尔泰称赞中国是"举世最优美、最古老、最广大、人口最多而且治理最好的国家"。法国《百科全书》的主编狄德罗在该书"中国"条目中，盛赞"中国民族，其历史之悠久，文化、艺术、智慧、政治、哲学的趣味，无不在所有民族之上"。可见，传统文化的兴盛与经济社会的繁荣是并行不悖的。

又有人说了："在小农社会是不影响经济发展，但在现代社会就不行啦。"这种观点也没有什么根据，深受儒家文化影响的亚洲四小龙不也实现了现代经济的腾飞吗？日本经济很发达，日本企业家不也写《论语与算盘》吗？可见，不管是历史还是现实都有力地证明了以儒家文化为主流的传统文化是并不阻碍经济发展的。

第二种论调是说传统文化制约科学技术的发展。这个观点也是似是而非的。英国人李约瑟的《中国科学技术史》算是为中国古代科学技术正名了，他的书写了洋洋洒洒十五卷，从 A 到 Z 列满了中国古代的科学发现和技术发明。授权普及李约瑟大作的 R·坦普尔惊异地认识到现代农业、现代航运、现代石油工业、现代天文台、现代音乐，还有十进制数学、纸币、雨伞、钓竿绕线轮、独轮车、多级火箭、枪炮、水雷、毒气、降落伞、热气球、载人飞行、白兰地、威士忌、象棋、印刷术，甚至蒸汽机的基本结构，全部源于中国。他感慨道："近代世界赖以建立的种种基本发明和发现，可能有一半以上源于中国。"而这一切都是在以儒家文化为主流的传统文化的土壤上产生的。

中国人最引以为傲的是四大发明，也就是造纸、印刷术、火药和指南针（"四大发明"是外国人帮中国人总结出来的，最早是由弗朗西斯·培根提出了三大发明，后经李约瑟等外国专家提炼，于1943年正式提出中国的四大发明）。恩格斯曾对其中的三大发明做了如下评论："这是预告资产阶级社会到来的三大发明。火药把骑士阶层炸得粉碎，指南针打开了世界市场并建立了殖民地，而印刷术则变成新教的工具，总的来说变成科学复兴的手段，变成对精神发展创造必要前提的最强大的杠杆。"对于我们的历史成绩，别人都这样夸我们，我们为什么还要妄自菲薄呢？在历史事实面前，传统文化制约科学技术发展的论调，已经不攻自破。

当然，17世纪以后，中国落后了，中国没有搭上近代科学和工业革命的时代列车。原因很复杂，但不能单纯地归咎于传统文化。

第三种论调是中国传统文化有糟粕，尤其是没有自由民主的精神。这话说得不完全错，也不完全对。事实上任何一种文化，特别是古老的文化都有缺点或糟粕。现在大家都是说欧洲文明，欧洲历史上也有很不文明的时期。举两个例子来说，第一是大家都熟知的物理学家布鲁诺，由于他信奉哥白尼的太阳中心说，竟被教会的宗教裁判所用火烧死；还有一个例子就是对女巫的迫害，据报道，自1500年开始，200多年间，就有至少25000名女巫在德国被判死刑，这些女巫的罪名当然是虚构的，教会说她们是一切灾难——饥荒、虫灾、坏天气、被毁坏的庄稼等的元凶。这能说明他们是自由、平等、民主、博爱吗？

再举一个例子，欧洲人认为希腊文化是欧洲文化发展的重要源泉，他们很崇尚希腊的民主，但这个民主排除了妇女、奴隶和外国侨民的权利。古希腊人包括柏拉图、亚里士多德等人认为那些奴隶——靠两手工作的劳动者——没有多余的时间参加国家事务，因此没有公民的资格和权利。

这样看来，有缺点有糟粕的不仅是中国文化。我们从来不认为任何一种古代文化或传统文化可以照搬，可以不加分析地全盘接受，而是必须有鉴别地对待，有扬弃地继承。只是欧洲人对柏拉图、苏格拉底等人开创的文化传统都保持着一种尊重，他们不以今天的观念去苛责古人，我们何必要以今非古，为难自己民族的先贤？

总之，我们要首先解决一些思想上的困惑。只有思想上想通了，步子才能迈得更自信、更坚定。

三、我校在弘扬优秀传统文化方面已经取得了良好开端

在学校教育中大力弘扬优秀传统文化是我们一贯的主张，也是我们建校以来持之以恒的教育实践。如果要简单总结我校过去在弘扬优秀传统文化方面取得的成效，我觉得有五点：一是高度重视办学思想指导和传统文化氛围营造，我们将"传统和现代相结合"及"传承和创新相结合"列为我校重要的办学思想，并通过硬环境（如孔子塑像、建筑命名）和软环境（如《论语》诵读会）的塑造，在全校范围内形成了尊重优秀传统文化的氛围；二是将弘扬优秀传统文化与立德树人相结合，开创了独具特色的"三讲三心"明德教育体系；三是以读本化、课程化的方式，形成了引导学生阅读、研究优秀传统文化经

典的长效机制；四是积极开展各类讲座、各种活动，促进优秀传统文化入心入行；五是效果显著，典型频出，办学十年来涌现了钟颖、周建良等一大批明德典型，为学生树立了优秀榜样，为学校赢得了良好声誉。在传统文化教育的熏陶下，我校学生普遍养成了健全的人格和良好的修养，展现出了具有鲜明民族精神、时代精神和"锦城精神"的良好风貌，受到了家长、用人单位和社会各界的一致好评。

锦城学院新生军训时，高举弘扬优秀传统文化的旗帜

我们以往已经做了不少工作，取得了不少成绩，也可以说是先人一步。但如果本着"止于至善"的精神来看，我们的工作尚有许多不够系统、不够深入、不够细腻、不够卓越之处，较之同行中的佼佼者，尚存较大的提升空间。同志们切不可沾沾自喜，躺在历史的功劳簿上睡大觉，而应该奋起直追，高位求进。在今后的工作中，在思想上，大家应该更自觉、更主动；在行动上，大家既应该有更加系统的眼光，也应该在细节之处实现种种优化。从今天起，我们要有分工、有侧重、全面深入地推进我校的传统文化教育。

四、弘扬优秀传统文化的五个重点

（一）继续把弘扬优秀传统文化与立德树人相结合，不断深化我校"三讲三心"特色教育

人们对于"文化"二字有很多的定义，我认为《易传》上"人文化成"四个字说得最精辟、最通透。"人文"是载体、是工具；"化"是方法、是手段、也是过程，"成"是目的、也是结果。"化成"什么？就是要成就完整的人格，良好的品质，成就文质彬彬的君子，成就毛泽东主席所谓的"一个高尚的人，一个纯粹的人，一个有道德的人，一个脱离了低级趣味的人，一个有益于人民的人"，成就我们所说的"好人、能人、全人"。我们的传统文化曾经取得了举世瞩目的成就，古代中国被誉为是"君子之国""礼仪之邦"，难道不是传统文化"化成天下"的明证吗？可见，立德树人本来就是"文化"二字的题中之义，是文化肩负的使命之一。因此，我们把弘扬优秀传统文化与立德树人结合起来的做法，在理论上是完全正确的，在实践上是切实可行的。

我校的"三讲三心"明德体系，集中体现了传统文化对于一个人如何立身处世的主流认识，也是社会主义核心价值观大力倡导的内容，同时还是人类社会共同的价值认同和行为准则。"三讲三心"好就好在清晰明确，易懂易记，可行性强。人生在世，如果背离了这"三讲三心"，恐怕很难安身立命；反之，如果有人把这"三讲三心"都做到了，并且能够一直坚持下去，他肯定就是一个君子，一个能造

福社会的好人。

"三讲三心"明德教育是我校教育的重要内容，也是一面特色鲜明的旗帜，我们应该进一步高举这一面旗帜，把明德教育引向深入。一是要通过加强教材、课程、师资等方面的建设，循循善诱，引导广大学生形成对"三讲三心"的价值认同。要让他们通过了解历史传统、思考现实问题，对比东西文明等途径，通过他们自己的了解、思考、鉴别，自发地、真诚地、打心眼儿里地认同"三讲三心"的道理和价值。二是要提倡知行合一，促进学生从认知到行为的转化。我们的传统文化是讲究知行合一的，我们的古人重视将他们的精神信仰、文化学术、为人处世之道三者统一起来。有君子之见识，还有君子之行动。我们要注意：传统文化不是纯粹的知识，也不是纯粹的学术；不是苍白的认识理性，也不是冰冷的工具理性；不是印刷品上几行古奥难懂的文字，不是博物馆里展出的古玩字画，也不是几段口耳相传的历史故事。它是具有鲜活生命力的存在，它的智慧、情怀、意志，它的精气神，都体现在被他所化之人的所思所想、言谈举止之中。我们倡导"知行合一"，就是要让我们"锦城"师生不但能明君子之道，更能修君子之行，让"三讲三心"在当代青年身上得到实现，得到发扬，得到见证。

（二）加强对以孔子教育学为代表的中国优良教育传统的研究和运用

孔子创办了中国历史上第一家影响深远的"民办学校"（当时的人们称之为"夫子之门"），他有丰富的教育实践，有一整套的教育思想、教育理念、教学内容，甚至课程体系，他的教育方法和治学态度也非常值得尊崇，他建立了自古以来最真诚的，堪称后世楷模的师生关系。作为学者，他的研究出知识、出思想、出成果；作为教育家，他的教育培养了大批人才，所谓"弟子三千，贤人七十二"，这在当时是非常了不起的人才大军。我们要认真全面地研究、学习孔子的教育理论和实践，我建议高教所写一本《孔子教育学》作为"锦城"教师的必读书目。

我们民族在漫长的历史中积累了丰富的教育智慧，值得我们挖掘和借鉴。北师大教育学部部长石中英曾经写了一篇名叫《被忽视的古代教育智慧》的文章，他在该文中列举了许多传统的教育智慧，并评价道："这些智慧比起西方20世纪时髦的学习理论，像行为主义、认知主义甚至时下最热的建构主义来说一点也不逊色。只是我们的教育理论和实践工作者对于它们还掌握得不够系统、理解得不够深刻、实践得不够艺术罢了。"说得好啊！

如何看待、对待我们的传统教育智慧？这是一个能否在文化价值和学术批评上坚持实事求是的问题，也是一个自信心和话语权的问题。近代以来，我们的思想学术领域有一个不良的倾向，那就是粗制滥造的"舶来品"泛滥，大家都以西方理论为时髦，而对本民族的东西，则是束之高阁，正如毛泽东主席曾经指出的："言必称希腊，对于自己的祖宗，则对不住，忘记了。"数典忘祖不应该呀！我们祖先的好些见解都是很精辟的，用之于现在丝毫都不过时。比如《学记》里讲"记问之学，不足以为人师"，说老师要有自己的见解，不能只是贩卖一些别人的观点，当知识的传声筒，那样的老师至少不是一个好老师，我想只要是对教育稍微有些见解的人都会赞赏这种说法吧。又比如"道而弗牵，强而弗抑，开而弗达"，要注意引导学生，但不能凡事都牵着他们的鼻子走；要激发学生的意志，使学生有好的精气神，但不宜以苛刻的要求为手段，因为那样会使他们感到压抑；要启发学生思考，但不宜将结论和盘向他们托出，因为那样他们就不会主动思考。这些都是尊重学生主体性的表现啊，与现代教育观念是不谋而合的。又比如《三字经》里说："教不严，师之惰。"这曾是我们民族关于教育伦理的共识啊，是师道尊严的具体体现，现在社会上有些老师放弃了这个伦理，考试放水、管理放羊、育人放任，结果自然是误人子弟、尊严扫地。"师道之不传也久矣"啊！这就是我们漠视传统的恶果。更令人痛心的是，对于自己民族的东西，都不愿意深入地了解，不了解也就算了，还在根本就不了解的情况下信口雌黄地否定，这种风气非刹住不可。

我们的古代的教育不仅在教育理念、教育思想领域取得了辉煌成就，就是在办学实践上，也曾是开一代风气之先。例如隋唐特别是宋代以后的书院，那是具有鲜明中国特色的教育教学组织。这些书院在追求真理，学术自由，学院自治，教学、研究、出版相结合等方面很好地具备了现代大学的要素，可以说是初具现代大学的雏形，比德国的洪堡大学要早得多。而它在发展过程中形成的思辨结合、教学相长的治学之风，以及自学和讲座相结合，三思（思考、思索、思维）和三论（辩论、争论、讨论）相结合，以及发现知识、传播真理等方面，直到现在也是现代大学必须继承和发扬的。对于这些宝贵而丰厚的遗产，我们不去继承，难道还要等着别人去继承吗？

我们现在对欧美的教育是比较崇尚的。见贤思齐、博采众长当然是很好的。但是我们不能搞"一头热"啊，对西方学说重视的同时，是否应该多花一点时间去系统了解中国古代绵延不绝的教育传统，在复述西方教育话语的同时领悟一下那古老的中国式教育智慧！

（三）加强文史哲教育

文史哲是人文社会之学，我们的师生无论是学工、学理、学艺、学经济、学管理的，都应该学习人文社会之学。在美国，这叫通识教育。我们中国的文史哲既丰富又发达，文学方面，不但有四大名著，还有唐诗宋词元曲，以及唐宋八大家为代表的散文，当然学文学要从《诗经》开始，孔子说："《诗》三百，一言以蔽之，曰思无邪。"又说："不学《诗》，无以言。""《诗》可以兴，可以观，可以群，可以怨。"可见从孔子开始就十分重视文学的教育，注重陶冶培养学生的高尚情操。至于历史，中国历史悠久，有文字记载的历史资源丰富，历史（学）著作汗牛充栋，其有名者如《二十四史》《资治通鉴》等，还有现代学者撰著的断代史、专业史、通史等，这些都值得我们认真学习，古人所谓"述往事、思来者"，我们以史为鉴，也可以知兴替、明得失、见异同、察趋势，"观今宜鉴古，无古不成今"嘛，不理解历史，就不能理解现在；不理解现在，又怎么开创未来呢？

哲学被称为是科学的科学，一个崛起的大国不能没有哲学和哲学家。我国自古以来就有老子、孔子、孟子、庄子、朱熹、王阳明等大哲学家，他们对人生和社会的基本问题都有自己的观点和体系，这些观点和体系具有超越某一具体学科的智慧高度，是智慧中的智慧。正如现代哲学家金岳霖先生所说："中国哲学家，在不同程度上都是苏格拉底，因为他把伦理、哲学、反思和知识都融合到一起了。"我们在学习现代哲学，学习唯物论和辩证法的同时，也要学习中国传统哲学，特别是在认识论、方法论上有提高和发展。

（四）加强对乡规民约、名人家训、蒙学等内容的研究和运用

我国广大农村长期以来自觉形成的自我管理、自我教育、自我约束、抑恶扬善的乡规民约，是中华优秀传统文化的一部分，据学者研究，宋朝时已有成文的乡规民约了，这些乡规民约在中国乡村社会治理，形成淳朴民风和优良习俗方面发挥了很好的作用。我们应该发动学生社团做一些调查研究，总结发扬一些在历史上起过良好作用的乡规民约，为建设和谐社会，落实社会主义核心价值观作贡献。

名人家训在中国很有影响，例如著名的《朱子家训》《曾国藩家书》《梁启超家书》《傅雷家书》等，他们用中华优秀传统文化治家，形成了良好的家风；用来教育子女，则个个成才，非常成功，这些宝贵的经验是很值得借鉴的。孟子说："天下之本在国，国之本在家。"家风家训是中华民族血脉相承的文化基因，重家风，传家训，应该是弘扬优秀传统文化的题中之义。

在中国的传统文化中，还有一个重要部分——蒙学，即古代用来教育青少年的启蒙读物，例如《三字经》《弟子规》等，尽管由于历史的局限，这些读物中精华与糟粕并存，但我们依然可以用社会主义核心价值观为根本指导，去粗取精、去伪存真，利用其积极的内容，结合现代文明的普遍原则，为学生补上这么一堂课。也不是中国才有《弟子规》，陶西平先生就曾推荐过美国版的《弟子规》，美国版《弟子规》规定了孩子九岁以前需掌握的二十五种基本礼节，都是非常具体的。我们的《弟子规》也有具体的内容，比如说："长者立，幼勿坐；长者坐，命乃坐。"这条礼节到现在依然适用嘛。蒙学虽然看似

是"小儿科"，但确实是我们立身处世、待人接物的基础。我们可以借此熏陶学生人品，培养他们良好的言谈举止，一个举止得当的人才会受社会的尊重和欢迎。不要以为蒙学是"小儿科"就不重视，从前缺了这堂课，现在赶快补起来，东隅已逝，桑榆非晚嘛。

（五）加强礼节、礼貌、礼仪的教育

最近媒体经常报道国人到国外旅游时言行失礼的新闻，简直令人又羞又愤。我们华夏古来就是礼仪之邦，所谓"礼仪三百，威仪三千。"足见我们礼仪之大。我们古人对礼很重视，孔夫子教育他儿子时就曾说："不学礼，无以立。"礼是什么？从大的方面来说它是一种制度和规范，从小的方面说它是个人行为准则，是社会对个体的要求。按照荀子的说法，知礼守义是人之所以为人的关键，是人和动物的区别，根据人的社会属性，人而无礼，至少不能算是一个有教养的人吧。

中国是礼仪之邦，其中一个重要原因是有一套完整的礼仪。礼仪的核心是一个"敬"字，"敬"是一切礼仪的出发点，《礼记》开篇第一句话就是"毋不敬"，之后又说"夫礼者，自卑而尊人，虽负贩者，必有尊也"。也就是说即便是对社会地位较低的人，也应该怀有充分的尊重之心，在等级森严的封建社会，有这样的认识和主张，真是了不起！中国礼仪的具体形式很多，很具体，有些如今已经不适用了，有些却仍很有价值，有很强的借鉴意义。例如国人外出旅游发生了很多违背礼仪之事，如吃饭时大声喧哗，这就是没有听过孔子"食不语"的话嘛；又如有的同学不假外出，不归或晚归，连个招呼也不打，这种行为在古代也是行不通的嘛，《礼记》上说："夫人者，出必告，反必面，所游必有常。"学生不给学校打招呼，家长找不到学生，

就找保卫部或辅导员，说他"失联"了，焦急万分，令父母如此忧心，是一种不孝，不应该啊。

我们要学习中国传统的礼仪精华，并学习现代礼仪，使每个"锦城"学子都成为知书达理的人，让他们学会待人接物，懂得与世交往的基本原则和相应的礼仪、礼节和礼貌。

五、深入贯彻教育部《完善中华优秀传统文化教育指导纲要》，在返本开新上狠下功夫

我们要认真贯彻教育部《纲要》，一是要抓教师、抓教材，进课程、进课堂，把传统文化教育纳入到我们的教学计划和人才培养方案当中去；二是要"返本开新"，对待传统文化，不但要去粗取精、去伪存真，更重要的是要积极响应习近平总书记关于"坚持古为今用、推陈出新，努力实现中华传统美德的创造性转化、创新性发展"的号召，在"创造性转化、创新性发展"上狠下功夫，努力使传统文化焕发出现代活力；三是要重视师生的体悟和实践，中华优秀传统文化历来强调学以致用，所谓"知行合一"，有体悟的知才是真知，有实践的行才是真行！讲忠孝就是要热爱祖国，孝敬父母；讲礼仪就是要文明处事，礼貌待人。我们一定要发扬这个优良传统，不能让中华优秀传统文化只停留在书本里、口头上，更要让它走进师生的心里去，体现在师生的行动中。

总之，我们要通过对优秀传统文化的继承和发扬，激发我们的民族自豪感和自信心，坚定全校师生员工振兴中华、实现中国梦的信心和决心！

在改革和创新中实现"锦城教育"的新突破

——在2014年度学校总结暨表彰大会上的讲话

（2015年1月20日）

今天是年终总结和表彰大会，有两个数字很重要。一个是督导组长唐登学的报告，经督导组评估，"锦城"教师进步很大、成长很快。2014年度优秀率占26.5%、良好率占71.3%、优良率达到97.8%，这很不简单。另一个数字是全校评出"夫子育人奖"共计151名，其中一等奖2名，是很优秀的。他们全身心投入、全天候服务，一心扑在教书育人上。"学生在哪里，教师就在哪里"，是我们全校学习的榜样。

现在我重点讲我们下学期要做的几件事。我们要继续贯彻眉山会议精神，重点从以下五个方面做好工作。

一、深入贯彻"长板原理"，让学生特长"长"起来，让拔尖人才"冒"出来

两年以前，即2013年1月22日的年度总结大会上，我在讲到"人才成长规律"时，打破了管理学上"木桶短板原理"的束缚，提出了在教育和人才管理上的"长板原理"。两年来，全校贯彻"长板原

理",效果很好,全校涌现了一大批具有特长和亮点的教师和学生。

现阶段,在企业管理上,"短板原理"也失效了,大家开始运用"长板原理",各司其职、各有所长。企业的成功也是取决于它的长板。例如,马云的长板就是做电子商务,雷军的长板就是做手机,董明珠的长板就是做空调。"长板原理",俨然已成为大家都认可的规律。所以,我们要把"长板原理"从理论到实践发展起来,丰富起来。

我们现在的任务是什么?就是创造一个环境、创造一种氛围,让大家的特长能够发挥出来。刚才王亚利副院长讲,教师要发挥他的长板,学生也要发挥他的长板。我们不要求所有的老师在所有的方面都是最优秀的,但是你要在最主要的方面最优秀;我们不要求我们的学生在所有的方面都优秀,但是你要在其中一个方面是最优秀的。

邹广严院长在学校2014年度总结暨表彰大会上讲话

这个理念就是我们要坚信:人人都是有亮点的,个个都是有特长的。我们要普及这样一个观点，我们可以很普通，但是一定得有特长；我们可以很平凡，但是一定会有亮点。"锦城"老师的责任就是发现和挖掘学生的亮点和特长。对尚未表现出亮点和特长的学生，就是要发展他的潜力，培养他的特长；对于已经表现出亮点和特长的学生来说，我们要使他的亮点更亮、特长更长。全校都要形成发扬"长板原理"的氛围，使拔尖的人才"冒"出来。

所以，一方面，我们要创造一种氛围，叫作"鼓励创新、宽容失败、发扬长板、包容缺点"；另一方面，我们要改变评价标准和方法，不能用同一个标准来衡量所有的人。爱因斯坦曾说："每个人都身怀天赋，但如果用会不会爬树的能力来评判一只鱼，它会终其一生以为自己愚蠢。"就是说，用会不会爬树来评价一条鱼，那么这条鱼就只能"无语"了。他还说：你们不要担心分数的好坏，只要保证按时完成作业，不留级，不必所有的科目都取得好成绩。

这个问题讲到这里，就是人人都可以发现，人人都可以培养，人人都有特长。例如，文传系程一铭同学出版了18本书，在写作方面有非同一般的特长，因此要鼓励她积极发挥长处，其他方面达到基本要求即可，不要求面面俱到；电子系余晟睿同学制造3D打印机、无人驾驶飞机，就要发挥他敢于创新、勇于创造的特点，不要求全责备。

同志们，发挥特长这件事，和德智体美劳全面发展的方针是不矛盾的，它是人才成长的一个规律。我希望每个老师、每位干部、每位学生都要做。以后老师和领导要帮着做，领导的责任是要辅助你的部下，创造令人舒畅的、有尊严的工作条件；老师的责任就是给学生创造这样的条件，积极引导他、鼓励他，把特长发挥出来。总之，我们要在以后的工作中，积极运用"长板原理"，让特长"长"起来，让拔尖的人才"冒"出来。

二、用好改革、创新两大法宝，让"锦城"飞速"跑"起来

继续用好改革、创新两大法宝。要让"锦城教育"能够"跑"起来，"飞"起来。改革、创新是"锦城"后来居上的两大法宝，现在我要强调两点，一是创新是大学成名的杀手锏，二是人人都是创新的主角。

（一）创新是大学成名的杀手锏

所有的大学成为名校都是通过创新来实现的，几乎是无一例外。

柏林大学何以成为世界名校？校长威廉·冯·洪堡倡导学术和教学自由、提倡教学和科研相结合，把大学的功能从教学扩充到科学研究，这是一大创新，它对欧洲和北美大学的发展产生了深远的影响。英国教育家纽曼在《大学的理念》中提到大学是传授普遍知识的地方、大学就是教学。纽曼这本书影响深远，到现在也是经典之作，但洪堡突破了这个观点，他认为科研和教学是一致的。他创造了两种形式来体现教学和科研相结合。第一种是项目制，项目制就是老师指导学生搞科研，然后组织学生一起讨论。第二种就是实验室教学，实验室教学当时也是个创造。这两个事情都不是柏林大学首先提出的，但是是它完成的。科研是由德国哈雷—维滕贝格大学提出的，但是哈雷大学没有实现它。实验室教学是意大利发明的，但真正作为高等教育把它形成了一个课，是在柏林大学实现的。柏林大学就是把传授知识

和发现知识相结合。柏林大学不但对德国的教育产生了影响，它对全世界的教育都产生了巨大的影响，所以柏林大学变成了世界名校。

康奈尔大学和威斯康星大学，它们之所以著名，是因为它们为大学增加了社会服务功能。英国人创造了教学为主的大学功能，德国人创造了科学研究的大学功能，美国人又创造了社会服务的大学功能。在美国工业化进程中，美国通过了《莫雷尔赠地法案》，办应用型大学来为工农业服务。在政府政策影响下，这两所大学为促进农业向畜牧业转变、畜牧业向工业转变，向社会提供函授讲座、公共讨论、信息咨询等服务，促进了工农业极大的发展。因此，他们把为社会服务发展到了顶峰。而大学的第三个功能就是美国这两所大学带头实现的。康奈尔大学是世界名校，到现在还向公众提供职业教育。在美国，研究型大学提供职业教育，职业院校也提供科学研究。美国是没有双元制的，只有德国推行了双元制，我看美国的模式比德国好。

我们再来看斯坦福大学，它是一所应用型大学，也是一所研究型大学。斯坦福大学通过校企合作搞了个硅谷，开创了产、学、研合作新道路，成为全世界高校学习的榜样。斯坦福大学走了一条和哈佛完全不一样的道路，斯坦福培养的是应用型人才，到了二次世界大战后，斯坦福大学和军方合作，创造了硅谷。硅谷是由斯坦福工学院院长费雷德·特曼教授来实践的。首先，他战后利用了和军方的合同，发展强大了电子系。它聚集了一批科学家，进行电子方面的研究，为了发展与企业的关系，搞了两个计划，第一个是"勇于合作计划"，允许附近的电子企业选派雇员到斯坦福来攻读硕士；第二个是"固态电子学企业辅助计划"，向企业提供军方允许下的研究成果、提供信息服务。同时，企业又积极反馈信息给它。这两个计划就是为了建立与企业更密切的关系。后来，特曼教授为了更好地实施两大计划，更方便地加强与企业的联系，他提出了就地、就近的原则，向董事会提出将闲置的土地1000英亩廉价地租给企业。例如惠普、通用等公司，就在工业园里落脚了。由此，他开创了产、学、研相结合的道路。我们现在中国的产、学、研相结合，科技园、工业园等就是从斯坦福来的。斯坦福由此一炮打响，成了全世界学习的榜样。

哈佛大学又是如何成为世界名校的？哈佛大学的选修制、学分制、弹性学制、案例教学法等改革创新，让哈佛变得卓越非凡。在艾略特当校长以前，哈佛大学是一所地方院校、名气很小，在1850年时还受到地方议会的批评，批评哈佛大学没有提供实用教学和给予学生提供专业化学习的自由。艾略特当了哈佛大学40年校长，领导哈佛大学进行了一系列的改革和创新。他实行了选修制。选修制是杰斐逊在1779年首先提出的，当时在威廉与玛丽学院没能行得通，后来在弗吉尼亚大学也没有通过。最后，在艾略特校长领导下，哈佛大学强行通过。选修制从1779年提出到1886年确立，经历107年，最后在哈佛大学完成了。

哈佛大学，实行了选修制，随后发明学分制，之后又有了弹性学制。学分制是在哈佛大学医学院首先实现的。还有案例教学法，世界上最早使用该教学方法是哈佛大学法学院。

经过了艾略特校长40年的改革创新，哈佛成了一所世界名校。当艾略特校长即将退任时，耶鲁大学的校长说，我们现在评价大学的标准就是跟着哈佛学的。可见，哈佛已经建立了非同凡响的名气。

以上几个案例，有的是校长有远见坚持下来的，有的是院系实践的结果。因此，改革创新，既有学校层面的整体创新，也有每个系部层面的创新，以及每个人的创新创造。

（二）人人都是创新的主角

要进行创新，人人都是主角。老师有老师的创新，各系部有各系部的创新，学校有学校的创新。人人都是创新的主角。例如，计科系的"五种培养方法"，文传系的"技术型文科人才""全能记者团"，工商系的"以赛促学"，建管系的"双师型队伍建设"，财会系、金融系的"以证促学"，艺术系的"校地合作"等，都是各部系进行的创新和探索。我们许多老师在教学过程中也进行了积极探索，例如工商系杨泽明老师提出的"第六课堂"、机械系蒋冬清老师的"考核评价个性化"、通识教育中心周正松老师"结合专业融入生活"、建管系郭慧珍老师的"反馈思维"法、机械系黄维菊老师的"全身心投入、全天候服务"等，这些都是教师在教学和管理中的创新创造。

所以，我们需要一场自下而上的教育改革和创新，我们需要一场静悄悄的革命，我们需要一场多样化、个性化的教育改革。在这场新的教育革命当中，人人都是主角，人人都有作为。每个单位都是主角，每个单位都有所作为。不要以为我们是民办学校而非985、211院校，也不要以为我们是一所年轻的学校，我们就不能够有所作为。

澳大利亚前总理吉拉德有一段话说得好：实质性的教育变革比较容易出现在非主流的教育边缘，出现在体制外的教育。这是因为政府所提供的大一统教育只能做"不错"的事，无法承担创新失败的风险。因而，政府特别需要学习的，是体制内对教育创新有宽容和吸收的弹性，使得体制外的创新能够被接纳、融入正规制度而得以推广。

吉拉德的这番话揭示了教育改革是自上而下和自下而上的结合，而重点是自下而上的教育改革。与其批评和坐等教育体制遥遥无期的改变，不如马上行动起来进行教育自救，从我做起、从每个人做起。

大改革不可能在北大、清华这样的学校出现，因为包袱太重了。它做每一件事都会从正反两个方面受到指责和批评。张维迎当年从海外回来时雄心勃勃，北大提拔他为校长助理，让他进行人事改革，他提出"末位淘汰"，被大家群起而攻之，最后辞职了。可见，在中国进行教育改革难度之大啊，很难有创新、很难有突破。相反地，我们学校积极支持你们不断创新、人人创新，改革创新大胆做、不要怕。

学校为创新提供了宽松的环境，不要求十全十美、我们立足于帮、而不是立足于指责。不要一看人家做什么事就指责。中国的教育在一片指责声中是不可能有改革的，因为改革需要一个宽松的环境。所以原则上不要去指责别人。你有什么想法、有什么意见，你去帮一下。立足于帮、而不是立足于指责。我们就是要鼓励创新，学校给你们提供宽松的环境，希望你们大胆地做。

三、持续深化"三不放水"，为学风的根本好转而奋斗

我们自2013年11月25日全校教职工大会上提出"三不放水"以来，校风学风有明显好转，但是还不能说有根本好转。因此，要持续贯彻深化"三不放水"，为学风的根本好转而奋斗。校风没有根本好转，首先体现在我们一部分同学还没有进入到学习的状态。说实话，我们的学风从建校特别是2013年提出"不放水"以来，取得了很大的进步。我们到课率达到了96.32%，只有百分之三点多的缺课。但

是晚上你到图书馆看看，有多少人？什么时候周末大家在图书馆争座位，我们的学风就真正好转了。周末我们的图书馆人少啊，学生都往家跑了。我们所有的教室都向你开放，但你去了几次？

师生中存在的问题，督导组已经说了。这样的问题，不仅我们学校存在，其他大学也同样存在。以前不是有武汉大学的学生写了一篇帖子叫《我们的大学怎么了》，他说："当我第一次在高我一级的学长寝室楼里看到凌乱的宿舍，散发着异味，一抬头就会看到一个蓬松的脑袋和迷离的眼神，我的灵魂被震撼了！我的心中真的不敢相信，这就是武汉大学的学生？空洞的眼神昭示着灵魂的无知和内心的空虚，在终日游戏的日子里打发自己的青春岁月！"他说，他们学校让他感到很迷惑，老师照本宣科，学校关注教学、关心学生的老师越来越少了，不知道老师都在忙什么？学生对博导是这样评价的：博导都博成什么样了，博得稀里糊涂，还经常不来上课。你们看，这是武汉大学学生的反映，他们学校的校风也是有问题的。

我校首次学生个人音乐会

因此，我们现在要在"三不放水"的基础上进一步地加强校风建设。我们要从"过程考核不放水、期末考核不放水、教师考核不放水"，现在扩大到我们"管理上不放羊、教学上不放水、育人上不放任"。"三不放水"的内涵进一步扩大。要想学生"不放水"，责任主要在于学校和老师。我经常说："少数学生的问题是学生的问题，多数学生的问题就是老师的问题；少数教师的问题是教师的问题，多数教师的问题就是校长的问题。"学校的学风不好，学生感到没有事干，说明老师没有引导他读书，没有给他布置作业，没有领导他搞科学研究。像杨泽明、黄维菊、张志亮等老师那样，带领学生搞调查、做研究，学生自然就变得忙碌而充实起来了。所以，核心问题在于领导和教师。

我们的目标就是要从"必然王国"向"自由王国"过渡，这当然是需要一个过程的，在这个过渡过程中必须加强管理。我们常说"教学有法，教无定法"。例如学生管理，管是为了不管，教是为了不教。学生有学习的自由、生活的自由、课外活动的自由，这都完全正确。但光有自由，没有制度，没有规则，也是不行的。所以现在我们必须在这个过渡过程中加强管理。为了不管必须管，为了不教必须教，而且要教好。我们不赞成极端的说法，例如说把课堂完全交给学生，那教师做什么呢？课堂是老师和学生的学术共同体，是教学相长、产生"共鸣"与"共振"的地方。

学生要自由，没有纪律行吗？学术要自由，没有规范行吗？所以我们现在为了给学生更大的自由，就必须不放水。考试是指挥棒，考试仍然是我们评价学生成绩和老师成绩的主要方法。科举制是我们中国人的一大发明，欧洲的文官考试制度就是向我们学习的。所以"三不放水"大家要坚持，关键是老师。比如说，机械系蒋冬清老师为了避免考题重复，每个人出一题；计科系要求每个老师、每个专业要有10套题，这些都是值得大家学习的。老师上课没有内容也是放水，上课点名花了10分钟这也是放水。所以，要同学们不放水，首先老师不放水。对教师考核同样也不能放水，要通过科学的、实事求是的评价，拉大差距，绝不放水。总之，我们全校上下，要持续深化贯彻"三不放水"，为我们的学风校风根本好转而奋斗。

四、利用新技术推动"四项教育变革"，让"锦城"站在变革的前列

在当前信息化时代，基于互联网技术的云计算、物联网和大数据三大技术正在推动教育变革。这场变革将对传统的大学教育带来强烈冲击，甚至会对某些教学模式进行颠覆。所以我们要解放思想，主动出击，未雨绸缪，走在前面。

（一）在前一波教育变革的基础上，重点推行"翻转课堂"

如果说在线教育，我们早在2009—2010年就已经开始尝试。文传系利用Moodle平台开发了"海量平台教学法"，师生可以在网络平台上实现教学互动。到2012年，这是教育变革的转折年，我们在可汗学院的带动下，开展了我校的数字化教育革命，我们首先运用了内部网站、QQ空间等多种网络形式，把教师的教学大纲、课程讲义、PPT，甚至自编的视频挂在网上，并进行师生互动，有的老师还进行了作业批改和答疑。这是我校第一波数字化教育变革。计科系、文

传系、工商系等都做得不错。其中计科系总结了"一个结合、两个再造、三个自主",即线上线下相结合,教学视频再造、教学过程再造,学习时间、地点、内容由学生自主决定。按照这个原则,计科系已经有5位教师的6门课程上线,工商系杨泽明教师的粉丝既有校内学生又遍及多所大学,使我校第一波数字化教育改革出现了大好局面。

我们今年要在前一波基础上重点推行"翻转课堂"。什么叫"翻转",就是颠倒,就是把课上课下颠倒过来,学生在课下看视频、听讲解,初步接受知识,到课堂上去答疑、做作业或做实验。也就是说线上是标准化的、线下是个性化的,教师的作用向导演和教练方向转化,是课堂的组织者和学生学习的引导者,而不再只是知识的讲授者,这也是师生地位的翻转。

"翻转课堂"来自美国。2000年,美国迈阿密大学的"经济学入门"课程采用了"翻转教学"的模式,但当时尚未出现"翻转课堂"这个名词。2007年以后,"翻转课堂"更多地开始在美国中小学教育中使用。随之,部分大学也开始推广应用。在国内,这两年,"翻转课堂"开始成为教育变革的热议话题。在基础教育中,较早开始应用。比如,重庆聚奎中学、深圳南山实验学校、南京九龙中学、广州市第五中学等都进行了相关实践。在高等教育中,个别高校主要通过视频公开课、微课等形式,进行了大学课堂的部分翻转。例如,北京大学、清华大学、浙江大学、哈尔滨工业大学等学校将本校的精品特色课程、名师课程进行了翻转。

不可否认,随着信息技术革命的持续深化,"翻转课堂"是新技术革命带来的教育变革之一。我们要迎接这一场教育变革。这是一个教育潮流，更是一场教育革命，我们未来要在"翻转课堂"上不断下功夫。

今年，我们要求每个教研室至少拿出一门翻转课程。在制作线上视频时，你可以采取下列三种方法之一：

1.利用自己制作的视频翻转，就是"独创"，自编自导。

2.利用MOOC（Massive Open Online Courses，即"大规模在线开放课程"）的视频或教育部精品课翻转，就是"拿来"，为我所用。

3.将第二种资源予以改编后进行翻转，以SPOC（Small Private Online Course，即"小规模限制性在线课程"）模式作为校园课程。

线上视频教学的改编和创造，就是为了进一步浓缩或分解知识点，适应信息时代青年人精力集中时长一般为10—15分钟的特点，并通过可视化的知识学习，提高学生的学习兴趣。

这里要特别强调的是，课堂翻转之后，传授知识已经不是教师的主要责任，而应用知识、增长能力才是线下教育的重中之重，这和我校的育人标准"做人第一，能力至上"十分吻合。

（二）让大数据成为因材施教的突破口，我们教育的最终目的是个性化、多样化

上学期，我们提出大数据服务教育后，学工部通过大数据分析学生的行为特点和思想工作怎么做；招生办通过大数据把学校每种宣传方式所产生的效果进行分析，优化了我们2015年招生广告投放；电子系和计科系召开大数据、物联网等会议，这些都是非常好的探索。

大数据之前是小数据，就是利用数据来发掘、分析、关联，来发现学生的特点或教育方式之间的相关关系。我们应该对什么样的学生进行什么样的教育管理？我们应该怎样为学校教育的多样化提供服务？例如通识教育中心，外语教学形成分级分类，这个很好，也是数据分析的结果。

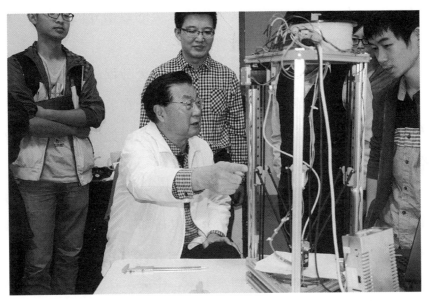

邹广严院长视察电子系学生制造的本校第一台3D打印机

不可避免，教育正在走向大数据时代，它将革新我们的教育思维，影响我们的教育模式。这个机遇我们必须抓住。一方面，它需要我们通过发现数据、挖掘数据、利用数据找到数据背后的规律。现象和数据是表面的东西，重点是数据背后所反映的规律性的问题，借此提高我们教育的预测能力；另一方面，它为教育的个性化、多样化提供可能，成为因材施教的突破口，越来越个性的培养方式，将使教育摆脱工业化时代，呈现多样化发展。因此，大数据在教育中的应用，其最重大的意义，就是能够"让我们走近每一个学生的真实"。

总体来看，目前开始发现数据、挖掘数据、利用数据的高校基本都是信息化做得较好、规模较大的学校，其主要原因是他们建立了较完备的数据库来搜集充足的数据量。例如：浙江大学通过对资产的归纳、整理，最终形成权威、全面的资产数据，并提供数据查询和分析服务；复旦大学对特定的学生进行数据分析，并且得到一些非常有价值的数据；清华大学正在做一些学生成长类的数据分析；东华大学通过物联网实现全校实验室的智能管理……

当然，总体来说，目前国内教育领域的大数据应用为数不多。面临大数据带来的教育革命，有人在围观，有人在等待，但也有人已经开始行动，走在了前面。对"锦城"而言，无论如何，我们都要在这一轮教育信息化的浪潮中跨出第一步！

我们要有计划地进行数据分类、分级、分层。将来要探讨研究哪些同学属于创新类的，哪些同学适合做基础研究，哪些同学适合做工程师，哪些同学适合当企业家，哪些同学适合当翻译家等，这些都要通过我们对学生的数据分析得到。大家一定要记住，我们教育的最终目的是个性化、多样化的，因此我们要有计划地准备。

总之，大数据是一个系统工程，我们全校上下要形成用大数据指导教育的思路，用大数据解决因材施教的问题。

（三）强化学分制，弱化学年制，学年学分制要再向前迈进一大步

学分制的基础是选课制，而选课制的核心基于一套科学、完整、有效的课程体系。我们多次强调，每个系和老师都要考虑每个专业是由哪些课程来组成的。所以，建立以主干课程为核心的课程体系是学分制的基础。一个完整的课程体系，从基础课到专业课，都很重要。中国有几位名师都说过我们拿什么为学生服务？就是课程体系，拿课程体系来为学生服务。唯有课程体系的逐步完善，才可能进一步推行学分制，弱化学年制，使"锦城"的学年学分制向前迈进一大步。

（四）在学分制的基础上推行弹性学制

我们在眉山会议和贵阳会议都提出了自由转专业。转专业的基础是课程体系和学分制，转专业的结果必然是弹性学制。因为你中途转专业，要完成新专业要求的学分，就难免要延长学习时间。教育部前段时间提出学生可以休学进行创业，这就意味着弹性学制是不可避免了。

当然弹性学制的前提是学分制，学生必须在大学期间修满学分，而且学科骨干课程必须修。所以大家以后要为这方面做准备。目前，教育部对于学年制已经进一步放开了，因此，我们要推行弹性学制，各系都要检查你们的课程体系、各专业的学分设置，按照学校规定的总学分规划每个专业学分，在此基础上，推行各专业的弹性学制。

五、正确处理"五大关系"，坚持大学教育的"五个第一"

（一）人才培养第一

大学三个职能——教学、科研和社会服务，什么第一？人才培养第一，我们的一切目标都是培养人才。无论是教学、科学研究、社会服务，最终的目的都是为了培养人才。人才培养永远是大学教育的中心工作。在我们学校没有离开人才培养的科学研究，也没有离开人才培养的社会服务。凡是立足培养人才的，我们都是允许和鼓励的。所以这三项职能中，不说谁是第一，唯有"培养人才第一"。哪个能培养人才，哪个就第一。不过，从总体来看，我们学校，教学所占的比重最大。

（二）教育质量第一

高等教育面临的三个问题——教育的规模、教育的质量、教育的公平，什么第一？质量第一。"锦城"现在也存在这个问题，我们的教育规模，已基本稳定在两万人。十年期间，我们从两千人发展到两万人，这个速度是够快的。但现在我们应该把数量的扩张转变到质量的提高。教育质量是社会大众对高校最大的期待。因此，我们的"教学三大改革"，要以教学质量为中心，来抓好工作。教学督导组组长汇报显示：本学期教学中，我们的优秀老师占27%，大约100人。一个学校有100位优秀老师也是不简单的啊，当然我还希望再多一点。下学期开学，我们要开设两个班：一是对教学评分在80以下的老师专门开设辅导班，通过互相学习和帮助，来促进教学水平提高；二是开设教学管理学习班，向教学设计和教学管理搞得好的老师学习。我们不搞末位淘汰制度，但是如果你三年都在末位，可能就得淘汰啦。大家一定要进步，不能不思进取，所以质量第一。我们现在主要搞内涵式发展，重点就是抓好我们的教育质量。我们希望我们的生源质量越来越好，办学水平越来越高。

（三）学生增值第一

"锦城"三个增值的关系——学生、老师、学校增值，哪个第一？学生增值是第一位的。学生的成功就是学校的成功，学校的增值是有前提的，学校的增值是通过师生的增值来增值的。建管系把学生增值分为四个方面,机械系开学上好四个"第一课",都是不错的探索。刚才几位老师的发言,都为学生的增值作了卓越的贡献,学生增值了,老师也增值了。令学生怀念的老师才是好老师。当一个学生在毕业后,把什么事都忘了,还记得你,记得你对他的关心和负责、严格要求和鼓励帮助,这就是好老师。中国的大学生,有很多都不知自己学校的校训是什么,不知道校训的来源。我们学校就不存在这个问题,这就说明我们的教育渗透到学生的成长历程中去了。学校也要通过学生的增值、老师的增值,学生的成功、老师的成功来促成学校的增值和学校的成功。

另外,我们要学会讲"锦城"故事,通过讲"锦城"故事,扩大我们的话语权,提高"锦城"的知名度。各系要挖掘自己的故事,"锦城"的成长故事、学生发展的故事。你不要老是讲北大、清华的故事,要学会讲自己的故事。所以我们要在这个增值的各方面做文章,使学生增值、教师增值、学校增值。学生增值永远是第一位的。

(四)教室课堂第一

"锦城"五个课堂的关系,哪个课堂第一?第一课堂——教室课堂第一。必须肯定的是,锦城学院的五个课堂(教室教学、实验室教学、生产基地教学、课外活动和网络在线教育课堂)排在第一位的是教室课堂,教室教学是学生增值的主要方式。这点不要犹豫,"锦城"课堂大于天,最大的课堂还是上课的课堂,这是我们传授知识、培养思维、提高素质的主要战场。所以老师教学好,主要还体现在第一课堂。课堂发展有三个阶段:第一个阶段讲故事,热热闹闹的,大家很高兴;第二个阶段讲知识,传授内容;第三个阶段就是讲思维了——

批判性思维、质疑的精神。所以我们要把重点把握住，我很赞成杨泽明老师发明的那句话：学生在哪里，老师就在哪里；黄维菊老师的理论是"全身心投入、全天候服务"，这些都很好。把课上好，是一位老师的第一天职，全身心投入是我们教师的职责所在。

（五）师资队伍建设第一

"锦城"的三支队伍建设——师资队伍、管理队伍、服务队伍，哪个第一？师资队伍建设第一。一所学校成功与否，关键在于老师。美国哥伦比亚大学拉比教授说："大学就是教授，教授就是大学。"美国总统奥巴马说："一个学校的水平不可能高于它的老师水平，老师的水平决定学校的水平。"所以，我们要把师资队伍建设放在第一位。

我们要加强教师的交流和培训工作。去年学校有个很好的现象，从参会、参赛、参训到办会、办赛、办培训，都有声有色。艺术系承办金麒麟大学生电影节，电子系承办四川省物联网人才需求与就业研讨会，计科系承办四川省"大数据校企联盟专委会"成立暨大数据学术交流会等。一方面，我们可以办培训；另一方面，我们也可以参加别人的培训。我们鼓励和支持教师参加全国性的学术会议，促进内部教师之间的互相切磋，多开展老师交流活动。这个方面我们要多学习下"袁长锋"举办的"思鸣沙龙"。我们在下学期也可以成立一个教师沙龙，教师们相互交流，共同进步。

总体上，下个学期我们要全力以赴，把这五件事情做好！在改革和创新中，实现"锦城教育"的新突破。假期就要到来了，大家在休息的同时，要多看书、多学习，注意安全！最后，祝全体老师假期愉快、新年快乐！

2015年
十载"锦城"辉煌路

这一年，审计学（ACCA）在川招生进入本科一批录取，实现历史新跨越；

这一年，全面落实"两个设计、一个翻转"，力争把本科教育和人才培养做到最好；

这一年，举行十周年校庆大会，在教育变革的新时代砥砺向前。

进一步推行"两课设计"和"翻转课堂"，确保"锦城教育"的高质量

——在2015年度教学管理专题培训会上的讲话

（2015年2月28日）

今天是一期教学管理培训班，刚才几位老师结合自己的教学做了发言，现在我来做个小结。重点讲三个问题，第一个是推行课程和课堂设计的问题，第二个是"翻转课堂"的问题，第三个是政策问题。

一、课程与课堂设计

当前中国教育最主要的问题是什么？百姓最关心的问题是什么？我们认为第一个是质量，高等教育现在最主要的矛盾是质量。其实也不只是高等教育，中等教育、初等教育也同样存在质量问题。因为从1999年开始我们教育开始扩张，大学从几百所发展到2500多所，毛入学率从1978年的1.55%到现在已超过30%（2013年为34.5%），有的省已经突破了50%，现在考生的录取率像北京上海已达到90%左右。因此大家要读书的问题基本上是解决了，但是读一个什么样的学校，受一个什么样的教育是大家关心的。现在为什么要择校，就是为了考一个质量好的学校，大家关心的是一个好的教育质量而不是要不

要上大学的问题。

邹广严院长在学校2015年度教学管理专题培训会上讲话

教育质量是关键，教育质量的核心仍然是课堂。我们学校提出"锦城课堂大于天"，这已经把这个问题说到底了。但是，我们要把"大于天"这个理念、这个口号、这个提法落到实处并不是轻而易举的。我们需要更深入地、细致地、踏踏实实地把它落实下来，这就是现在提出的要加强课程设计和课堂设计。

实际上老师们过去也有设计，备课就是设计，教案就是设计的结果。但是过去的做法不够全面、具体，有时候也不够科学，所以我们现在就是要把课程设计和课堂设计提到议程上来，广泛推进，要求每个老师都做。做好做坏是水平问题，做不做是态度问题。课程设计有广义和狭义之分，广义的课程设计是指在一定教育理念的指导下学校课程中各组成部分的组织和排列，也就是课程体系设计。这几年我们根据我们的培养目标已经基本建立了一个相匹配的课程体系。今天我们主要讲的是狭义的课程设计，即一门课中各组成部分的排列、组合和配合的形式,要解决每门课的教学目标、教学内容、教学组织、教学方法和教学评价等问题。把课程设计和课堂设计一起说,是因为每个老师所教的一门课是课程体系的一部分,而每堂课又是这门课的一部分,合起来说,就是教学设计。我们要落实"锦城课堂大于天",狠抓教学质量,就必须对课程和课堂教学,精心设计、精心实施、精心评估、精心改进。我们要一步一个脚印,把教学这件大事做精做细。具体要求如下:

(一)教学目标设计

课程设计的依据是教学大纲,教学大纲是总的依据。那么在课程和课堂设计中首先要设计目标。大家知道,我们国家对教育是设定了目标的,也就是《教育法》上说的"培养德、智、体等方面全面发展的社会主义事业的建设者和接班人",这是国家教育的目标。我们学校也有自己的教育目标:培养"做人第一,能力至上"的高素质、复合型、经世致用的应用型人才。这些目标都是指导性的,它必须由课程目标和课堂目标来实现。读大学是由课程和课堂积累起来的,没有课程的目标来支撑,学校的目标怎么能实现?没有课堂的目标,课程的目标怎么能实现?所以,我们必须首先确定目标,课程目标和课堂目标合在一起叫教学目标。

这里需要注意三个方面:首先,目标的主体是学生而不是教师,学生通过学习能够学什么,能够会什么;其次,目标是教育活动的结果而不是教育活动的过程,即目标关注的是老师教授后学生的吸收情况而不是老师是否讲了某个知识点;再次,目标的表述是确定的而不是模棱两可的,例如过去计科系对计算机结构的教学是让学生去拆装，学生会不会拆装这个就是可以检查的。笼统地说学生可以了解什么，应该了解什么，这样是不正确的，是模棱两可的。第一个要求一定得确定目标，一个课程的目标和一个课堂的目标。

（二）教学内容设计

教学内容的设计实质上是三个重点：

第一个重点是以知识点为中心，对课程中要讲的知识点进行分解或归纳。这门课要列若干个知识点，这堂课又有小的若干个知识点。当然这些知识点有大有小，一门课的知识点和一堂课的知识点也不都是一般大的，就像分子、原子、质子、中子它不是一般大的。

第二个重点是要设计清楚本课程或者本课堂所讲授的知识与相关课程的前后左右的关系。这是提高学生的学习兴趣、开阔他们的视野所必需的。

第三个重点是要求在教材的知识点内容之外，作为一门课程来讲，要增加下面三个内容，全部有也行，有其中之二也行，有其中之一也行。一是本课程、本专业或者本学科知识的最新发展，笼统地说叫学科前沿、专业前沿、行业前沿。二是必须快速地、有效地、全面地吸收新知识在社会生产和生活活动当中的成果，不但要讲最新发展还要讲最新发展的应用，当然有的可能没有应用。三是对于基础性的、记忆性的、诠释性的基础理论或者基础知识要设计讲清楚它在学术上或者工程中的地位，或有可能的应用方向。譬如说，陈景润证明"1+2"可能没有应用，但是在学术上有很高的地位。大学不能只教有用的，尽管我们是应用型大学，是特别重视知识的应用的，就是应该教应用型的知识，但是不是说所有的知识现在都能用，有的将来可以用。这就像当年我们发明铝的时候不知道铝有什么用途,后面发现铝的用途很多。这些增加的内容都要详细地写在教案上,不能只列个提纲。

(三)教学方法设计

教学方法的设计也有三点:

第一,怎样提高学生的学习兴趣。刚才有的老师讲了他们用很多办法来提高学生的学习兴趣和调动学生学习积极性,这个必须设计。因为不同的课要用不同的方法来调动大家,以唤起学生的学习兴趣。诱发学生的学习积极性对整个教学过程有决定性意义。学生有兴趣是前提,如果没兴趣,老师再怎么教,学生也不会有积极的回应。

第二,适度的教学时间和进度的安排。教师必须把一堂课的时间分配好,讲课的时间、提问的时间、考试的时间、讨论的时间等各占多少比例,要有一个进度安排。

第三,选择适合本课程的教学方法。教师应该选择适合的教学方法,用"案例教学法",就举案例来说;用"以赛促学法",就得让大家来比赛。不同的教学方法要根据不同的内容来决定。

(四)课堂互动设计

师生缺少互动这件事,是我们中国教育被诟病的重要的方面。其实互动这个事,中国课堂上也不是没有,我小学的时候老师经常在课堂上给我们提问题,大学的时候老师也不是不互动,但是作为教学的一个重要方法,我们做得还不够。那么对于整个课堂上和课程中和学生的互动,教师要做出自己的安排,包括提问前的准备和提问的方式。互动的前提是要设计出与这堂课、这门课有关的、有效的问题来。讨论也好，互动也好，是以问题为中心的。互动的方式有很多，比如提问，有的是定向的提问，有的是泛指的提问。互动还有一个方式是讨论，讨论是全班讨论还是小组讨论，讨论什么问题，主题是什么，讨论多长时间这个也是需要设计的。总而言之，我们一定要实行这种启发式的、探究式的、研讨式的教学，让大家在互动当中受到启发，受到诱导。

"锦城"学子认真参与讨论课教学

（五）课堂管理设计

凡事预则立，不预则废。课堂管理，本质上就是下面这三件事。第一，教师要营造有秩序的、师生相互信任的、互相支持的环境。课堂管理的目的是营造一种环境。第二，教师要防止精力分散、干扰学生的学习气氛。第三，教师要防止和纠正学生顽固的、复发的、不规则的行为，保证教学活动的顺利进行。课堂管理是用规则来管理，到课率和听课率是课堂管理的指标之一。比如美国有的教授规定3次没

上他的课，那么这门课就算挂科，这就叫规则，教授有权决定自己的
规则。课堂管理要建立规则和程序，以规则管理课堂，这些规则包括
利于学习活动的规则、利于学习行为的规则、利于互动和沟通的规
则。当然，各个老师所教授的对象不同、班级不同，那么课堂管理的
方式也应该不同。

（六）评价方式设计

每门课、每堂课都有自己的评价方式，评价最重要的方式是考
试，当然还有别的评价方式。所以我们要通过评价学生行为改变的结
果来评估我们课程和课堂的有效性。这里面我有几个问题要强调：

第一个要设计考试方法，或者叫考核方法，即这门课用什么方法
来考核，来评估，来评价。

第二个是考题，要清楚考题的类型是判断题、选择题，还是开放
性的思考题，设计清楚每类题的比例。考题的难度也要设计，过难、
过易都不好。如果一门课的考试是90分钟，大多数同学30分钟就把
卷交了，这是不正常的。所以题目要在教学以前就设计好，最好是自
己先做一遍，体验一下难易程度。

第三个就是积分，艺术系的文胜伟老师提出了微分法，把课程的
学分分解，这是个办法。那么另外一个办法是把考分用"微积分"的
办法，微分加积分的办法。例如，一门课程用的是过程考核和期末考
试相结合的办法，总分是100分，假定平时考核和期末考核各占50分，
这两个50分如何得到，要分别设计。例如，平时考核的50分就可以
设计一下。比如说，假设一学期布置过16次作业，那么一次作业多
少分，课程报告多少分，提问时回答问题一次多少分，或者网上回答

问题一次多少分，这也叫微分，这些微分加起来就是50分。哪个环节没有做，就没有分。这样就是不断地给学生分数。文老师说的有个原理我看是可以的，要按照打游戏不断升级的办法，让学生提高学习兴趣，比如平时成绩是50分，那么每一周的得分累积起来便形成总分。既然我们平时成绩的"微积分"管理办法是通过学生逐项完成任务、逐项加分来获取的，那老师们就一定要把平时考核的分数具体由哪些任务、哪些活动来构成，设计出来。老师们不能靠"回忆录"啊，如果没有平时成绩、过程管理的细化，期末时回过头来给学生打印象分，这个平时成绩自然就是"水"的。

（七）作业设计

作业是课堂的继续。因此，做作业这个环节，我们必须非常重视，因为作业是课后学习最重要的环节之一。作业布置后学生做不做，能不能独立地做，会不会应用，都影响做作业的效果，所以我们必须精心设计作业。我很赞成蒋冬清老师说的，作业题目还要筛选一下，不要什么作业、有用没用都布置，要有针对性、有目的性地布置作业，而且最好是全批，因为你亲自批了才知道你的教学效果。如果班大了不能全批，也可由学生助教协助教师批改一部分。所以作业一定要设计，包括一般的作业与所谓的"大作业"、课程报告、课程小结等。这门课要怎么布置作业、布置哪些作业，都要设计好，每堂课的作业也要设计好，而且要和前面的评分结合好，这样才是一步一个脚印。

（八）推荐课外读物的设计

老师推荐课外读物时要设计好读物的类型以及推荐的时间。推荐的读物既可以是课程的参考书、参考资料、思考题、课外作品、杂志、视频，也可以是学生做调查研究需查阅的相关文献资料。推荐的时间可以是课程开始前，辅助学生预习，也可以是课程结束后让学生查资料，研究一个特定的问题。

这八个问题当中最重要的是目标、内容和方法。教育的核心问题仍然是教育质量、个性化和多样化。中国教育要有前途必须个性化和多样化，没有这个是绝对不行的。课程设计和课堂设计是教学的顶层设计，是教学的施工"蓝图"。具体怎么做，怎么发挥你的创造性、主动性，那就看你的教学经验了。学校要求每位老师首先要做"两课设计"，其次是以上八个要素都要有，具体内容是你的自主权，你自己做主，当然，我们的系领导、老教师也要对青年教师进行必要的指导。

二、"翻转课堂"

第二件事就是"翻转课堂"的事。"翻转课堂"的问题我在期末的会上已经讲了，现在有三件事我再明确一下。

第一，学校的要求是什么？我们要求每个教研室本学期必须拿一门课来翻转，同时鼓励每位老师将自己的一门课翻转。我们要设置一个平台，叫"锦城在线课堂"（Jin Cheng Online Course），简称JCOC。老师们"独创"及"拿来"以及改编后的视频都可以放在这个平台上开展翻转教学，今后我们要争取这个平台实现对外开放，将来的考核也可以以点击率或粉丝多少论英雄。

第二，为什么要翻转？我给大家推荐两本书，一本叫《教育正悄悄发生一场革命》，一本是《翻转课堂与慕课教学》。两本书讲了一个重要信息，即以互联网为基础的信息技术以及由此产生的云计算、物联网、大数据等正在催生一场教育革命。这场革命是空前广泛而深刻的，对有些传统的教育模式可能是颠覆性的。我们在这场革命当中不能袖手旁观，必须站在前列，要敢闯、敢试、敢于探索。同时我们要认识到，"翻转课堂"可以充分利用教师自己的和全国、全球的优质教学资源，充分调动学生的自主性，提高教学质量和个性化、多样化的教学水平。

第三，我们要进一步发展和完善计科系等创造的"一个结合、两个再造、三个自主"的"优课"原则。这里讲的"一个结合、两个再造"已经翻转了——线上线下相结合，视频再造和教学过程再造，这就是翻转。当然，我们还要继续扩大范围，创造"翻转课堂"的新经验。

三、政策问题

今年继续增加绩效工资。其考核内容在去年的"教师6条"基础上加上两条，实行加法制。做了的就有分，没有做的没有分。现在是"二进制"，要么是0要么是1，要么是有要么是无。我们是一所年轻的学校，大多数教师是年轻的教师，所以很多东西要用制度、规则来保证。国内外名校的"教学自由"也是经过了制度化这个阶段的，也有一个从"必然王国"到"自由王国"过渡的过程。在这个过程中，一方面我们要用良好的、先进的规章制度来保证我们办学的正规化和高水平，同时也要充分发挥各位教师的主动性和创造性，使我校的教育模式和教学水平走在全国前列。

讲 "锦城" 故事，写锦绣文章，塑 "锦城" 形象

——在全校宣传工作会议上的讲话

（2015 年 3 月 23 日）

今天，就我校如何开展宣传工作，我主要讲两个问题。第一个问题，宣传什么；第二个问题，怎么宣传。我讲一些意见，供大家参考。

一、宣传什么

这本来是一个不成问题的问题。如果是国家媒体，比如《人民日报》，当然是宣传党和国家的意识形态、政策、法规、建设情况等内容；如果是某部门主管的媒体，比如《中国教育报》，当然是宣传这个部门的理念，这条战线的工作安排、部署以及取得的成效等方面；如果是锦城学院的宣传部门，那就得宣传 "锦城"。从大的方面来讲，也要宣传党和国家的教育方针政策，但是更常规的，还是要宣传我校的办学思想、办学理念、办学做法和办学成效。最终的目标是 "外树形象，内聚人心"。

宣传工作是树立和塑造形象的一个工作，也是凝聚人心，鼓劲加油的工作。我上周五给新进教职工分享时说，"锦城" 的形象就是学生的前途，是教师的饭碗。西点军校最重视的就是军人的荣誉。"锦

城"的荣誉也高于一切,"锦城"的荣誉靠大家来创造,有人做得好,也要有人写得好、宣传得好。

"锦城"体育馆

我们首先要考虑的问题就是宣传什么,这是宣传工作的核心。脱离了这个核心,五花八门、各自为政,那是不行的。离开了这个中心,宣传就成了无源之水、无本之木了。我们的宣传工作要以宣传"锦城",树立"锦城"良好形象为中心。

宣传工作看上去是抽象的,实际上是具体的。因为学校的工作是具体的,都是由人和事构成的。我们的办学思想、办学理念、办学特色、办学措施、办学成效、办学声誉,看上去挺抽象,其实都是很具体的。

这里我说一说办学特色,因为宣传工作首先要注意抓住特色。比如说,我们是应用型的办学定位,怎样宣传这个定位?我们艺术系的师生和黑水、金川县的合作,以文化项目促进他们的旅游产业发展。

这不是应用型是什么？你如果把这件事情提高到毛主席在延安文艺座谈会上讲话精神的高度，为人民服务，为社会主义服务，为少数民族地区的发展服务，那就不一样了，对不对？你得提得上高度。又比如说我们学校十分重视创业教育，我相信也有别的学校重视，但每个学校有每个学校的特点，我们学校有什么特点？有些什么样的成果？你得去调查，去鼓动起来。比如说学工部搞了一个创新训练营，我们的同学们做3D打印机、做无人机，还有"最牛发明班"，人人有专利，创新创造都已经蔚然成风了，这难道不是特色？你宣传"三练三创"，就得抓住这些特色。比如文传系的"技术型文科人才"，是属于跨学科培养适应新的传媒环境的人才。还有计科系的"五种人才培养模式创新"，工商系的"以赛促学"，也都搞得很好，都是特色。我们说"锦城课堂大于天"，具体事例呢？哪个老师呢？拿得出具体事例来，拿得出某位老师的事迹来，就叫塑造了典型。我们学校提倡"长板原理"，我们是怎么做的？你要看到学生唱歌唱得好，我们就支持他开个人专场演唱会；学生想做机器人，我们就成立一个机器人研究所；学生想做3D打印机，我们就给他提供工作室，还安排老师指导帮助他，这不是实践"长板原理"的具体措施吗？这些都值得我们去观察、去报道啊。

前段时间，我看到一个对北京大学原党委书记任彦申的采访。他后来到江苏省委当宣传部部长、省委副书记去了，对于思想政治工作，他是很有发言权的。他说："对学生的思想政治教育，中国是用的时间最长，开设课程最多，投入精力、人力、物力最多的一个国家，但是我们效果并不是非常理想！"他回忆思想政治工作，认为效果不怎么好。为什么？他认为有三点。第一点是忽视了中国传统文化的教育，第二点是忽视了对学生进行做人的教育，第三点是忽视了对现代文明社会、文明交往方式的教育。这三点不正是我们学校的优点吗？大家有目共睹嘛！我们就是非常重视优秀传统文化，重视对学生进行做人的教育，非常注意培养学生的现代公民素养。这些都是活生生的啊，关键是看我们抓不抓得住！我想，我们的办学理念、办学实践、办学成果都不是空的，都需要我们的宣传工作者将其变为活生生的东西，这是水的源头、树的根基，宣传工作不能离开这些。

二、怎样宣传

一是会看。搞宣传首先是要会看。要有独到的眼光，发现亮点。这方面一个很好的案例，就是当年穆青对焦裕禄的报道。焦裕禄在兰考县其实只干了一年零八个月的县委书记，直到殉职前也未能彻底改变兰考贫穷落后的现状，然而他带领兰考人民与自然进行艰苦卓绝的斗争，把个人的健康、生命置之度外，留下了许多可歌可泣的事迹。他殉职之后，《河南日报》头版头条刊登了专题文章，《人民日报》也刊登了相关消息，但是并未在全国引起很大的反响。过了近半年的时间，时任新华通讯社副社长的穆青到河南考察，偶然一次机会，了解到焦裕禄的典型事迹，被深深感动了。于是他要"重新报道焦裕禄"。他说："像这样的党的好干部不组织力量宣传出去，是我们新闻工作者的失职！"后来大家都知道了，那篇著名的人物通讯《县委书记的榜样——焦裕禄》轰动了全国，焦裕禄于是也成为共产党员的光辉典型。据说在这个过程中，还有人比较排斥报道焦裕禄，认为这样会给社会主义抹黑，但是穆青却很坚持。实践证明，效果很好。这就叫作有宣传眼识，有魄力。我们身边有没有这些可以报道的事情？我看是有的。比如说，我们这个公益教室，古人说"一屋不扫，何以扫天下"，我们把劳动教育纳入必修课，我们搞公益教室，号召大家的教室大家来布置、来爱护，取得了很好的效果。最近新闻报道说，江西有一所学校，也让他们的学生扫地，但是他们的学生群起而攻之，还引发了一场大学生该不该搞劳动的争议。我们学校为什么能搞得很好啊？你可以说我们的学生干部带头带得很好，像杜靖宇同学，就带了个好头，组织大家搞公益教室。但是我们还有一个理念在这里——劳动光荣，公益光荣。我的地盘我做主，我的事情我自己干，是不是？为什么别的学校做不到的事情我们能做到呢？你要去发现。我刚才说，"锦城课堂大于天"，我们有的老师是真正把课堂做到大于天的，认真备课，认真讲课，认真辅导，认真批作业，认真组织考试，你们为什么不去抓一个典型呢？让所有人都做到"锦城课堂大于天"可能暂时还做不到，但是只要一部分人做到了，就能够带动一大片。关键是我们要用心，要有眼光，去看、去挖掘、去报道。

二是会写。一个好的宣传作品，不仅是技巧的问题，更是一个思想高度的问题，是一个眼光的问题。若只是就事论事的话，就不容易出有深度的作品。思想有高度，作品才能有深度。我们既要把角度选对，又要把一些现象联系起来，揭示这些现象背后的原因。比如说，你单看甘晓芸、余曈、余晟睿、刘亚、程一铭这些同学中的一个，好像也不是很能说明什么问题。但是你把他们联系起来呢？他们有的开个人演唱会，有的制作3D打印机，有的制造机器人，有的出版了18本书……氛围一下子就热闹起来了嘛，就说明我们的"长板原理"育人理念是卓有成效的嘛，就说明学校已经营造出了一个有利于创新创造的良好氛围了嘛。都说办大学就是办氛围，我们的氛围怎么样？是怎么形成这种氛围的？你得去观察、去总结、去解释、去揭示。把情况和道理弄明白了，文章自然也就有了。又比如说我们校友的创业，一样的道理，你光看一个，就是孤零零的，把他们拉在一起，咱们学校还真是人才辈出啊。你看我们那个资阳的"草莓西施"，放着富二代不当，要自力更生，艰苦创业，还要带动父老乡亲致富，很不简单啊。外面的媒体也报道了，但是那是外面的媒体，主要报道的是我们那位校友，没有报道我们学校教育对她的影响，只提了一句"毕业于四川大学锦城学院"。我们和外面的媒体角度不同，我们还得挖掘一下她的创业行为是不是受到了我们学校创业教育的影响？我们学校的教育对她产生了什么推动和支撑？我们是不是还得从人才培养的角度，写得更深一点？

三是会发。我们的油菜花开了，不是发在了《人民日报》的官方微博上去了吗？这件事情，张乾林是做得不错的。我们要发声，没有渠道怎么能行？我们大家都要想办法。现在传媒环境产生了很大的变化，宣传不一定非要砸钱，《人民日报》的微博也在主动寻找热点，对不对？张乾林的推送就很及时、很准确、和别人一拍即合，事情就这么成了，一分钱也没有花。我历来主张大家前门后门一起走，只要不是旁门左道就行，想各种办法，充分利用各种渠道，发出声音，造出影响。

四是会"炒"。我说的"炒"不是"炒作"的炒，而是要把势给造起来，就是要推波助澜，放大正能量。很多事情在可控的范围内，还得适当地炒一炒，要造成舆论，舆论不是自说自话，是大家都来关心、大家都来认同。必要的时候，我们的"舆论部队"要跟上去，我们不是有"红客队"吗？你们宣传部推送了一个微信，说"锦城"的花开了，真美！大家都转起来啊，都跟上去说"这真是一个读书治学的好地方"啊。哪个学校没有花呢？哪个学校不是百花齐放呢？关键看我们怎么做。

花海"锦城"

同志们，我们要学会讲"锦城"故事，讲老师、学生、食堂阿姨、保安大叔的故事。学校的宗旨、理念是办学者提出来的，但是体现这些宗旨和理念的，还是我们的老师、学生、职工。我们报道的主体应该是老师、学生、职工，应该讲他们的故事，把他们的故事讲好了，就把学校的理念、特点讲好了。

我们要重视自媒体的建设，重视对各种媒体的综合利用。不管是学校的官方媒体还是个人的微博、微信，都要重视。我们有很多宣传阵地，得把这些阵地的作用发挥出来，要多建设几个有影响的平台。

我们还要注意宣传语言。在这个大众传播时代，我们的语言腐败问题更突出了。语言也是有腐败现象的。现在的语言，有两个极端是要不得的。第一个极端，就是极端情绪化的语言。有些媒体或媒体人喜欢扣帽子、喜欢骂人，谁说美国好谁就是"美狗"，谁买日本货谁就是"汉奸"——不能这样说吧。现代经济早已全球化了，你中有我，我中有你，是分不开的。不能用这种极端的方式来说话啊。中国是世界上的出口大国，很多国家都购买中国货，照此逻辑，岂不是"美奸""日奸""俄奸"遍地？还有一些网络语言，是不怎么文雅的，我看我们要慎用，接地气是好的，但是不要俗得太过分，大学的宣传阵地不能不辨妍媸美丑。第二个极端，就是极端地不接地气。以往有些媒体的宣传，假话、空话、大话、套话、官话太多。我们注意不要说假、大、空、套、官话，这个是文风的问题，受众不喜欢。我们要生动活泼一点，用现在的话讲，就是"接地气"一点，让大家喜闻乐见。

　　同志们，讲"锦城"故事，写锦绣文章。我盼望着大家妙笔生花，共同塑造出"锦城"良好的形象。

在教育变革的新时代砥砺向前

——在建校十周年庆典上的报告

（2015年5月9日）

今天是锦城学院十周年校庆，首先请允许我代表全校两万名师生员工，向莅临我校校庆的各位领导、各位股东、各合作单位、各位家长和各位校友表示热烈的欢迎和衷心的感谢！

十年，在人类历史上是一瞬间，对一所学校来说也很短暂。但对于"锦城"而言，却极不平凡。这是艰苦创业、充满艰辛的十年；是改革创新、快速发展的十年；是高起点、高标准、高质量成长壮大，后来居上的十年！

今天，当我们欢聚在此，共同回望"锦城"十年来栉风沐雨的发展历程，重温数万"锦城人"奋力书写的十年辉煌历史，我们心潮澎湃，无限感慨，真是"忆往昔峥嵘岁月稠"！

2005—2015这十年，是"锦城"艰苦创业的十年。

在省委、省政府和教育厅的领导下，在省人大和省政协的关怀下，在川大和股东的大力支持下，"锦城"在规模上由小到大，实现了从2005年2000名学生到现在20000名在校生的增长；在招生批次上，实现了由三本到二本再到局部一本的转变；在教育层次上，实现了由本、专科到联办硕士、与国外高校开设"本硕连读直通车"的转变。

可以说，我们是以前所未有的责任感和努力，在较短时间内建成了一所功能比较齐全，基本满足教学、科研和师生生活需要的多学科、综合性的应用型、创业型大学，每年为全国考生提供5000余个接受优质高等教育的机会，为千余名员工提供了富有发展力的就业岗位，为我省和国家的经济建设及社会发展作出了应有的贡献。

今天，当我们庆祝建校十周年这个令人激动的节日时，我们不禁想到这所大学的创业者们——是他们呕心沥血、省吃俭用，克服筹资、贷款的难题，发扬"穷棒子精神"，一砖一瓦建设"锦城"；是投资者高风亮节，十年不收取回报，一心一意支持"锦城"；是社会各界友好人士、友好企业、友好团体，大力支持，慷慨解囊帮助"锦城"。每想到这里，我们"锦城人"都充满了感激之情。在这里，请允许我代表"锦城"师生员工再次向他们表示崇高的敬意和衷心的感谢！

2005—2015这十年，是"锦城"特色办学的十年。

锦城学院建校十周年庆典大会

锦城学院秉承"学校错位竞争，人才分类培养"的指导思想，不走老路，另辟蹊径，坚持应用型、创业型大学的办学定位，积极探索出一条应用型人才培养之路——把"做人第一，能力至上"作为育人的目标和标准；把"明德、知识、实践三大教育"作为应用型人才培养的课程体系；把"课堂、实验室、生产基地、课外活动和网络在线教育五个课堂"作为应用型人才培养的多维空间；把"教学内容、教学方法、教学评价三大改革"作为提高教学质量的手段和动力，充分发挥教师和学生在教学过程中的积极性和创造性。"锦城"师生在长达十年的探索中始终把握了一个基本的原则，即社会需求永远是大学发展的根本动力。所以，我们以社会需求为导向，以岗位职责为出发点，进行了专业设置的"逆向革命"。不管社会风气如何，我们始终在坚持"从严治校、三不放水"，对社会、对家长、对学生高度负责，突出特色，在中华优秀传统文化教育、劳动教育、创业教育、贯彻"长板原理"中体现"锦城"的与众不同。我校"三追两谋"的"锦城精神"就是追求不同，"锦城"的特色就是与众不同，"锦城"的光荣就是与众不同！

爱心人士刘离向锦城学院捐款30万元

　　2005—2015这十年，是"锦城"硕果累累的十年。

　　我们辛勤耕耘，成果丰硕。十年来，我们培养了2万余名综合素质较高的毕业生，我们搭建了学生出口的"四大平台"，所以"锦城"学子能在毕业后实现高就业、好就业，实现就业、创业的"双丰收"。如今，他们勤劳地奋战在祖国建设的各个岗位上。他们有的担任工程师、会计师、技术总监，有的成为项目主管或工程负责人，有的晋升为银行行长、企业高管或总经理，有的在国内外著名大学继续深造，读硕读博，成为学界高端人才。特别值得指出的是，我们的毕业生中约有500人进行创业并且小有成就，这个比例比国内大学毕业生的平均创业率高出一倍！他们的企业覆盖三大产业、各个行业。还有同学正在带领家乡人民共同致富，充分展现了"锦城"学子"达则兼济天下"的高尚情怀！同学们，你们的学长用自己的实际行动实现了"就读锦城，锦绣前程"的美好梦想，我相信，你们也必将延续"锦城梦"的辉煌！

锦城学院十周年校庆展上，机械系学生研发的动感机器人吸引了校友和嘉宾的围观

十年来，我们不仅培养了2万余名毕业生，同时培养了1000余名老师。同志们都知道，师资紧缺是新办大学面临的迫切问题。我们实行老中青相结合、专兼职相结合、业界精英与学界精英相结合，实行内培加外引，以老带新，让中青年教师勇挑重担，加快成长。他们献身于"锦城"的教育事业，把全身心投入"锦城教育"作为第一师德；他们提出网络时代"学生在哪里，老师就在哪里"；他们秉承"锦城课堂大于天"的理念，把教书育人作为神圣的天职。通过近十年的锻炼，他们已经成为我校的骨干和中坚！同时还支援了兄弟院校！

锦城学院十周年校庆晚会

同志们，朋友们，老师们，同学们，回顾过去我们热血沸腾，展望未来我们豪情满怀。过去的十年，赋予我们自信，"锦城"创造了一种被教育界和社会公众认可的教育价值；未来的十年，"锦城价值"仍将不断增值。同志们，让我们怀揣着伟大的中国梦和远大的"锦城梦"，迎接新的更加光辉的十年！

当前，我们正处在一个教育变革的新时代。这个时代充满了机遇和挑战，我们必须高举改革和创新的伟大旗帜，坚定地走在信息化时代的前列！

我们要继续贯彻"三步走"的战略，毫不动摇地为实现下一个目标，即建成"全国一流、世界知名的应用型、创业型大学"而奋斗！

各位领导，各位来宾，各位家长，老师们，同学们，有党和政府的正确领导和关心，有你们的大力支持和帮助，有"锦城"师生卧薪尝胆的精神和努力，我相信我们的目标一定会达到，我们的目标一定能够达到！

贯彻"严"的精神，落实"实"的要求

——在中共四川大学锦城学院委员会
"三严三实"专题教育党课上的讲话

（2015年5月29日）

同志们，按照四川省委和川大党委的要求，我们今天认真开展"三严三实"专题教育学习活动。刚才王副书记主要从宏观层面，讲了一些"三严三实"的大道理，讲得很好，精辟透彻，大家也表示很认同。接下来，我要讲一些联系实际的"小道理"，因为理论贵在联系实际，我们党的思想路线就是一切从实际出发，理论联系实际，实事求是，在实践中检验真理和发展真理，我们开展"三严三实"专题教育学习自然也不例外。

一、贯彻"严"的精神

"三严三实"的核心就是两个字：一个是"严"，一个是"实"。总书记提出"严以修身、严以用权、严以律己"，就是提倡一种"严"的精神，这种"严"的精神，具体到我们学校党委的工作，就是要从严治校，从严治学，从严育人；就是要严格标准，严格要求，严格考核。

第一是要有严格的标准。这个标准是什么？党纪、国法、道德底线以外，还有学校的规章制度。我们谈"严"的问题离不开具体标准，我认为党纪、国法、道德底线加上学校的规章制度，就是我校广大党员干部应该坚持的"严"的标准。

邹广严院长在"三严三实"专题教育党课上讲话

第二是要有严格的自我要求。全体党员教职工要对自己有严格的要求。我们的教育事业要想成功，很大程度上都靠大家对自己严格要求。总书记讲"严以修身"，就是讲要对自己严格要求。譬如说我们学校的行政干部实行的是坐班制，你坐了班没有？坐班的时候全身心投入工作没有？我们能开展不定期抽查，但是却不能天天盯着你，在一定程度上还是要凭大家的自觉。因此，我们既要讲制度，又要讲觉悟。你上了一会儿班就走了，去干自己的事去了，偶尔一趟当然是可以的，天天这样就不行。后勤部动力科的黄平，是负责学校的维修工作的，试想，关键时候我要是找不到他不就麻烦了？又比如宣传部，我下午五点找你们，你们都出去了，去了哪里我也搞不清楚，你们也得事先给我打个招呼呀！各部门的领导，系里面的主任、书记，你们要去哪里也要给我打个招呼、报个备才行，因为这是我们学校的制度规定了的。老师们的师德师风也得靠自觉。为什么？因为师德师风只能规定一个底线，规定大家不能违背这个底线。但是底线之上，你教书育人做到了什么程度，就很难量化了，对不对？大家是不是像那些得"夫子育人奖"的老师那样负责，是不是都那么认真地备课，认真地讲课，认真地辅导，认真地批改作业，底线规定的内容就反映不出来，因此还是要靠自觉、靠党员的觉悟，"革命靠自觉"嘛。有人一天工作八小时，有人不是八小时，而是十二小时或更多，上班想着问题，下班还想着问题，礼拜六、礼拜天也帮着学校去处理一些问题，这就是自觉，就是对自己的严格要求。正如王副书记刚才解释的一样，修身立德都要靠自己，靠对自己的严格要求。

第三是要有严格的监督考核。光有严格的要求还不行，还得有严格的监督考核。前几天还有媒体报道说，英国现代生物出版集团撤销了43篇学术论文，其中中国作者的论文占了41篇，原因是这些论文涉嫌"同行评议造假"，国内的媒体公布了这些作者所在的单位。这个事件首先是一种学术机构的自我净化，然后是一种舆论监督，试想，如果缺乏了这些净化和监督机制，学术的严肃性还能得到保障吗？

总书记提出"三严三实"的要求，我们要紧密联系学校工作的实际，落实到从严治校、从严治学、从严育人上来。同志们，治校要严，松松垮垮办不成好学校；治学要严，东拼西凑写不出好文章；

育人也要严，放任自流培养不出好学生。我们前两年推行"从严治校，三不放水"的举措，就是本着从严的精神；我们提出"旗帜鲜明地批评学生思想中的错误倾向"，反对育人放任，反对搞"尾巴主义"，都是"严"的体现。我们提出的"三不放水"，在部分学生中引起了反弹，少数学生表示不理解，极个别学生在网上胡闹，面对这些情况，我说了我们决不后退、决不妥协。有所谓教育专家说"一切为了学生，为了学生的一切"，我实在不能赞同。前面那句马马虎虎说得过去，后面这句就根本不正确，"学生的一切"里面有些东西是正确的，有些东西是不正确的。如果有学生在网上扬言要在图书馆里装炸药，这种言论或行为倾向还能迁就吗？"教不严，师之惰"啊！孔子说："乡愿，德之贼也。"教育工作者一定要严格，不要想着当谁也不得罪的老好人，那是一种乡愿人格，是对职业道德的伤害。对学生的错误思想、糊涂认识，该指出的要指出，该批评的要批评，真正地"严"起来，那才是对学生真正的关爱。

二、落实"实"的要求

"三严三实"的第二个关键词是"实"。我们做什么事都要落实，落实就是要落到实处，而不是落到虚处。我曾经说过，很多事不是没有想到，而是没有做到；不是没有做到，而是没有做好；不是没有做好，而是没有坚持下去。只有想到了，做到了，做好了，而且能够坚持下去，取得了显著的成效，才算是体现了"实"的要求。

天安门国旗班首任班长董立敢与"锦城"国旗护卫队交流

比如说，大家都知道我们学校的治校之道之一是传统与现代相结合，传承与创新相结合。对于我们老祖宗留下的宝贵精神遗产，不管别人怎么说，我们都是本着一颗敬畏之心来对待的。我们从建校之初就大力推行中华优秀传统文化教育，党的十八大以后，习近平总书记大力提倡弘扬中华优秀传统文化，许多高校这才开始重视起来，而我们十年前就开始行动了，如果我们认真把这件事做好了，是不是就相当于领先了十年？是不是很有成绩？

再比如说劳动教育，我们也是从立校之初就开始的，邓忠君、谢小翠、黄晓霞等，都是当年农场劳动搞得好，受到过表彰，上过电视的。习近平总书记在今年庆祝"五一"国际劳动节大会上的讲话中提出"劳动光荣"，提倡要弘扬劳模精神、劳动精神，我们不一直是这样的吗？劳动一直都是我们学校的必修课，我们从建校之初就对学生进行劳动光荣的体验教育，如果我们一直把它坚持得很好，那不就是更符合总书记的要求了吗？

又比如说我们的创业、创新教育，也是从建校就开始的。今年，中央号召"大众创业，万众创新"，全国高校开始把创新、创业教育重视起来，可我们是在2006年就把创新、创业列为必修课的。我们开发了创业课程，有各种各样的创新特训营，应该说还是做了不少工作，出了一些成果的。把这些事情早早地落实了，现在回过头去再总结，我们不就是领先了吗？我跟大家说，不是年轻的学校就一定比年老的学校差，中国古语说"有志不在年高"嘛。那些办了几十年、上百年的学校也不一定就把劳动、创业当成必修课来上，我们能做出来就是我们的特色，做好了更是特色，但关键是要落实，有实实在在的成绩才行。

还有我们下了大力气抓的"为校风的根本好转而奋斗"，这个怎么落实呢？校风好转体现在哪里？大道理可以列出若干条来，小道理我看就是"看四室"。

党员宣誓

第一看寝室。如果不上课的时间有一半多的人都在寝室抽烟、打游戏，能说是学风的根本好转不？

第二看教室。晚上九点钟，除了上课的教室，其他教室（自习室）的灯都是关着的，能说是学风好不？如果到了晚上十点半的时候，自习室里还是灯火通明，那我们学校的校风好转也就差不多了。我经常讲我以前工作的例子，1980年，我从长钢分厂调到总厂去工作，那个时候，长钢的大楼晚上灯火通明，办公室的灯光是亮着的，为什么呢？因为我们这批调到总厂去的年轻人干劲很足，晚上还在办公室里研究问题呢。那时候大家都在办公室里，可以讨论，也可以到调度室里去了解了解生产情况……所以那个时候长钢兴旺发达，是绵阳地区的支柱企业。后来听说这个灯都灭了，大家都打"双扣"去了，长钢就江河日下了。同样的道理，如果教室里没有人去上自习，如果大学生连这点自觉性都没有，我们的校风就不能以为是好。

第三看实验室。我们到加州理工学院去参观，正好是礼拜六、礼拜天，别人都在实验室里头做实验呢，加州理工的实验室是长时间对学生开放的，星期六、星期天，学生都跟着老师在实验室里做实验。当然，这段时间，我们实验室的情况还是比较好的，机械系、电子系的实验室里，几个小伙子夜以继日地做实验，也出了成果。好！这代表了一种方向。如果说学校大多数人都在实验室里做实验、搞发明、搞创造，你看我们学校又是个什么局面？可以说将是"打遍天下无敌手"。

第四看图书室。王红兵馆长的报告我给大家念一念，我感到有些遗憾：4月份，全校学生借书总量7685本，人均0.53本——这是借书，借来看不看又是另外一回事。平均到馆率3.14次，平均每人每10天才到馆一次。这些数据和别的学校比起来怎么样还不知道，但是我觉得还不能说好。现在大学生读书少是一个普遍的问题，我们去访问一所兄弟学校，到了图书馆，我一看，太小了，就问："你们的图书馆怎么这么小啊？"他说："我们的学生不在图书馆，都到工作点去搞演练了。"大学生怎么能够不读书呢？艺术系的孩子不读书就能当编导？我怎么都没想通。有所学校的一位系主任给我讲："我们的学生就这两下子。"意思是说头一两招还行，但是一深入就不行了，没后劲了。我们可不能培养没有后劲的学生，而要想有后劲就得有底蕴，增加底蕴最好的办法就是读书。

还有我们的教学改革，今年我们提了教师的"6+2"，提了"翻转课堂"，我看有的系做得好，比如计科系搞"翻转课堂"，不仅教师参与，行政人员和辅导员也参与，效果很不错。但是有的系是不是还没有行动啊？我说给大家创造条件，怎么只有文传系找过我？文传系搞得也是很不错的，毛主任还给我送了个简报，说他们在系内进行了评比，评出了一、二、三等奖。搞评比这样的做法很好，大家你追我赶，良性竞争，比着干，也很有利于促进工作的落实。

总之，"三严三实"要求我们既严且实、又严又实，既要有严格的标准，又要抓落实、见实效。各部系都要以又严又实为标准来检查、衡量、促进各项工作，保证将"三严三实"落到实处。

三、"三严三实"与创新发展

我们提出又严又实的要求，最终还是要围绕着学校的改革、创新、发展，一切都是为了促进学校的改革、创新和发展，这是一个基本的着眼点。搞创新，既要有严格的标准，又不能拘泥于某些标准，因为创新就是做还没有规定下的事情。农场的邓忠君拍下了油菜花盛开的照片，招办的张乾林把这些照片推送到人民网的官方微博上去了，人民网官方微博转发了这条微博，造成了正面的影响，学校决定奖励张乾林2000元，奖励邓忠君200元，为什么？因为让农场造成影响的主要是张乾林，他超越条条框框做事，而且取得了实效，这个叫创新。学校要搞宣传，不一定非得拿钱去买广告，拿钱买广告是小学生的水平，现在是要讲不花钱，别人还帮我们打广告，这就要创新。大家要把"严"的精神、"实"的作风和我们的改革、创新联系起来，工作中要有发明、有创造、有思考、有进步，不能像是算盘珠子似的，拨一拨就动一动，不拨就不动，要有能动性。

四、贯彻"三严三实"，基本要求是敬业，关键是认真

贯彻"严"的精神，落实"实"的要求，最基本的是要敬业。在座各位都是我们学校的骨干，学校的命运很大程度上取决于在座诸位，你们要是都以学校为家，想尽千方百计把自己的工作落到实处，做得更好，更加严格地要求自己，我们学校的兴旺发达就指日可待。如果大家连本职工作都做不好，连字都要别人代签，那就麻烦了。以前讲做一天和尚撞一天钟，当和尚总应该撞钟吧？在其位就要谋其政，而且要把这个政谋好才行啊。

贯彻"严"的精神，落实"实"的要求，关键是要认真。美国、日本曾经开展过"无缺点运动"，意思就是要让生产的产品找不出缺点来。为什么很多人都喜欢德国和日本的产品？因为德国人、日本人对待工作严谨、认真。很多事情不是什么高精尖的问题，而是认真不

认真的问题，世上的事就怕认真，而我们"锦城人"应该最讲认真。我们每一个岗位，都要充分践行"三严三实"的认真精神，严格要求，做到零差错、零投诉、无缺点。

同志们，十周年校庆庆祝活动已经告一段落了，"锦城"校史的新的十年已经翻开了，我们一定要以"三严三实"为重要指导，取得新的十年的良好开端，创造更加辉煌的业绩，把我们的竞争者们甩在身后！

当代中华优秀传统文化教育之路

——《中华传统文化经典选读》序

（2015年6月9日）

中华民族是一个古老而伟大的民族。中华民族所创造的绵延五千年、历久弥新的光辉灿烂的文化，一般统称为中华传统文化。

正因为中华传统文化博大精深，包含了儒释道各种学派、历代先贤和学问大家的智慧和思想，具有仁爱、正义的底蕴，开放、包容的特性，几乎不拒绝、排斥新生事物和外来文化，才有了我们民族和人类文明的优秀成果；才有了中华民族战胜灾祸，历经艰险，顽强地屹立于世界东方的恢宏历史。今天，中华传统文化依然是推进我国社会主义现代化建设的强大精神力量。

在改革开放深入发展、中华民族迈向伟大复兴的关键时期，习近平总书记就弘扬和传承民族优秀文化的问题发表了一系列重要讲话。他指出："文明特别是思想文化是一个国家、一个民族的灵魂，无论哪一个国家、哪一个民族，如果不珍惜自己的思想文化，丢掉了思想文化这个灵魂，这个国家、这个民族是立不起来的。"教育部在2014年3月发布的《完善中华优秀传统文化教育指导纲要》中也强调"加强中华优秀传统文化教育，是深化中国特色社会主义教育和中国梦宣传教育的重要组成部分"。这就把中华优秀传统文化的教育提上了中国大学教育的日程。

作为大学教育改革的实践者，我们由衷推崇中华优秀传统文化关于"明德修身"及"立德树人"等的教育理念，把让学生传承中华五千年优秀文化视为大学教育的应有责任。我们一直在探寻将传统与现代有机结合的方式，培养具有中国精神、中国气派和世界眼光、世界胸怀的"经世致用"的人才。党中央的号召和教育部的指示，使我们受到了鼓励、增强了信心。

青少年是祖国的未来、民族的希望，各级学校加强中华优秀传统文化教育，对培养中华优秀传统文化的继承者和弘扬者，对推动民族文化的创新和社会主义精神文明建设的深入发展，具有重要作用。为此，大学应当把中华优秀传统文化的教育，纳入教育改革计划，纳入课程建设目标，加强对其课本化、课堂化、课程化的支持力度。

李海涛教授主持编写的这本《中华传统文化经典选读》，以教育部《完善中华优秀传统文化教育指导纲要》为指导思想，收集汇编了比较经典的散文、诗词、对联、名言、谚语等，配有简要的提示、注释、译文和品读，附录了相关的文化常识，便于大学生学习和社会各界人士阅读。

本书的问世，适应了大学教育改革和社会主义精神文明建设的需要，丰富了应用型大学通识教育教材的种类。其编写宗旨和内容体例的积极意义和重要价值，已经在教学实践中得到了验证。希望此书能够不断地修改和完善，也希望此书能够对兄弟院校的通识教育及广大传统文化爱好者的学习有所裨益。

我相信，坚持深入学习中华优秀传统文化，不仅能够使我们增强对祖国传统文化中哲学思想、人文精神、教化思想、道德观念的理解和认同，进而增强对民族和国家的认同，增强文化自信，而且也有助于我们加深对做人做事原则的理解，进而培养高尚情操，提升人文素质。让我们一起努力，把继承和弘扬中华优秀传统文化的伟大事业推向更高层次。

"锦城"校友要做事业上的佼佼者

——在2015届毕业生毕业典礼上的讲话

（2015年6月24日）

今天我们在这里隆重举行2015届毕业生毕业典礼。首先，请允许我代表锦城学院全校教职员工，对前来参加这次盛典的各位来宾表示热烈欢迎，对为2015届毕业生的成长付出辛勤劳动的各位家长、各位老师表示衷心感谢，并向4523名毕业生致以热烈的祝贺！

同学们，时间如白驹过隙，转眼四年过去了。四年以前，你们怀着对大学的憧憬和人生的梦想，兴致勃勃地来到"锦城"，投入锦城学院这所大熔炉里来。经过四年的陶冶、熏陶、锻炼，你们成长了，长大了，成才了。今天，你们又以优异的成绩毕业了。你们就要离开母校，踏上新征程，在这临别之际，我先给你们讲一个故事。

不久以前，中国邮政储蓄银行进行了一次选拔活动，在全省范围内选拔100名一级支行副行长。这次选拔共有毕业于80所高校的500多人报名参加，经过第三方专业机构智联招聘组织的公开、公正的笔试、面试，以及邮储银行的最终考察，最终有100人成功胜出，我校校友中选15人，占胜出总人数的15%，名列第一，远远高于其他高校。我们把一批国内外名校甩在了后面（排名第二的大学有8人入选，更多的所谓著名的高校只有1人入选），这是我校校友在大型国有企业的竞选中打的一个漂亮的胜仗！尽管这只是一次初步的胜利，只是万里长征迈出的第一步，但是这个事例值得我们深思：我们能从中看到些什么？悟到些什么？可以从中学习些什么？

总的说来，这些校友们的成功，体现了我校"做人第一，能力至上"培养目标的正确，体现了我校应用型人才培养模式的先进，体现了我校"三大教育"在塑造毕业生职场核心竞争力上的显著优势。"锦城"的教育思想、教育理念、教育成就已经被社会所公认，已经被公众所接受，已经变成一面胜利的旗帜！

那么，这些"锦城"校友们的经历，又可以带给我们怎样的启发呢？

第一，扎根基层是成才之基。

人人都憧憬远方，但启程需要从脚下开始；人人都向往高处，可登山还要从低处起步。《中庸》上说："行远必自迩，登高必自卑。"这是自然的辩证法，也是人生的哲学，这个朴素的道理，也在这次邮储银行的竞聘中得到了印证。我校校友脱颖而出的一个共同优势是，他们都具备必要的基层工作经验，他们都是在基层的岗位上历练成才的。

有人或许会说，是不是因为他们进不了机关，迫不得已才下到基层去的呢？事实不是这样的。有一位文传系的女校友，是学对外汉语专业的，她进入邮储银行时，领导给了她两个选择：一个是留在机关做文秘，另一个是下基层做业务员。这位同学主动放弃了坐机关的机会，毅然选择了下基层，从做业务员开始，一步一个脚印，几年间接触了各种业务，熟悉了各项工作。她不是不能留在机关，而只是比别人更加明白基层历练的意义。

中国有句古话，"宰相必起于州郡，猛将必发于卒伍"。纵观古今，真正的领袖，往往都是从基层工作中摔打锻炼出来的。基层是年轻人成长的大熔炉、成才的大课堂、成事的大舞台，基层锻炼让一个人的眼界更加开阔，心灵更加充实，意志更加坚定，经验更加丰富，能力更加过硬，更富有实干精神。党中央十分强调"人才到基层锻炼，干部从基层选拔"的原则，很多知名的大公司都规定高层管理者必须定期到基层锻炼，这些都说明基层是最接地气，也是最能磨炼人、成就人的地方。所以，同学们要敢于往基层去，勇于到前线去，在岗位上经历一些难事、急事、大事、复杂的事，从最生动的一线汲取营养，不断积累自己的实践经验，摔打出一身过硬的真本领。

飞扬青春

在基层工作也许是对心智的一种挑战。你们要耐得住寂寞和艰苦，"天将降大任于是人也，必先苦其心志，劳其筋骨，饿其体肤，空乏其身"，不要因为短期没有见到显著的成效就怀疑自己，动摇信心，早熟的果子往往不容易长大。大树只有深深地扎根土壤，才能又快又好地生长；冬小麦只有经过冰霜雪雨的洗礼，才能酝酿出香甜的果实。同学们，人生也是一样，有时你并不是没有成长，而是在扎根，根若扎深了，叶还能不茂盛吗？等到根深叶茂时，你们就能拥抱到心中的那一片蓝天！

第二，勤奋敬业是成功之本。

你们或许会问，这15名新晋的副行长都是学金融或者财会出身的吗？事实上，有三分之二的人都不是！他们有的是学计算机的，有的是学市场营销的，有的是学行政管理的……很多人都没有所谓的"专业对口"优势，那他们又是如何能在银行工作中出类拔萃的呢？

答案是我们常说的一句话，叫作："干一行，爱一行；钻一行，精一行。"专业不对口并不是什么问题，鲁迅先生是学医的，半路出家搞文学，结果成了一代大家；毛泽东主席是杰出的军事家，然而他却没有上过军事学院。正如我们锦城学院所倡导的一样，拥有持续学习的能力并在实践中不断学习才是最有效的成长，关键是要有敬业的态度，以及刻苦勤奋的精神。

一个企业不一定非要用最聪明的人，但一定会用最敬业的人。管理学大师彼得·德鲁克曾说过："任何一名员工，在公司快速成功的法则只能是'敬业'。"对于一个员工而言，敬业首先意味着勤奋，勤奋就是要付出——付出时间，付出精力。我们中国人有勤奋的传统，所以才能在改革开放以后创造自己的经济奇迹。可见不管是东方还是西方，勤奋都是一种可贵的品德。你们的师兄师姐之所以出类拔萃，有一个重要的原因，是因为他们像鲁迅先生所说的那样，把别人喝咖啡的时间用在了工作和事业上：同事们都下班了，他还在办公室里认真研究明天的工作；同事们喜欢周末出去游玩，他却利用周末的时间恶补金融知识，熟悉各项业务；同事们都说，"这个任务太难了，恐怕不能完成"，他却勇于接受挑战，做正确的事，正确地做事，不讲任何借口完成任务，给公司交上了一份完美的答卷。同学们，就我的职业体会和人生阅历而言，我认为那些总是追求每天按时上下班的人往往都不会有太大的成功。一个优秀员工和一般员工的区别就是你在做梦的时候别人在思考和工作。所以，不要沉迷于做梦，而要珍惜时间，勤勤恳恳地追梦、筑梦、圆梦！

敬业还意味着要勇于负责，敢于担当。敬业就必须爱岗，而岗位首先是一种责任、一种职业的责任。有人曾说过，"人生所有的履历都必须排在勇于负责的精神之后"。"5·12"汶川大地震时，出现了某跑跑，也出现了谭千秋，一个在危难关头置学生于不顾，逃之夭夭；一个在生死抉择之际，用自己的血肉之躯为学生撑起了生还的空间。社会对这两人的评价有天壤之别，这充分说明了负责精神的重要性。

勇于负责不是唱高调，有时候体现在关键时候的抉择，更多的时候体现在细微之处的精神。曾经有人问歌德责任是什么，歌德回答道："责任是一种耐心细致的行动，是一种把你应该做好的日常工作做到最好的充满激情的行动。"这就是我校"止于至善"的精神，也是一种负责到底的持久激情。有了这种负责到底的态度，才能自发主动地工作，才能真正把事情办好。我相信，我们2015届的校友也必将成为爱岗敬业、勇于负责、敢于担当的员工，这样的员工一定能无往而不胜！

第三，忠诚尽责是成就之源。

这些成功的校友还有一个共同的品质，那就是忠诚。

忠诚首先是一种建立在对入职单位的高度认同的基础上，与单位同甘苦、共患难的精神。你们的师兄师姐给你们树立了榜样。邮储银行四川省分行成立于2007年底，这次成功晋级的校友都集中在2009、2010年入职，而他们中的大多数人入职前都曾在邮储银行实习过半年到一年，也就是说，他们基本上都是在邮储银行刚刚成立的时候就入职了。他们和邮储同风雨、共命运，共担创业的艰辛，共享丰收的喜悦，算得上"年轻的元老"。马云曾经说："今天很残酷，明天更残酷，后天很美好，绝大多数人看不到后天的太阳。"什么人能看到后天的太阳呢？一定是那些对企业忠心耿耿，与企业共存亡的人。同学们，企业都喜欢忠诚的员工，朝三暮四不是忠诚，身在曹营心在汉不是忠诚，揩公家的油、占公家的小便宜不是忠诚，吃里爬外更不是忠诚，这些人是始终得不到企业重用、始终不能分享企业发展成果的。但我相信我们的毕业生绝不是那样的人。希望你们能够增强对企业的认同感和使命感，像曾子一样，每日"三省吾身"，首先就是

"锦城"学子在第二届"创青春"四川青年创新创业大赛暨第六届高校毕业生创业大赛中获得荣誉

"为人谋而不忠乎？"从而以一种主人翁的姿态，想企业之所想，急企业之所急，把企业的事当自己的事来干，做忠诚的员工。

"尽己心力以奉公"就是忠，尽心尽力、尽职尽责，把事情做到止于至善就是忠。而要做到这一点，首先要明白工作的意义，我们不仅要把工作当成一种任务、一种嘱托，也要把工作当成一种机会、一种幸运。我们应该感恩我们的工作，因为工作让我们获得了体面和尊严，让我们获得了发展自己、建设家庭的可能。更关键的是，工作会最终决定我们是怎样的一个人。美国的石油大王洛克菲勒说："我们劳苦的意义，不在于我们所获得的，而在于我们会因此成为什么。"欧洲失业的工人在街上游行，打出的标语是"要工作，不要救济"，他们不想成为等待救济的被施舍者，而是渴望通过工作确认自己存在的价值，赢得生命的尊严。所以，我请同学们牢记，从某种意义上说，我们不是在为别人工作，而是为自己工作，如果我们在工作中勤奋、踏实、乐于助人，那我们就会成为一个自尊、自信、受尊重和爱戴的人。加班加点不是表演给领导看的"行为艺术"，而是要让自己变成那个高度负责、奋发图强的自己；止于至善不仅是因为客户的标准严苛，更是出于"锦城人"对至高境界执着追求的卓越传统。在热爱、积极、全身心投入的心态和行动中，你们将会遇见更好的自己！

第四，沟通合作是成事之道。

一滴水要想不干涸的唯一办法就是融入大海，一个员工要想得到长远的发展，唯一选择就是融入团队。同学们，你们在"锦城"受到的重要教育和锻炼之一，就是"三练三创"，就是团队精神，这也是你们在邮储银行的学长学姐们在竞争中取胜的重要因素之一。

作为团队的新人，面临的一个首要问题是如何融入团队。除了尽快了解团队的价值观和文化，熟悉各种规章制度，做到守规矩、讲程序之外，你们还要知道，团队首先是由人构成的群体，融入团队的智慧其实就是人际交往的智慧。你们要牢记"三讲三心"的精神，在工作中讲礼仪、讲诚信、讲感恩。孟子说："爱人者，人恒爱之；敬人者，人恒敬之。"尊敬你们的领导，关爱你们的同事，体贴你们的下属，处处以诚待人，这样，你们就会成为最受团队欢迎的人！

你们要善于沟通。沟通是双方理解的开始，人与人之间的好感是要通过实际接触和语言沟通才能建立起来的。沟通首先要主动，不要怕被拒绝，没有哪位明智的领导和开明的同事会把及时有效的沟通当成是一种繁文缛节，事实上，大多数人会很享受沟通带来的愉快；其次是要有人格平等的意识，这也是学校一直希望传递给你们的价值观，不能趾高气扬，也不必唯唯诺诺；再次是要怀着真诚和善意，即使面临着误会和分歧，你也要用善意去揣测别人，用真诚去化解矛盾；最后，在群体中，最受欢迎的品质是不争功，不诿过，把方便让给别人，把困难留给自己。

当你需要别人帮助时，不要羞于向别人请求帮助，因为这个世界上至少有90%的人都是乐于助人的！而当别人请求你的帮助时，尽自己最大可能去帮助他，因为在这份请求里，饱含了别人对你的信任和期望，不要让这份美好的期待落空！

你们可能暂时不能领导你的团队，但却可以影响你们的团队。希望你们能用自身诚实、善良、乐观、勇敢、坚韧等品质，给你们的团队带去温暖，带去快乐，带去团结和友爱，你们必将在伟大的团队中获得巨大的力量！

同学们，"大匠能与人规矩，不能使人巧"。四年的"锦城教育"

教会你们的，总不外乎是常识和规矩方面的事；我今天叮嘱你们的，也无外乎是一些基本的常识。规矩和常识不能使你们一鸣惊人，但却可以让你们少走弯路，步步为"赢"。

人生就像一场马拉松，笑到最后的人才笑得最好。也许，你们的头顶上没有北大、清华等名校毕业生的光环，但脚踏实地、勤奋敬业将使你们最终出类拔萃；也许，你们的简历里没有那些光彩照人的海归履历，但忠诚爱岗、善于沟通会让你们成为团队中最有价值的人。也许，还有许多"也许"……抛开那些"也许"吧！请满怀信心，坚定从容地投入伟大的事业中去，开创属于你们2015届的辉煌！开创属于光荣的"锦城"毕业生的辉煌！

全面落实"两课设计、一个翻转",
着力培育执行力、创新力文化,
努力提升"锦城"教育品牌的影响力和知名度

——在2015年教学工作会议上的讲话

（2015年7月21日）

老师们，前两天学校开展了各系"两课设计"和"翻转课堂"的自检和互检报告，今天各系又选派了一批老师做汇报，教学督导组唐登学组长从教学督导的角度对本学期的教学工作进行了总结。总体来说，效果比预想的要好，我们"锦城"教师的成长也很快，教师的水平比想象中好得多，上午几位老师的发言，我听了觉得很好，头头是道，而且很有创新精神。

2015年上半年的工作已经基本结束了，我首先简单归纳一下学校上半年工作的五个亮点。

一、上半年工作的五个亮点

（一）招生工作再上历史性的新台阶

财会系审计学（ACCA）在一本招生取得圆满成功，艺术系生源爆满。艺术系所有专业的招生分数线都排在省内前几名，特别是表演专业，排到了第二名，仅排在川大之后，这意味着我们学校的档次和层次又上了一个新台阶。大家知道，我们艺术系的招生分数线原来在省内中游，像成都理工大学等学校多年来都排在我们前面。今年，我们排在了它们的前面。艺术系还有几个新办的专业，比如服装设计、产品设计等，表现也都不错。

众所周知，我们之前制定了一个发展规划，提出了"三步走"战略，就是要在2005年到2025年这20年的时间，奋斗到一本的水平。这次有位考生，外语系冯川主任的亲戚，报考我们锦城学院的表演专业，结果少了1分，没被录进来，后来这位考生被川师录取了。我听了之后很高兴，当然，我也很替冯川老师和这位考生感到惋惜。还有一名考生，考了555分，距我们审计学（ACCA）的录取分数差了一分，也没有录取上。这些挺遗憾又挺高兴的事，都说明了我们招生成绩喜人，更说明了"锦城"发展已经又上了一个全新的台阶。

锦城学院自2005年办学之初，就是本科的高起点，当时是三本；到了2011年，"天花板"（二本省控线）就被捅破了，我们的调档线就突破了二本的省控线；2012年我们在二本招生；今年我们审计学（ACCA）又在一本招生并取得圆满成功。我给大家讲，我们是冒了一次险，我原本想招20人就算成功，招50人我就请系领导吃饭，现在我们招了120人，怎么办呢？今天中午我就请全体老师吃饭，庆祝一下！

不过话要分两头说，我们这边是如履薄冰，省考试院的同志却非常看好我们，一再给我们鼓励说："你们没有问题，没有问题。"可见省考试院对我们学校是很乐观的，他们对我们的估计比我们对自己的估计高。今年我们在一本线招满了120名学生，比我们最初的估计要好很多，因此我们要向章主任领衔的财会系的老师们致敬，向你们学习。感谢你们拿一个专业往一本冲，而且冲上去了，旗开得胜。你们现在要做的是，准备最好的教师、最好的课程、最好的教学设备，把这批一本学生培养好，要把他们当成掌上明珠，绝对不能让他们觉得到了"锦城"吃了亏，而是要让他们认识到，到了"锦城"是明智的选择，是占了大便宜的。

邹广严院长在2015年教学工作会议上讲话

明年怎么办？同志们，有没有勇气再拿出一些专业冲上去。看看谁来干这个事，文传系？计科系？建管系？明年看看我们哪些系的同志们有这份勇气！艺术类专业没有分批次，如果分批次，你们有的专业肯定是一本了！你们的表演专业和川大排在一起，还不够一本吗？但是也不要骄傲，你们表演专业的分数线也是时高时低的，如果年年都和川大排在一起，我就视同你们为一本。这是我们的第一大亮点。

（二）"两课设计、一个翻转"得到了全面的贯彻落实

得益于"两课设计、一个翻转"的全面贯彻落实，我们教师的教学水平和教学质量有了大幅度提高。从前几天各系的检查和今天的教师典型发言来看，至少说明了以下问题：第一，"两课设计、一个翻转"得到了全面的贯彻；第二，老师在这个过程当中，有很多创造发明；第三，各系根据自己的特点进行了进一步的再创造。例如，文传系"互联网+写作"，就是一种再创造。教学首先要备课，备课就得有教案，教案就是做课程设计。我们年轻教师的讲课水平得到了川大专家的认可，川大老专家都说，我们年轻老师的讲课水平，即便是放在川大，也是好样的。又比如说，计科系搞"翻转课堂"也好，搞慕课也好，搞优课也好，都是全体总动员，线上线下总动员，不是老师一方面的事情。老师在课堂上讲，辅导员在下面辅导，系主任亲自带队，检查学生在线下的学习情况。还有，我在 2 月 28 日的讲话中，提到了兴趣设计——兴趣是需要设计的。上午也有老师说了，理论被实践证明了，理论能够解释现实，学生的兴趣就提高了。学生看到了自己的作品，他的兴趣就提高了。有的老师制作课程宣传片，也是为了提高学生的兴趣。在提高学生兴趣这个方面，我们的老师们是有探索的。再比如，有两个老师谈到了时间设计的问题，时间设计还是值得研究的。这两位老师，一位是金融系的魏旭辉老师，一位是机械系的王一舒老师。王老师的研究结果是"学生的注意力，一开始高，中间低，后面又高"；魏老师的观点是前 30 分钟是关键，课程的重点应该放在前 30 分钟，后面的 10 分钟就应该用别的办法做别的安排。这也是一种研究、创造。大家都在积极探索我们的课堂如何才能高效，怎

样最大效用地利用时间，怎么让同学们的精力投入、课堂反应达到一个较高的值。我觉得我们的老师已经开始深入地研究了。

由于大家进一步贯彻了课程和课堂设计，进一步落实了"翻转课堂"，所以我们的教学质量有大幅度提高，刚才唐登学同志也代表教学督导组对我们提出了表扬。我看我们的老师做得非常好，如土木系的王芃、外语系的张娟、电子系的唐泉等。今年上半年我们的老师能够在"互联网+教育"方面，在老老实实抓教学方面，做出自己的特色，这是我们工作的第二大亮点。

（三）简单、朴素的十周年校庆取得了良好实效

我们没有把钱花在那些花里胡哨的东西上，十周年校庆我们召开了校庆大会，举办了一场晚会，给广大教职工多发了一个月的工资。

我们认真总结十年来的工作，特别是提炼出了我们领先的几个领域，比如劳动教育、创业教育、创新教育、中华民族优秀传统文化教育，这是我们的"四大领先"。最近，党中央、国务院非常重视大学生的劳动教育、创新创业教育、中华传统文化教育，我们以前一直默默在做的事情，相当于被党中央、国务院肯定了。这对我们的自信心无疑是很大的鼓舞。现在都在讲"道路自信、理论自信、制度自信"，"锦城"的老师也要有自信啊！邓忠君等同志当年抓农场，开展劳动教育，搞对了，我们一直认为劳动是光荣的，就是要培养学生的劳动自豪感。还有我们的学生杜靖宇同学做公益教室，做对了，劳动光荣啊，别的学校很难做起来的公益教室，我们学校给做起来了，学生争着要搞公益教室，我看很好。别的学校来访问，就问王院长："你们学校怎么能把公益教室给搞起来呢？别的学校一搞，学生就要起来

'造反'嘛。"中国写作学会的专家问毛主任，说："你们文传系怎么能搞出一个技术教研室来呢？传统的文科院系哪里能配几位计算机方面的专职教师？"别的学校搞不起来，我们学校就能搞起来。别的学校想到了不能做到，我们做到了而且越做越好，做到别人都感慨说："'锦城模式'不可复制！"这就是社会各界高度认可了。

所以，通过十周年校庆，我们进一步增强了学校的凝聚力，进一步扩大了"锦城"的影响力，而且我们花费很少。十周年校庆晚会，还是我们计科系05级的校友刘江同学赞助的，而且是全额赞助。我们学校的历史并不长，十周年校庆就有校友反哺母校，一是说明我们的校友发展得很好，有这个能力；二是说明校友和学校感情很好，有不可割舍的精神联系。能够做到这两点，应该说是"锦城"的光荣。

（四）改革、创新气氛浓厚，出现了崭新局面

如果说我校的创新、创造出现"井喷"，可能有些过头，但是今年以来，我们改革创新出现了新局面。除了我们教学上的改革，我们对外参加各类创新、创造比赛，都取得了不错的成绩。另外，各系都有自己的创造发明，你追我赶，争先创新。电子系的3D打印机、无人机，机械系的机器人，艺术系将毕业演出和商业化演出结合起来等，这些都是各系创新的表现。所以在教学的方式、发明创造、参加比赛等方面，大家都在竞赛，你追我赶，我看这是一个很好的新局面，我们还要继续打开局面，做得更好。

（五）变被动为主动，办会、办赛取得新突破

以前，我们基本上是去参加别人举办的各种比赛、会议，现在我

们主动牵头举办一些高层次的大赛和会议，例如电子系组织了全省物联网的会，计科系组织了全省大数据的会，财会系举办了西南地区的ACCA合作与发展论坛，文传系承办了中国写作学会的年会，艺术系承办了全省大学生微电影大赛……我们要逐步形成"以我为主"的学术活动氛围，要把学生比赛开展起来，让其他学校的师生多来"锦城"参加会议和比赛，多邀请知名专家学者来参加。总之，学校发展到今天这个阶段，我们要逐渐在我们各自的专业领域，把旗帜扛起来。

二、下半年要重点做好的三项工作

同志们，以上五点就是学校上半年出现的一些新情况、好情况，涌现出来的亮点。下面我来讲一讲下学期我们重点要抓的三件事。

（一）进一步贯彻落实"两课设计、一个翻转"，努力提高教育质量

尽管我说现在的情况比我预料的要好，尽管刚才教学督导组唐登学组长给予了我们表扬，尽管大家都觉得我们总体上做得不错，但是，我们现在也还存在着发展的不平衡，落实不全面、不深入，衔接不紧密等问题。发展不平衡就是有的系做得好，有的系比较差，比如"翻转课堂"，有的系是百分之百落实了，有的系百分之十都不到，这是不平衡的，或者是虽然大家都做了，但是深入的程度是不同的。

同志们，我今天带来一本书，是上海一个中学写的一本关于教学设计的研究著作，一个中学都能出一本关于教学设计的研究著作，我

们一个大学为什么不能啊？我们提出的八条，我看值得一条一条地来研究。我看了民国时期小学课本教学指南，实际上也是一种教学设计，现在中华书局出版了，获得了很多好评。课程的前面讲什么、后面讲什么、讲多长时间、用什么方法来讲、用什么办法来考试、考题是什么……都说得很清楚。课程设计也是门大学问，入门容易，但是想要精深就难了。课程设计搞好了，就会出精品课。下半年，我们举行一次评比，同样一门课，看看哪位老师的设计做得好，每门课的课程设计都应该出一本书，要把教学设计工作做到位。

计科系网络课堂公开课

唐登学同志表扬我们，说我们锦城学院很重视教学。我们也是在向世界先进水平看齐。英国的教育家纽曼认为大学的主要任务就是教学，后来，德国教育家洪堡提出教学和科研要统一起来。可教育发展到今天，我们国内很多大学始终很难做到教学和科研的统一。所以，我们现在必须明确教学仍然是我们第一号的工作，要把教学工作、教学质量抓到位,教学工作是怎么抓都不过分的。

我还要谈一个观点——中国高等教育的质量还有很大的提升空间。现阶段的教育质量不高,除了教师的原因之外,还在于大学生读书不够、训练不足。

大学生读书不够这个现象在大部分高校普遍存在。锦城学院的情况又如何呢?学生的阅读量肯定是参差不齐的,但是有些现象也令人担心。根据统计数据显示,我们的2015届毕业生里面有不少同学四年都没有在图书馆借过一本书,当然这并不能说明他不读书,因为他可能是自己买书来看,也可能读的是电子书。但是四年不到图书馆借一本书,至少说明这些同学没有利用好图书馆资源,总归不是一个好现象。在引导学生阅读这点上,我们要向文传系学习,文传系要求每位学生在大学四年内,至少要读20本经典,写40篇文章,而且辅导、考核都执行得很到位,少读一本书、少写一篇文章都不能毕业。应该说,措施是得力的,效果也是很好的。

读书不够、训练不足是我们当前必须克服的毛病。前面的20本书要读,后面的40篇文章要写,写就是练。通识教育中心讲英语,一定要让学生练,必要的时候甚至要逼着他们练。艺术系的娃娃也是要读书的,编导专业的学生不读书,能写出好的、有深度的剧本来?各系都要全面重视、鼓励学生多读、多练。通识教育中心要鼓励学生在学习英语时多背、多练,学英文就是背单词背语法,例如李阳疯狂英语就是练出来的;艺术系也要鼓励学生多读书,多读书才能提高素质,多读书才能出好剧本,出好作品。

总的来说,现阶段"两课设计、一个翻转"还远远没有做好,同时所有的设计和翻转都要围绕着一个目标——人才培养。课程设计要注意课程间的相互衔接，防止重复。美国的大学一学期就四五门课，我们的学生有的一个学期十几门课，这中间有没有相互重复，有没有化整为零？课程多了效果就好了？"宁打一口井，不挖十个坑"，我们要坚决避免形式主义，要指导学生把几门核心的课程学精学透，学好练好。"翻转课堂"和课程设计的目的就是提高教学的效果，提高学生学习的主动性，提高教育质量。这个宗旨不能偏离，否则就容易沦为形式主义。

政策方面，下半年实施的绩效工资，重点考核"6+2"。下一步学校要成立两个小组：第一个小组针对"两课设计"的落实进行调查、研究、核查；第二个小组检查"翻转课堂"的情况，每个视频都要看，每个老师怎么做的都要看过，要打分。我可以愉快地告诉大家，今年绩效工资将会比去年增加，但是你得做好，得过关，不做或者没过关就没有。我们将采取"二进制"的方式，要么是1、要么是0，做了的就报上来，没做的也报上来，今年不给系上平均数了，我们要坚决杜绝搞平均主义。这也是笨办法，拿钱买落实嘛。同时，刚才唐登学组长提到的在教学上落实较差的5%的教师，王院长也要组织人事部、教务部约谈一下。你要么改进，要么恐怕只能说bye bye了。全体教师都要努力改进呀，不然就有被淘汰的危险了。

（二）全面落实两个文化——"执行力文化"和"创新力文化"

我们"锦城"十年三大步，能够发展到今天的水平，最主要的原因是我们各部系的同志们有很强的执行力和创新力。今天上午，杨骊老师提到了一位校外专家的疑问："'锦城模式'可不可以复制？"我觉得也可以复制，也不可以复制，关键看对方有没有"锦城"这样的执行力和创新力。

我首先讲执行力。没有执行力是打不了胜仗的。我举一个例子,是反面的例子。大家都知道,国民党张灵甫的整编74师,号称是国民党的王牌之师,被华东野战军围在孟良崮,蒋介石派兵驰援解围。其中有一个整编83师,师长叫李天霞,他和张灵甫之前就有矛盾,所以对张灵甫见死不救,对蒋介石的命令也是漫不经心,派了一个装备最差的团去装装样子。试想,国民党这样的执行力,焉能不吃败仗?结果就是一个王牌师弹尽援绝,水粮俱无,大败于孟良崮,可见没有执行力是要付出惨痛代价的。

学校也要有执行力!执行什么?执行学校集体智慧所决定的那些正确的方针政策。大家都知道,我们每年暑期都要召开中层干部的会议,集中讨论学校的发展大计,讨论完了回来大家就坚决地执行,效果比较好。芝加哥大学第六任校长金伯顿在回顾芝大传统构建时,指出芝大坚持的三条基本原则成就了它的伟大。其中,"第二条是团结和统一。从管理的角度上讲,它能够促进学术繁荣。我们这里没有各自为政的情形,因为知识没有国界"。这里说的团结和统一,当然是指行政概念,而不是学术概念。海尔的张瑞敏把一个濒临破产的小厂发展为全球著名的家电制造大厂,相当长的时间以来就是靠的"执行力文化"。我们"锦城"近年来发展这么快,就是因为讲"执行力文化"。

在执行力的基础上,我们还要有创新力的文化。我们讲的执行力不是机械式的执行力,而是创造性的执行力,比如说我们提倡八项设计,在执行的过程中,有的老师做了"兴趣设计",有的老师做了"时间设计",这些都是创造性地执行任务。执行力也不是"一二一,齐步走"，而是要因时制宜、因地制宜、因课制宜，各系有各系的特点。土木系的课堂创新可以用做模型的方式，外语系做什么模型？所以要在执行力的前提下充分发挥创造性、创新力，各个系都要有自己的特色。我可以这样说，凡是没有特色的院校都是没有前途的。同志们，在现在这种竞争态势下，我们哪个学科、哪个专业、哪个系、哪个学校，没有特色就要灭亡，就要从地球上消失，被"开除球籍"。现阶段，二本、三本合并了，我们四川一百零几所高校，在招生上是一场大混战啊，以今年为例，五十几万考生选择谁？谁有名气选谁，谁有前途选谁，谁有特色选谁！美国人说"不出版就灭亡"，我把这个话借过来用，"无特色就灭亡"。

强调执行力文化，主要是要解决办学正规化、规范化的问题。锦城学院必须是正规化办学的学校，是负责任的学校，是"不放水"的学校。强调创新力文化的问题，是要解决前沿性、创造性的问题。我们可以没有悠久的历史，可以没有"985""211"的光环，但在信息化的大潮中，不可不站在前列；在教育教学改革当中，不可不走在前面。所以，"锦城"的文化应该是执行力文化和创新力文化，两种文化相辅相成，缺一不可。各系要在这个指导精神下开展工作。

（三）全面提升学校的影响力和知名度

我们今年在一本招生，我们要在此基础上乘胜前进，不能停顿，要全面地、进一步地提高我们的知名度和影响力，包括在全社会、各行业、各学科领域内的影响力等。例如我们和达州市的校地合作项目，就是在提升我们在达州的影响力；我们各系召开的行业性学会会议，都是在提升我们在行业中的影响力。我们还要把学生动员起来回到他们的高中母校去宣讲，扩大我们在当地学生中的影响力。

提高学校的知名度和影响力，需要出五种"产品"。

第一，要出人物。每个系都得出人物。例如北京大学在五四时期
就出了一批人物，如李大钊、陈独秀、胡适、辜鸿铭等。北京大学
还真是出人物的地方，张维迎研究《劳动合同法》，提出了许多问题；
还有厉以宁，是改革开放后第一个提出股份制问题的人，以"厉股
份"闻名中国。这些都是北京大学出的人物。有出名的人物才有出名
的大学，我们各系也要出人物，打响知名度。

第二，要出作品。作品的形式可以是多种多样的，既可以是传统
的专著、教材，又可以是工艺设计作品、艺术创造作品。文传系、土
木系、工商系都出版了自己编写的教材，而且还被很多高校同行采用
了，这是很不错的。我们的学生开演唱会，并制作成光碟，那也是作
品。还有我前面讲到的，我们搞课程设计，也应该出些书，形成"锦
城"课程设计方面的作品。总之，要多渠道地将我们的教学成果、学
生成果通过作品的形式展示出来。

第三，要出活动。出一些活动，这方面团委做得很不错，经常搞
些不错的活动。一所学校没有一些有特色的活动是不行的。青年活动
是活动，体育活动也是活动，举办一些学术会议、搞一些比赛都是活
动，活动就是活力的体现。因此要多出活动，增强活力。

第四，要出新闻。现在是个新闻爆炸的时代，没有新闻就没有影
响力。工商系杨泽明老师的QQ空间，在本校和外校都有较高的点击
率，这非常好，值得学习。我们还要在公共新闻媒体，例如在《光明
日报》、《中国教育报》、《中国青年报》、《四川日报》、新华网、四川
在线等主流媒体上出新闻。今年我们的机器人表演、"锦小丽"、校

务会头号议题等都是上了新闻的。各系要和宣传部密切合作，宣传部的责任就是出新闻，各系的责任就是要给宣传部提供素材。

第五，要出故事。每个系都要出点故事，包括系领导的故事、老师的故事、校友的故事、学生的故事，比如说我们的第一台3D打印机是怎么制造出来的，机器人、无人机是怎么造出来的，我们怎么培养了留美博士，怎样破格录取和培养了2009年的"甲骨文考生"等。各系要学会不断地去发现、挖掘"锦城"故事。

总之，要提高知名度和影响力就得做到"五出"——出人物、出作品、出活动、出新闻、出故事。

同志们，下学期我们要重点做好的是以上三个全面的内容，全面推行"两课设计"和"翻转课堂"，全面落实"两个文化"，全面提升学校的影响力和知名度，加快实现我们的发展规划！

坚持立德树人之本，全面推进教育综合改革

——在第十届教学改革工作暨暑期中层干部学习研讨会上的讲话

（2015年8月23日）

这次大家来曲阜、邹城游学，都感到收获很大，听了孔繁鹏先生的讲解，更是很受启发。很多同志能够自己爬上泰山，一览众山小，这很不简单。各系对传统文化、特色专业建设、招生等问题也都发表了自己的看法，接下来，我讲讲我的意见。

一、关于进一步落实中华优秀传统文化学习的问题

我们的传统文化教育要在原来的基础上更深入一步，特别要学习孔夫子把培养人才放在第一位。"君子务本，本立而道生"（《论语·学而》），这里的"本"就是做人的根本，"务本"就是要学会做人，学会做一个有仁爱之心的人。大家知道，孔夫子的培养目标，不是培养一般的技术工匠，而是培养君子。在《论语》中，"君子"一词出现100多次。比如，孔夫子将"仁者不忧，知者不惑，勇者不惧"定义为"君子之道"（《论语·宪问》），说"不知命，无以为君子也。不知礼，无以立也。不知言，无以知人也"（《论语·尧曰篇第二十》）。

所以，我们的传统文化教育，要立足于立德树人。

我们要学习孔子的"中庸"思维方式。子曰："中庸之为德也，其至矣乎，民鲜久矣。"朱子注说："中者，无过不及之名也。""中庸"就是凡事都要注意一个度，要有分寸感，过了这个度不好，做得不够也不好，过犹不及。比如个人好恶这个问题，《礼记》的第一章就讲："爱而知其恶，憎而知其善。"你不喜欢这个人，但是你要知道他的好处；你喜欢这个人，你也要知道他的不好处。这就是不走极端，看待问题有分寸。不像我们现在有些青年人，什么事都喜欢说过头，说不过头好像不过瘾；遇事极端莽撞，经常在网上对国内外事务发表极端的看法；动不动就鼓吹抵制外国进口的货物，抵制出国旅游，股市跌了一定是别人捣的鬼；或者过分膨胀，动辄说"中国出手，欧美傻眼了"，好像地球离了我们马上就停转了。实际是这样吗？这是个危险的信号。"暴发户"心态对内、对外都有不可估量的

邹广严院长在第十届教学改革工作暨暑期中层干部学习研讨会上讲话

影响，对内，会让自己头脑发热，发展建设找不着北；对外，会让自己心态失衡，做出张狂、不理智的行为。我们培养的学生如果是这种思维，将来是很危险的。所以我们现在对学生进行教育，要讲中庸，要讲过犹不及的思维方式，讲看问题要全面、要冷静，做事情要有理、有据、有节。

我们还要讲"克己复礼"。礼就是规范，"克己复礼"，首先是要有"礼"，要有规范。我多次讲本校首先是一所正规的学校，是一所规范的学校，不是想怎么整就怎么整的学校，然后才是创造性的学校。不讲规范，不讲正规作战，大学怎么可能像个大学。我们多次研讨大学怎么来，往哪里去，为什么说大学不是从苏格拉底那里来的，也不是从孔夫子那里来的，而是从中世纪来的？中世纪大学与其诞生之前的希腊的高等教育机构最大的区别就在于它形成了自己的组织和制度，有固定的场所、固定的学科及稳定的教师队伍等。比如，中世纪的大学必须设立文科和医科、法科、神科这三个高级学科的一种，才可以称之为大学。制度、课程、考核、学位这四个因素共同构成了现代大学，它使大学的行会性从此消失，学术组织的特征日益明显。大学的制度化使得高深知识能够在大学里生存和发展，也使得大学发展并延续至今，成为一个接纳来自各地求学者、探求各种学问的国际性场所。一所成熟的大学一定要有成熟的规范。

我们一方面要充分保障学生的自由，保障教师的自由，同时也必须有规范。首先有规范，以后才有发挥。梁启超在给子女的信中曾说："规矩不过是求巧的一种工具，然而终不能不以此为教，以此为学者，正以能巧之人习熟规矩后，乃愈益其巧耳。"学校教的无非都是基本的规矩一类的东西，你要创造发明，掌握了基本的东西再去发明去吧，基本规矩你得懂。小学阶段有小学的规范，到了中学有中学的规范，到了大学有大学的规范，到了研究生又有另外一种规范。老师给博士生上课和给硕士生上课一样，给硕士生上课跟本科生一样，都从 ABC 开始讲起，行不？肯定是不可以的，得有不同的规范。

我们中华民族是礼仪之邦，历来是把做人排第一位的。计科系的毕业生回学校讲，他到了单位，别人对他非常肯定，原因是他在学校受到了传统文化教育的熏陶。我希望通过我们的传统文化教育，能让人明显地感觉到在做人这个问题上，"锦城"的孩子就是不一样。

继续在传统文化教育方面走在前列，这是我们要做的第一件事。原来我们在进行传统文化教育的时候全国都没有动，现在全国已经动起来了，我们就得再往前走一步，不能再停留在原来的位置上了，因为这样就落后了，别人就后来居上了。我们这次让大家学习了《孔子家语通解》《论语诠解》这两本书，下学期开学，大家能不能回去带个头，选择一个题目向学生做关于传统文化的报告，把你们的体会给学生讲一讲。

二、关于特色专业建设的问题

给大家发的第 54 期《锦城活叶文选》中有篇文章是《上海高校专业座次将步入"大洗牌时代"》，该文主要讨论进入"专业为王"的时代后，高校如何竞争。文传系毛建华主任谈了他们关于特色专业建设的意见，其他系也都做了探讨。我的看法是什么事都不能说得太过，学校的声誉仍然是第一位的，但是在"专业为王"的阶段，专业的声誉在今后的招生中可能要上升到一个新的位置。特色专业建设是新建本科院校特色办学的着重点，前些年我们一直在强调特色专业的建设，现在教育厅支持的力度也增大了，拨专项资金支持大家来建设。特色专业怎么建设，我认为有下面几点需要大家考虑。

（一）为什么要建设特色专业？

《教育部财政部关于实施高等学校本科教学质量与教学改革工程的意见》（教高〔2007〕1号）第一次提出了建立特色专业。进行特色专业建设，是高校在高等教育大众化新形势下得以生存和发展的重要手段。1999年党中央决定高校扩招，与此同时，新建院校雨后春笋般出现，高等教育规模实现了超常规、跨越式的发展，但问题也随之出现。潘懋元教授曾分析过现阶段我国存在"重点大学办许许多多大众化教育，把自己有限的教育资源分散了，而普通高等学校，包括新办的高专高职学校，却把建设本科教育、研究生教育，向高科技方向发展定为自己办学的目标"的现状。不论是哪一类高校，多数在专业及课程设置上雷同，个性少，特色少，无论从专业角度还是从人才层次角度看，都难以与不同区域的经济社会发展需求相适应，大学毕业生结构性失业率日趋增加。因此，国家希望通过鼓励高校建立特色专业，引导不同层次、类型的高校根据自己的办学定位，根据经济、科技、社会发展对高素质人才的需求，确定自己的个性化发展目标。

学生文化艺术节

"改革"和"创新"是学校后来居上的两大法宝，我们必须摒弃同质化的发展道路，另辟蹊径。而建设特色专业则是实现我们错位竞争的核心手段。与985、211高校不同，我们的主要任务应是进行专业建设而不是学科建设，因为学科是作为学术活动的平台，其形成、发展遵循的是科学研究的内在规律，其核心是知识的发展和创新，更多的是学术性行为；而专业才是培养人才的教学活动平台，其形成和发展遵循的规律是教育必须培养出适应市场需求的人才，主要是围绕培养目标、课程开发、教材建设、实验室与实习基地建设等内容来展开，更多的是具有市场性特征。因此，要实现我们应用型人才的培养目标，我们必须走特色专业建设这条路。

（二）什么是特色专业？

特色就是我有你没有。比如我们文传系的"技术型文科"，它的特色就在于配备了技术方面的教授，为文科学生开设技术类专业课程。一般说来，特色专业建设在特色选择上，要和其他高校相同专业的特色保持一定的差异性，采取"人无我有、人有我优、人优我精或人优我特"的差异化策略，实行错位竞争策略，以避免正面的竞争。

学生文化艺术节

特色专业从哪里来？特色专业应该从产业发展的方向来建设。第一，特色专业的建设应该适应市场的客观需求。专业不是某一级学科，而是处在学科体系与社会需求的交叉点上，这就决定了大学中的专业会随着产业结构的调整和人才需求的变化而变动，因此，特色专业的建设必须注重与地区经济和产业结构的接轨。比如，德国的沃芬比特尔应用科学大学的一个校区地处德国大众汽车公司总部沃尔夫斯堡，该校在这里专门设立了车辆技术学院，重点培养该地区需要的车辆制造行业的工程师；再比如日本的山梨大学，因为所处的山梨县号称果树王国，葡萄酒产量位居日本第一，因此该校开设了日本唯一一所研究葡萄酒的"葡萄酒科学研究所"，这就是因地制宜办出的特色。第二，特色专业除了要对市场有适应性，还应该具有对市场的预测性，即对未来市场发展的判断与估计。教育部2011年发布了新一批特色专业建设名单，有60%以上是新一代信息技术和节能环保相关专业，这与近几年的市场发展方向很契合。"互联网+"提出后，今年信息技术类的专业普遍欢迎度上升，招生人数和分数双双提升。总之，我们建设特色专业一定要去研究市场发展的走向。

（三）特色专业怎么建？

第一，做好四面八方对外联合的工作。建设特色专业，资源保障是基础。资源相对短缺是我们的劣势，但实际上任何一所学校都不可能什么资源都有，一方面我们要集中现有优势兵力把一个专业办好而不是全面开花，另一方面我们要通过"傍大款"获取更多的优质教育资源。我这里说六点，希望给你们提供一个借鉴：1.与外国大学（机构）合办，如ACCA，吴岚同志讲了南京审计学院，这个学院在20世纪90年代时只是一个专科，用了20年左右时间变成了三部一省联办的重点大学。什么办法？傍"大款"，傍"老外"。它的对外合作做得好，ACCA是他们最早办起来的，现在又跟美国一起办CPA，它的每个学院、每个专业都和国外合作。这个学校有机会我们组织去学习一下，看看人家是怎么办的，专门办个审计学院还能连跳三级，大专跳上本科，本科跳上重点，真的不简单；2.与全国性、全省性学术团体合办，比如文传系和中国写作学会合作成立了"中国写作学会高校应用写作教学创新基地"；3.与世界或国内著名的企业合作，比如德国规模最大的应用科技大学不莱梅应用科技大学（Hochschule Bremen）利用不莱梅区设有空中客车公司工厂的优势，设立航空和航天科技研究机构，并且和汉莎航空公司一起开设了双元制的"航空系统科技与管理"专业；4.由国内外知名教授牵头开办；5.与国外有定向交换生；6.提供在国内外著名企业、机构带薪实习岗位。

第二，必须解决招生排序和学术实力排序不一致的问题。我们建立特色专业必须有强大的师资保障。我上次提出我们招生的排序和学科实力排序是不一致的，让大家讨论。有的招生不错，但是学术实力（学科实力）不行；有的学术实力强，但是招生实力不行。二者不完全相符合，因为家长和学生的认知是有误差的。我再重申一下，特色专业必须由教授或者副教授牵头。特色专业从遴选到建设都与"五名工程"（名教师、名课程、名教材、名成果、名基地）息息相关，名师怎么来？自己培养或"请进来"都行。青年人有很多优点，在讲课方面，比如讲外语，很多青年人比老同志讲得好，包括艺术系编导专业的课，我相信那几位年轻人都不错，但是说实话，你没有几个名教授，大旗子还是扛不起来的。有了名教授，就能建立学术梯队，就会有重点学科、重点专业、重点课程，就能主持重点科研项目研究，这样才会办出特色和优势。各系不能满足于招生的排名，招生的排名和学科的排名要尽量一致起来才行。

第三，明年争取再有两到三个专业冲上一本。今年，财会系审计学（ACCA）在一本招生取得圆满成功，在此基础上，我们明年争取再有两到三个专业冲上一本。文传系说准备明年拿"网络与新媒体"专业去冲一本，计科系说准备拿"软件工程"专业去冲一冲一本，土木系也表了态，这都是很好的。同志们，做什么决策都是要冒险的，完全有把握的事情是很少的，有些因素不在我们的控制范围内。我们能做的就是把我们可控的东西做好，比如像ACCA一样，先列出这个专业的几大突出的优势，同时也要分析竞争的弱势制定弥补措施，冲一本的事情，你们会同招办一起商量谋划。

第四，要全面加强实验室与实习基地建设。现在我们是下最大的力气满足大家对实验室建设的需要，学校发展到了这个阶段，我们要在实验室建设上下最大的决心，需要多少建多少。以前咱们没有钱，现在教育厅给我们批了专项资金，各系需要什么就赶紧提出来，请教务部按照省上特色专业拨款的经费管理要求制定一个详细的文件发到各系，各系能做到哪一条就花什么钱。财政的钱肯定不能乱花，每一分钱都是要接受监督和检查的，必须有规划和措施。

第五，加强对内对外宣传，有计划地进行品牌推广。大家要利用今年招生的效果，对内提高学生的自豪感和自信心，对外提升特色专业的品牌影响力。信心是需要鼓舞的，先鼓舞同学们，他们自然会去给他的同学、朋友宣传。我们要提高专业声誉并且让全体师生认可，让他们进一步去宣传。我们还要逐步进行特色专业的品牌推广，发挥特色优势专业示范、引领和辐射作用，先在校内带动一批相关专业的建设，再向全省甚至全国辐射，逐步扩大影响力。

大家回去以后，都琢磨琢磨，我这个系、我这个专业区别于别人的是什么。比如，我们的表演专业和四川大学的区别是什么，跟四川传媒学院的区别是什么，跟四川师范大学的区别是什么。我们的计科系、电子系和电子科大的相关院系或者电子科大成都学院的相关院系区别在哪里，能不能一下子就说出来。现在你硬要说这个专业只有你有，别人没有，是很难的，现在开设审计学（ACCA）的学校也不少，四川至少有五六家，但是我们学校审计学（ACCA）是有优点的，财会系就能总结出六七条自己的特色来。

特色专业建设以系为单位，你们没有两三个特色专业，一两个也行，比如土木系只有两个专业，有一个王牌也行，有的系有五六个专业，至少得有两个特色专业，我们现在可能也得以专业论英雄啊。

三、关于利用新技术教学改革的问题

首先，在这场互联网推动教育理念与教学方法的改革方面，我们是跟上潮流了的。现在国务院提出"互联网+"，我们先不说加别的，先"+教育"。"翻转课堂"是"互联网+"的一个内容，是以移动互联网为基础的信息技术对教育的促进，或者说对传统教育的促进、补充，甚至颠覆。"翻转课堂"这种形式虽然在2007年前后就已开始出现，但它真正能把自身影响力扩展至全美乃至全球，还是三年以后的事，这和可汗学院的兴起密切相关。可汗学院免费提供优质的教学视频，克服了老师实施"翻转课堂"的重要障碍，大大降低了广大教师进入"翻转课堂"的门槛，从而推动了"翻转课堂"在全球范围的普及。2012年被《纽约时报》称为"慕课元年"，一种被称为"大规模开放在线课程"的教学技术手段在美国应运而生。与以往的网络开放课程不同，慕课强调"互动与反馈"，并且倡导建立"在线学习社区"，与"翻转课堂"结合后又进一步促进了"翻转课堂"在教学内容与教学方式上的改变。所以，"翻转课堂"是一种教学模式的改变，而慕课则为这种改变提供了资源和技术。

锦城学院紧跟互联网推动的教育改革潮流，从2012年开始学习可汗学院，形成"一个结合，两个再造，三个自主"的"翻转课堂"经验，2014年开始重点推行"翻转课堂"。我们认为在这个问题上，我们和重点学校没有多大差距，当然我们没有清华大学的慕课做得好，它加入了由哈佛大学、麻省理工学院联合发起的MOOC平台。但是总体上，在利用互联网技术改造我们的教育方法上，起步都差不多。美国在教育上实施"翻转课堂"也好，实施慕课也好，实施"SPOC"也好，是走在前头的，这点我们得学，大胆地学，学了以后，也可能不那么像，也可能效果不那么好，但是我不相信别人能做得好的，我们就做不好。

其次，搞"翻转课堂"不是为了省钱，是为了促进学生的自主学习。

为什么这么说呢？第一，"翻转课堂"更符合学生的认知规律。知识的内化是一个"零存整取"的过程，是学生在原有知识基础上主动建构的过程。"翻转课堂"中所传授的知识对于每个学生来说，实际是学习了两遍，第一遍是带着问题学习，相当于第一次"零存"；

机械系学生的科技作品成为校务会"一号议题"

第二遍是在集中解决知识重难点中学习，相当于第二次"零存"，知识就是这样无声无息地在学生的大脑中进行了建构。"翻转课堂"的这种渐进式的知识建构策略分解了知识的难度等级，让学生在几个不同的时间、场合、层次上接触知识，可以更有效地促进学生对知识的理解和掌握。

第二，"翻转课堂"还有助于构建新型师生关系，减少学生对老师的依赖，养成独立学习的习惯。列宁说："千百万人的习惯势力是最可怕的势力。"大家说得对，我们的学生习惯了上课听老师讲，听完讲就下去做作业，或者下去背，背完以后应付考试，考试完了拿个文凭就得了。要打破这种学习习惯很难，但是这一关我们总是要过的，不能说离了老师，学生就找不到北，老师上课不从头讲到底，就觉得这课好像跟没有上一样。"翻转课堂"使教师从传统课堂中的知识传授者和课堂管理者转变成为学习指导者和促进者，学生则由被动接受者转变成为主动研究者，这样一来学生依赖教师的心理弱了，把被动学习变成了主动学习。

最后，我要讲讲"翻转课堂"的设计。"翻转课堂"的设计必须有学校层面的顶层设计。考虑到"翻转课堂"是一个新事物，教师和学生接受都有一个过程，所以我们要本着循序渐进的原则试着做。今年要求每个教研室翻转一门课，明年要求每个教师翻转一门课。今年也可以翻转一门课的一部分，明年则要翻转一门课的全部。总之，在教育信息化、现代化的问题上，我们要敢于试、敢于闯。

具体到每门课程的设计，我认为要解决三个问题：第一，资源准备，老师根据课程内容分解知识点，组织视频；第二，设计和布置教学过程，将视频上线并指导学生线上学习；第三，组织线下学习，包括线下学习的组织形式，时间安排，讨论、互动的主要问题，必须达到提高学习质量的效果。

搞翻转是要付出劳动的，在总课时量不变的前提下，允许大家重组或变动线上线下教学的班次大小、时间长短、考试办法等，最终以学习效果论英雄。

这件事就是要做，鼓励做，探索着做，实事求是，以促进学生自主学习为主，提高教育质量为主。我们要让别人看到，我们锦城学院是一个跟上时代潮流的学校，我们绝对不落后于时代的潮流。

四、关于提高学生学习强度的问题

天津大学的校长、南开大学的校长都说现在的学生学习强度低，他们两家都是"985""211"，他们都认为低，我们呢？说实话，我也觉得低。

在美国，通常每学期学生只选几门的课程，但这就让学生忙得够呛了。一般来说，每门本科课程大约有两个作业，其中一个是大作业，这些作业一般都要求写成论文，而且要在课堂上发表你的观点；每门课大约有三四本书的阅读量，这些阅读材料老师上课要讨论，每个人对阅读的理解也将计算在这门课的成绩之内；本科生一般期中或期末还有个闭卷考试。也就是说，一个大学生如果每学期选两三门课程，阅读量就要在十本书左右，论文至少要写七八篇，这意味着每两个星期要写一篇论文，而差不多两个星期就要读一本书。我们的大学呢，平均一学期要选十几门课，但是学习强度却不及每学期平均几门课的美国高校学生。全国统计显示，大学生四年以内，没有借过一本书的占6%，借了五本以下的占31%。这是全国的数据，我们比全国的数据还糟。我们的2011级毕业生平均借书14.7册，大学四年一本书都没有借的有925人，占19.8%。学生没有借纸质书，可能是下载了电子书，也可能是习惯于自己买书，这个不能说明他没读书，但是一本纸质书都没借的人占了接近20%，这个比例比全国平均比例高。学生的学习量不够、阅读量不够是个大问题，这个问题我再三提出来，这是一个没有解决的问题。

我在这里提两条，剩下的留给各系自己做文章。

第一是减少课程门数。白助理刚才说督导老师们反馈说我们的课程内容有些重复，一些是几门课程之间的重复，一些是一门课中教学内容的重复。同志们，老师花大量时间教重复的东西，同学们再花大量时间去学，这怎么会有效果呢？为什么重复？就是没搞好设计，如果设计上写得清清楚楚，哪里重复一看就看出来了。所以我们要通过课程设计把这些都找出来，重复的都整合在一起，该不要的就不要了，大家回去清理清理，整顿整顿。

第二是增加课程的深度。我们现在是课程门数虽多，但学生学得浅。上面我讲了要减少课程门数，并不是要减轻学生负担；相反，我们要通过增加每门课的深度，促进学生更加投入学习。我开玩笑说，推广毛建华那个"笨"办法（要求学生四年必须读20本书，写40篇文章），这可能是一个有效的办法，当然也还有别的办法。每门课的阅读量必须保证，既要读学科前沿的资料，又要读交叉学科的资料；既要读专业课程的资料，又要读通识课程的资料。这些资料可以是书，可以是视频，也可以是论文等，并且既要输入，也要输出，要尝试着写论文和报告。

怎样能够提高学生学习的积极性，提高学生学习的强度？很多问题要留给各系自己做文章。你们各人有各人的办法，是各显神通的时候了，总的目的是促进学生自主地学习、自觉地学习、有强度地学习，不能到了外国才努力，在自己国家就不好好学。学工部的工作、青年团的工作，都要围绕着根本改变学风的问题开展。学生学习的积极性、学习的强度既和自觉性有关，也和学校的风气、学校的制度有关，和老师的教学方法有关，也和学校考核的制度有关，把握这些因素，一个个突破，应该会有效果。

弘扬中华优秀传统文化这件事我们要继续做，并且要提高到一个新高度去做，继续走在前面。特色专业建设是我们接下来工作的重中之重，大家在思想上要高度重视，在行动上要积极筹划。今年的绩效工资，基本工资加奖励，课程设计必检，成立以白助理为领导的课程与课堂设计考评小组，成立以熊部长为领导的"翻转课堂"考评小组，鼓励申请"翻转课堂"，做了的自己申报，做得好的给予鼓励，没有做的就是没有做，今年不加分也不扣分。希望大家回去认真研究，积极行动，全力以赴迎接新学期！

撑起"锦城"岁月的一片天

——在2015级新生开学典礼上的讲话

（2015年9月7日）

今天，我们在这里隆重举行2015级新生开学典礼，我谨代表锦城学院全体师生员工向进入锦城学院学习的新同学表示热烈的欢迎和衷心的祝贺！向辛勤培养你们的家长和老师们表示诚挚的敬意！同时，我也借此机会，向长期以来关心我校建设和发展的各位领导、各股东单位、奖（助）学金设立单位、用人单位、友好合作办学单位表示衷心的感谢！

同学们，你们怀着对大学的热切向往，以及对未来的美好憧憬，从祖国各地汇集到锦城学院。你们的到来给"锦城"注入了新鲜的血液，使这所本就活力无限的大学更加生机勃勃。从今天开始，你们就成了最年轻的"锦城人"，欢迎你们加入这个光荣的大家庭！

今天的开学典礼是你们大学生活的起航，对于锦城学院来说，也具有继往开来的特殊意义。首先，我们迎来了学校历史上第一批在一本批次招收的学生，他们即将进入审计学（ACCA）学习，他们之中文科最高分593分，理科最高分585分，文理科平均分均高出省控一本线16分。其次，今年我校在四川省内的所有专科考生的考分都上了二本线，学校已经制定了相应的规划和措施，能够给专科同学提供优质的教育和光明的前途；第三，在今年的艺术类招生中，在不分批次、录取规则相同的省内院校排名榜上，我校表演专业位列全省第二，美术类四个专业全部进入全省前三名。总之，在省委、省政府的领导、关心、支持下，"锦城"今年的招生工作打了一个漂亮的胜仗。今日之"锦城"，群英荟萃，才俊云集，能够得天下英才而教育之，是"锦城"莫大的光荣和幸福！

锦城学院2015级新生开学典礼

回顾我们的校史，从2005年建校至今，仅用十年时间，锦城学院就实现了从三本到二本再到部分专业进入一本的"十年三大步"的大跨越。能够取得这样良好的成绩，除了要归因于党和政府的正确领导，以及各股东单位、用人单位和四川大学的大力支持以外，还在于锦城学院坚持办学的高水准和发展道路的差异性，在于师生员工高度负责的精神和严谨向上的校风，在于广大考生和家长用志愿书当选票的认可和信任……这些因素推动了"锦城"在攀登名校道路上的节节高升,"锦城"的发展日新月异,同学们的未来定会更加光明!

同学们,你们选择"锦城"是非常正确的决定。这里"做人第一,能力至上";这里既讲严格,又讲宽松;既讲秩序,又讲自由;既讲传承,又讲创新;既有忠孝、仁爱之气蕴,又有科学、民主之风尚。在这里,你们将感受到老师们治学的严谨、执教的认真,将体验到慕课、"翻转课堂"等时代前沿的学习方式,将在"八大教学法"带给你们充满挑战和趣味的课堂里体会到学习的艰苦和快乐。你们将在美丽的农场挥洒汗水,感悟春华秋实的生命律动;将走进创新、创造、创业的广袤天地,得到吃苦耐劳、组织纪律、团队精神、职业素质等多方面的训练;你们将得到学校的充分信任,尝试自主学习、自觉实践、自律管理。我们不怕你平凡,就怕你没有特长,你们将被鼓励发现、发展、发挥自己的长板,在一次又一次人生出彩中坚定自信,并最终重新认识你自己……

同学们,你们期待已久的大学生活的画卷就要打开了,你们将在这画卷上描绘自己人生大厦的蓝图。一切大厦都需要坚强的支撑,正如锦城学院用"大师、大楼、大好风气"三根支柱撑起了一片天一样,作为"锦城"学子,你们又将用什么撑起自己大学生活和未来人生的一片天呢?我建议你们树立起"三根坚强的支柱"。

第一根支柱——积极主动的学习。

你们初入大学,面临着从中学到大学,从考生到学生,从被动学习到主动学习的转变。没有了紧张的升学压力,远离了父母的耳畔叮咛和老师的时刻督促,你们的当务之急是要学会积极主动地学习。

全体新生诵读《锦城学子铭》

怎样才能积极主动地学习呢？首先是要树立远大的理想，只有远大的理想才能产生强大而持续的动力。第二是要制定清晰的目标并分解执行，因为目标让人拥有方向感和计划性，而将目标分解执行则是化整为零、积小成为大成的有效方法。第三是要建立良好的兴趣和爱好，因为正如爱因斯坦所说："兴趣是最好的老师。"只要你们真正树立了远大的理想，制定了清晰的目标，培养了良好的兴趣爱好，你们就会拥有投身学习的巨大热情和持久动力。

无论古今中外，学习都没有太多的捷径可走，想要学有所成，就必须保有对学习的饥渴感并高强度地学习。美国高质量高等教育研究小组曾在20世纪80年代做了大量研究，最终得出结论认为，学习者在学习过程中投入的时间、做出的努力越多，对他们的学习安排得越紧，他们的成长就越快，收获就越大，对他们的学习生活就越满意。这个理论指导美国高等教育至今，也成为当今世界高等教育的主流理论。我曾率领代表团到加拿大和美国的大学访问，亲眼看见了英属哥伦比亚大学（UBC）图书馆周六时的座无虚席，也在参观加州理工学院的时候得知他们的大学生不会因周末而终止实验室里的工作。放眼全球，几乎所有高水平大学的学生都是积极主动投身学习的。当然，"锦城"也不乏这样的典范。财会系的李彬同学在两年内就通过了ACCA全部考试，这在全球都是少见的，另外8名同学也仅用了两年半时间就通过了14门课程。文传系程一铭同学在顺利完成学业的同时，出版了自己的18本文学作品。电子系余晟睿、机械系刘亚同学带领着他们的团队，夜以继日地在实验室里编程、组装、调试，制作出广受好评的无人机、3D打印机、机器人等科技作品。还有财会系的郭书婷同学，在校期间从图书馆借阅的图书多达400册，成为"锦城阅读之星"……他们取得的成绩不尽相同，但他们的积极主动、专心致志和全身心投入学习却是相同的，也是和世界大学生投身学习的主流相一致的！

同学们，你们进入大学，不是辛苦的结束，而是拼搏的开始。你们正处在人生的黄金时段，在这一时段，你们的精力最充沛，思维最活跃，学习时间最集中，也没有工作、家庭、社会等负担，这样的光阴岂可虚掷？抓紧时间，投身学习吧。"莫等闲，白了少年头，空悲切！"

积极主动地学习，意味着你们要在学习活动中投入更多的时间、精力和努力，意味着你们要对外界和内心的各种干扰说"不"，意味着你们要对自己严格要求、严格管理。希望你们在一次次自我挑战中，向着学业的高峰努力攀登，一直达到光辉的顶点！

第二根支柱——独立自由的思考。

邹广严校长检阅新生军训成果

"学而不思则罔",这是我们历代相传的治学体会。大学教育不是给你们提供标准答案,而是教会你们思考;不是要消灭你们头脑中的问题,而是鼓励你们提出和探索更多的问题。锦城学院鼓励你们勇于提问、敢于质疑,鼓励你们独立自由地思考。

独立思考是人精神自立的起点,也是一切创新、创造的基础。它要求我们"在肩膀上长着自己的脑袋",不迷信权威,不盲从流俗,不人云亦云,不跟风起哄。你们要培养自己批判性思考的能力,凡事多问是什么、为什么、背后的原因是什么、应该怎么办……"双眼自将秋水洗",不被那些表面性的、有误导性和迷惑性的东西所欺骗,养成质疑的精神、审慎的品格、深刻的洞察力和独立的分析判断能力。

牛顿是物理界的权威,他认为光是由一道直线运动的粒子组成,这个观点统治了整个18世纪。1801年,英国物理学家托马斯·杨站出来质疑牛顿的理论,他说:"虽然我仰慕牛顿的大名,但我并不因此认为他是万无一失的。我遗憾地看到他也会出错，而他的权威有时甚至阻碍了科学的进步。"托马斯·杨用著名的双缝干涉实验证明了光的波动性质，推动了人类对光本质的认识。作为独立思考的典范，托马斯·杨有三点值得我们学习：一是不迷信权威的质疑精神，二是大胆假设、小心求证的科学精神，三是质疑时的翩翩风度。他没有唯唯诺诺，也没有盛气凌人，而是在充分尊重前人的基础上，不卑不亢、心平气和地表达自己的观点和看法。这三点都值得我们认真学习！

锦城学院历来以追求事实、追求真理为基本精神，也历来提倡"独立之精神，自由之思想"。正如许多优秀的教育家都认为学校应当始终把发展独立思考和独立判断的能力放在首位一样，"锦城"也鼓励你们在学术上无拘无束、奇思妙想，发前人之所未发，想他人之所未想，道时人之所未道，做别人之所未做……这样，你们就将成为与众不同的创新者和引领者！

第三根支柱——尊重包容的品格。

大学不仅要努力学习新知、发展理性，更要砥砺品格、提高修养。你们要做未来世界的合格公民，首先要养成尊重和包容的品格。

对人的尊重是世界各国、各民族普遍遵行的道德准则。中国是礼仪之邦，素来讲究尊人敬人。《礼记》开篇就讲"毋不敬"，意在告诫人们要常怀一颗尊重之心。人生而平等，每个人都应受到最基本的人格上的尊重，这种尊重不因地位高低、成就大小、金钱多寡而不同。我们对人的尊重不在别处，就在日常的言谈举止和待人接物中。最能体现尊重精神的莫过于礼仪，孔子说"不学礼，无以立"，这句话到现在也不过时。同学们要常怀对他人的尊重，学好礼仪，从见面时的一声问好、一个微笑做起，从整洁的仪表、得体的言行做起，从换位思考、谦虚礼让做起，在日常行为中养成尊重他人的良好习惯。

2015 级新生军训汇报表演

我们还要学会包容。世界是多样性的统一，因为相互间的不同而丰富多彩。如果只有一种声音，就不会有悦耳的音乐；只有一种颜色，就不会有绚丽的彩虹；只有一种味道，就不会有可口的佳肴。现代技术的发展使人与人之间的时空距离缩短，世界成了"地球村"，不同肤色、不同语言、不同种族、不同价值观念、不同风俗习惯的人们成了"邻居"，成了命运的共同体。面对彼此间的不同，时代呼唤包容的精神！

什么是包容？包容就是章士钊先生所说的"不好同恶异"，包容意味着尊重他人的信念，爱因斯坦曾说："为了使每个人都能阐述自己的观点而无不利的后果，在全体人民中，必须有一种宽容精神。"西方大教育家赫胥黎也曾指出："理想的大学应该是个学术思想不受任何束缚的地方。"你喜欢红色，但要容许蓝色的存在；不同意别人的观点，但要尊重别人发表观点的权利；有自己的信仰和立场，也要尊重他人的信仰和立场。"万物并育而不相害，道并行而不悖"，世界因包容而美好，人格因包容而伟大！

我们中华民族素有"和而不同"的胸怀，大学也特别讲求"兼容并包"的精神。同学们要学会包容世界的多样性，包容不同的观点和声音，包容他人的缺点和过失，学会相互理解、相互尊重、求同存异、和而不同。正如费孝通先生所说的一样："各美其美，美人之美，美美与共，天下大同。"

同学们，投身学习是学业的攀登，独立思考是思维的锤炼，学会尊重和包容则是道德的涵养。希望你们不忘初心、身体力行，真正树起这三根坚强的支柱，撑起你们的"锦城"岁月和未来人生的蓝天！

迎难而上，稳中求进，
全力以赴保障就业工作的顺利开展

——在2016届毕业生就业工作会议上的讲话

（2015年10月23日）

今年的毕业生就业工作会，我重点讲两方面问题。

一、就业形势日渐严峻

据不完全统计，2016年全国高校毕业生在770万以上，加上海归潮及尚未就业的往届毕业生，2016年全国预计有1000万大学生要加入就业大军。因此，2016届高校毕业生的就业形势将更加复杂，也将更为严峻。

在我国，造成当前劳动力市场形势不太乐观的主要因素有三个方面。

（一）大型企业产能过剩

目前，大型企业面临着转型的难题。无论是钢铁、建材、煤炭化工、机床等传统行业，还是太阳能、光伏、风电等新兴产业，均未能避免。2014年，四川省大型钢企川威集团、黑龙江最大钢企西林钢铁集团等，相继传出面临破产重组窘境的消息；今年3月下旬，攀钢集团成都钢钒有限公司变相裁员1.6万人。不但这类大型企业开始裁员，一些大中型企业和传统事业单位由于转型发展或编制控制，人员需求量减少，公招性岗位的招聘数量也在缩减。

（二）中小企业面临资金链断裂及供需市场结构性矛盾

当前阶段，我国经济面临着深刻的结构调整，中小企业的发展压力较大。一方面，多次上调的贷款利率给中小企业的资金带来了严峻考验，融资难度进一步加大，资金链断裂的风险较高。据了解，在温州，已有部分中小企业无法从正常渠道借贷，即便是现在的香饽饽"互联网＋"行业。而中小企业因资金链断裂关门之后，他们创造出的就业岗位也随之消失。另一方面，一些中小型民营企业虽需求旺盛，但需求层次也在不断提高，供需市场的结构性矛盾进一步加剧，求职的人虽多，但符合企业需求的高素质技术性人才却供不应求。

（三）投资回报率降低导致投资不断下降

从2015年二季度国民经济数据看，投资增速回落过大。在一季度，投资增速比去年同期下降13.5%，5月份投资同比增长又降低11.4%，累计投资同比增速连续第11个月放缓，为近十五年来最低值。从外部看，压力来自全球经济复苏疲弱，特别是美国一季度增速下降。从国内看，则是内需不足，消费偏弱。一是工业和房地产等领域出现的"产能双过剩"的形势虽有好转但尚未根本好转。以高速公路为例，4万亿的高速公路投资到中西部，产生了新的产能过剩。尽管在建设高速公路的过程中，可以消化钢材、水泥等物资，但是当高速公路建好之后，这些物资仍然没有被消化完，相反还形成了高速公路的重复建设。二是新的增长点尤其是重大科技创新还没形成大规模产业化浪潮，新的主导和支柱产业仍在孕育之中。最近的外商投资数据表明，外国公司在中国的处境正变得更加艰难，投资回报率下降，已经有些公司开始从中国市场撤退。

二、认清形势，积极应战

基于当前全国的经济形势和就业形势，我们的就业工作怎么开展，怎么积极应战？

（一）放下身段

在现在这种形势下，我们的毕业生在就业时一定要找好心理定位，明确择业就业观念，正确估量自己，不要好高骛远，要实际一些。很多学生刚毕业，就想找稳定的、工资待遇好的工作，这本来就比较难，更何况是在现在的这种就业形势下。因此，毕业生一定要学会放下身段，踏踏实实，一步一个脚印，不要有一步登天、不切实际的幻想。我们现在的毕业生，都想去当公务员、去大型国企，还得是坐办公室，下基层就不愿意。首先，有的专业本身就具有特殊性，像土木建筑类的学生到基层去，到偏远山区去，这本身就是工作性质所决定的，即便是清华、同济毕业的学生也要去。学农林相关专业的学生，即便是进了研究院做研究人员，那也都是要去基层锻炼，实地做考察研究的，你坐在办公室就能知道核桃是怎么长出来的吗？

邹广严院长在2016届毕业生就业工作会上讲话

其次，毕业生选择中小城市、基层、中小企业或新创立的企业就业，不是选择了一条弯路，而是选择了一条更多元的路、更大的平台。为什么这么说呢？纵观古今，真正的领袖，往往都是从基层工作中摔打锻炼出来的。在基层锻炼几年基本可以遍历各种业务，熟悉各项工作。党中央十分强调"人才到基层锻炼，干部从基层选拔"的原则，很多知名的大公司都规定高层管理者必须定期到基层顶岗，这些都说明基层是最接地气，也是最能磨炼人、成就人的地方。前不久，中国邮政储蓄银行进行了一次选拔活动，在全省范围内选拔了100名一级支行副行长。这次选拔共有毕业于80所高校的500多人报名参加，最终有100人成功胜出，我校校友中选15人，占胜出总人数的15%，名列第一。我们为什么能获得这么漂亮的成绩？因为招聘条件中有个要求是必须具备基层工作经验，我校校友脱颖而出的一个共同优势是他们都具备必要的基层工作经验，他们都是在基层的岗位上历练成才的。

因此，我校的毕业生要转变就业观念，不要好高骛远，要放低求职"身价"，乐于吃苦奉献，这也许是"90 后"们在求职中减少碰壁概率，实现顺利就业的出路之一。

（二）巩固阵地

为了千方百计促进学生好就业、就好业，学校为学生搭建了校地、校会、校企、校校的"四大合作平台"。平台是搭起来了，怎么维护平台？这很大程度就要靠我们毕业生的口碑了。

第一，必须保障信誉。当前，一部分学生对就业形势的认识还很不足，不在乎也不珍惜学校给他们创造的就业机会。比如说之前，我们千方百计地给学生联系了华西集团，这个单位原则上是只招"985""211"毕业生的，结果一听说员工要去基层锻炼，我们的学生就不愿意去了，去的人都走了，这怎么行？今年华西集团就不来我们学校招人了。如果我们的毕业生签合同的时候出尔反尔，工作了以后不服从组织安排，这影响的不只是单位对你个人的看法，还有对这个学校的看法，这之后的学弟、学妹的求职之路可能就被这些不负责的行为堵住了！所以，就业部要制定政策，约束毕业生出尔反尔、脚踏两只船等不诚信的行为。在签订"三方协议"前，你可以挑，但一旦签了协议，就不能随便毁约。

第二，不断提高质量。学校要进一步加强"就业市场认可度"和"毕业生满意度"的跟踪调研，通过对用人单位深入走访、专题研讨等形式调研一手信息，一是了解往届生在单位的表现，二是对就业市场的需求进行把脉。通过这两方面的信息对我们的培养模式做出调整，力求保证我们毕业生所具备的知识能力跟用人单位的需求有较高的匹配度，这就跟商场卖东西一个道理，顾客第一次走进你的店可能是因为你的宣传很到位，第二次再走进你的店那就得靠你商品的质量了，质量好才会有回头客。

（三）开拓市场

就业市场的开拓要结合学校办学定位，瞄准重点区域、重点行业、重点单位和重点项目，坚持"请进来、走出去"的方针，在拓展西部就业市场的同时，围绕"珠三角""长三角""环渤海"等多条线路拓展全国就业市场；积极关注国家产业结构调整和转型升级态势，主动对接战略性新兴产业、高新技术产业、现代服务业、文化产业等产业领域和国家重点项目。

锦城学院2016届毕业生双选会

第一，健全校系两级就业市场培育机制，充分挖掘管理干部、指导教师的资源优势。就业部和各系部要通过历年毕业生就业数据，结合近三年毕业生就业去向及分布情况，确定学校毕业生就业市场开拓的重点地区和重点行业，调动全校教职工充分利用假期，紧密结合学生意愿和学科专业特色奔赴各地区开拓就业市场。

第二，充分利用教学实习基地和社会实践基地，建立人才输送以及产、学、研合作的长效机制，合力推进毕业生实习、实训和订单培养，积极向合作企业推荐毕业生。根据不同学科学生就业的趋势和特点，采取"广播"和"深耕"两个维度相结合的就业市场拓展模式：对就业率较低、就业压力较大的学科以"广播"为主，在维护和巩固已有就业市场的基础上拓展新的就业领域，努力实现量的提高；对就业率较高、需求旺盛的学科采取"深耕"方式，紧盯高端用人单位，力争质的突破，推动学生就业的高端化。

第三，加强对校友发展的关怀和帮扶，发挥其在就业指导、市场资源引入中的作用。一方面，通过校友会跟校友所在单位建立联系，开拓新的用人单位；另一方面，要广泛听取毕业生对母校人才培养、课程设置、实习实训、就业指导等方面的意见，广泛收集就业市场信息。

第四，学校应专题推介西部就业、"三支一扶"等基层就业项目，策划推出《毕业生就业寒假攻略》，并通过网站、微信、QQ群等媒介平台展示用人单位、行业和地区风采，解读就业政策和就业热点，最大限度地帮助学生增加对政策和市场的了解。

总之，希望大家全力以赴，群策群力，无论是管理层，还是教师、学生，都要学会多条腿走路，既要脚踏实地，也要积极创新，努力做好2016届毕业生的就业工作，力争将我校的高就业率继续保持下去。

当前中国高等教育的形势和大学青年团的工作

——在四川省民办高校（独立学院）暨高职院校共青团工作培训班上的讲话

（2015年12月30日）

各位学员：

首先，我对大家到"锦城"学习表示热烈的欢迎。刚刚团省委的同志介绍我的时候漏掉了一句话，我来补充一下：我还是新民主主义青年团的团员。新民主主义青年团是共青团的前身，1957年改名为共产主义青年团，我是1955年入团的，那时候读小学五年级，所以我还是个老团员。我后来在中学和大学也和你们一样，担任过团的干部，所以我对青年团，对青年团的工作是非常有感情的。

我当团干部时读的最重要的一篇文章是列宁的《青年团的任务》。列宁在这篇文章中对青年团提出了一个中心任务——学习。"只有用人类创造的精神财富丰富自己的头脑，才能成为真正的共产主义者。"十月革命胜利以后，俄国有人主张把过去的一切都打倒，从零开始建设共产主义，这无疑是非常幼稚、非常危险的，列宁在这篇文章中讲了非常重要的话，我建议大家读一读。当然，列宁也在文中强调了阶级斗争，那符合当时当地的情况，现在却不是很适用了。列宁的这篇文章收录在《列宁选集》第四卷，网上也可以查得到，大家可以看一下。

给大家介绍一句话一本书，算是我们今天交流的"引子"，下面回到正题来。我今天给大家交流的主题是"当前中国高等教育的形势和大学青年团的工作"，最后还要讲一讲为争取平等权利共同奋斗的问题。

一、当前中国高等教育的形势

最近，袁贵仁部长在报上发表了一篇文章，强调高等教育要切实增强质量意识。这无疑是非常正确的。为什么？这与我国高等教育的现状密切相关，而要准确把握我们中国高等教育的现状，还要从1949 年以后高等教育发展进程讲起。

1949 年以来，中国的高等教育有许多重大的转折点。比如1952年的院系调整、十年"文化大革命"、1977年恢复高考，这些都是重要的节点。而到1999 年，发生了一个历史性的转变，那就是高等教育的扩招。

我们就从扩招开始讲起。李岚清副总理主持教育工作期间做了两件大事，第一件大事是扩招，第二件大事是并校，这是大家都知道的。两件大事都有争议，但在我看来都该肯定。为什么要扩招？就是因为我国的高等教育发展得太慢；为什么要并校？就是因为在1952年，我们曾借鉴苏联模式，把许多当时在全世界都排得上名次的高校给拆了，以学科来组织学校，搞了大量理工、财经、艺术大学之类的学校，这不利于一流大学的建设。鉴于这个背景，我认为两件大事都应该肯定。

　　这里我们来说一说扩招。1978年，我国高等教育的毛入学率是1.55%，1988年是3.7%，1998年是9.76%。长期以来，我们国家的情况是读大学难，像我们那个村子，我是村里第一个大学生，如果哪年能够考上一两个，大家都说不简单。这就是当年的情况，许多学生上不了大学。

　　到了1998年的时候，美国回来一个经济学家，叫汤敏，他给朱镕基总理写了一个报告，建议高等学校扩招。1998年还有一件事，就是亚洲金融危机。高校扩招既有利于缓解就业难，还可以促进教育消费。就这样，在1998年我们对"教育消费"这个概念还不是很懂的时候，汤敏就这样给高层建议。结果大家都知道，这个建议被采纳了，大学开始扩招。

　　扩招进展得很快，到了2002年，我国高等教育的毛入学率就达到了15%。这是一个非常重要的节点，因为按照美国学者马丁·特罗的划分，毛入学率低于15%属于精英教育阶段，大于15%小于50%为大众化阶段，大于50%为普及化阶段。也就是说，我们只用了五年时间，就从高等教育的精英化阶段进入了大众化阶段。2015年，我们的毛入学率达到了40%，已经是发展中国家比较高的水平了，而北京、上海的高考录取率已经高达80%以上，100名学生考试有80多名被录取，比例也很高了。可以说，自1998年以来这一段时间，是中国历史上高等教育发展得最快的一个时期，高中毕业生有大学上的问题基本解决，但是有好大学上的问题还没有解决。

　　我们国家在扩招这段时间内，高等教育的规模发展得很快。但是，这个快是在没有充分准备的情况下，在没有很好基础的情况下仓促上马的。这与美国、日本等发达国家的高等教育大众化进程是不一样的。美国的高等教育，搞得比较好的是私立大学，比如哈佛、耶鲁、康奈尔等，美国前十名的高校只有加州大学伯克利分校是公立大学，其余的全是私立的。可以说，美国高等教育的上层是民办的，基层是公办的。它的基层是什么呢？是广大的社区学院，社区学院基本上是来者不拒，愿意来学习的都来学习。我们中国的女同胞到美国去陪读，闲来无事就到美国的社区大学去学习，社区大学表态：可以，欢迎你来，学语言可以，学技术可以，学画画也可以。美国高等教育有这么一个庞大的基层，对高等教育大众化起到了很好的承载作用。而日本则有一个庞大的民办大学群体为基层。2001年，日本私立高校占日本大学总数的74.1%，在私立高校就读的本科生占总数的77.3%，研究生占总数的33%。也是说，日本的私立高校已经占到三分之二还多，有了这个庞大的基层，日本的大众化进程也获得了较好的支撑。

四川省民办高校（独立学院）暨高职院校共青团工作培训班在锦城学院举行

中国呢？严格地讲，我们扩招的时候民办高校还在幼苗期，我们也没有社区学院。但是，中国的民办教育是发展得很早的，孔夫子就是办的民办教育嘛，他比雅典的苏格拉底还要早一百多年，可以称得上是全世界办私立学校的老祖宗。孔夫子之后，我国的私立学校发展得很好，比如说宋代的四大书院，实际上都是私立的。到了民国时期，中国的私立高校占了40%，有一些学校还非常出名，"北有南开，南有复旦"。复旦是马相伯1905年办的，南开大学是严修、张伯苓1919年办的，两所学校都是民办高校的佼佼者。还有一部分则是教会学校，比如司徒雷登当校长的燕京大学就非常有名。燕京大学1919年创办，1952年解散，存在的时间是33年，司徒雷登在那里当了27年校长，1946年以后当了美国驻华大使。1949年，毛主席写了一篇文章，叫《别了，司徒雷登》，司徒雷登于是在中国家喻户晓了。但许多中国人不知道他曾在中国办了一所大学，而且办了一所世界上有名的大学，对培养中国的人才倾尽了所有的力量，取得了辉煌的成就。燕京大学当时取得了什么成就呢？我这里有个小材料给大家读一读："燕京在历史上存在的时间只有33年，毕业生的总数不到一万人，却在各个领域内培养出大量的人才——文学家冰心、历史地理学的巨擘侯仁之、最有良心的医生蒋彦永、历史学家余英时、法学家江平等，都是燕京培养出的杰出人才的代表。在两院院士中，燕京毕业生的人数高达52人，1979年邓小平访美，21人的代表团，有7人出身燕京。"同志们，这是我们共产党的报纸登的，两个数字就足够了，一个是52名院士，第二个是邓小平访美的时候带了21个人，其中就有7名燕京大学的毕业生，这说明这所学校的教育质量是很高的。

　　但是很不幸，后来民办高校和教会学校受到了两次冲击，以至于渐渐消失在了历史的深处。第一次冲击是抗日战争时期，日本人摧毁了我们很多的学校。比如，南开大学的张伯苓校长主张抗日，所以日本人就把南开给炸了。抗战后公办大学靠国家的力量来恢复办学较为容易，而民办大学要靠自己的力量来恢复就很难了，所以这次轰炸对于南开大学这所私立大学来说是很大的摧残。因此，抗日战争胜利以后，一部分民办大学迫切需要政府来支持，就转为了公办，南开大学就是这样的。第二次就是1952年的院系调整，私立大学和教会学校基本上消失了，个别大学只是保留了原来的名字。从1952年到1998年这段时间内，中国的民办大学几乎是不存在的。当然，也有个别在20世纪90年代初期办起来的民办高校，但是初期基本上是搞培训班的，严格地讲不在学历教育的体系。所以我们说，我国重新发展民办高校事业是起步很晚的，20世纪90年代末期才起步。

　　这就出了一个问题，中国的高等教育要在这么短的一段时间内达到15%的毛入学率，我们有没有那个基础？国家的力量又是有限的，怎么办？那么还是要走鼓励社会力量办学的路线。独立学院就是在这个背景下产生的。既然公办没那么多的钱，民办没那么好的老师，那就公办和民办结合起来，办独立学院嘛。我开玩笑说，这个叫"挂羊头卖狗肉"，但是当时也是不得已而为之。当时规模扩张很快，办出了三百多所独立学院。除了独立学院以外，还发展了一些民办学校，比如陕西省的民办高校就办得比较好，陕西省的人口还不到四川省人口的一半，但是高等学校数量与四川省相差无几。为什么？民办教育搞得好，政府支持，政策开明。其次是哪里呢？黑龙江。我们四川省还不太行，政府的扶持力度比我们的邻居重庆差，重庆给民办高校的财政补助是每年生均2000元，四川还没有补助。各省对待民办教育的态度不同，民办教育的发展也不同。

那么，经过扩招，中国的高教事业发展到了怎样的水平呢？1998年，我国高等教育的总规模是786万人，到2014年是3559万人，十几年的时间内就扩大了近5倍。民办高校是个什么概念呢？全国高校是2529所，民办高校（包括独立学院）728所，占29%，可以说是"三分天下有其一"。但是在校生没有那么多，在校生587万人，绝对数很大，但占比不高，仅16.5%左右。

民办教育的发展有三个作用，第一是为国家分忧，第二是为老百姓解难，第三是起到了鲇鱼效应，激活了高等教育的竞争。扩招是党中央、国务院做出的决定，扩招如果完全靠原来的公办高校，恐怕要扩得面目全非了。北大、清华原则上没有扩招，中国科技大学原则上没有扩招，我的母校天津大学原则上也没有扩招，基本上本科生都控制在3000人左右的规模。高层次的学校没有大规模扩招，这是很正确的，保持了他们精英教育的水平。民办大学和专科学校在中国高等教育大众化的进程中发挥了重要作用，这就是为国家分忧了。

我花了这么多时间把高等教育的基本情况给大家讲了一讲，主要是想说中国的高等教育大众化是在准备不足、基础不牢的情况下仓促上马的，因此，它必然会带来一些问题。西方国家高等教育大众化进程中产生的问题在我们这里都产生了。比如说生源质量下降、教育质量下降等，这也没有什么可隐瞒的。原来录取十个学生，是前十名，现在录取八十个学生，你总不能说这八十名学生的水平都和前十名学生一样高，就录取分数线来讲，肯定是降低了，对不对？又比如说，教师严重不足，现在大家争老师，你挖我的，我挖你的，985、211

院校还到我们这里来"挖"呢，我们这里也成了"师范学校"了。我开个玩笑，他在我们这里读了博士、评了副教授、生了小孩，人生的重大任务都完成了，外面的人来挖他，他就跟我们说："拜拜，我要走了。"这就是我们当前面临的困境，教师的数量不足，授业水平不高，还有硬件建设不到位，实验室的条件亟待改善……一系列问题都是存在的，有些问题还是相当迫切的。所以，袁部长说要抓公平，我赞成；说要抓质量，我赞成。抓公平是政府分内的事情，抓质量是我们分内的事情，这就是中国高等教育和民办教育目前面临的形势和任务。

二、大学青年团的工作

青年团在这种形势下怎么发挥作用？

据我看来，现在教育部比较重视三件事：第一件事是搞一流大学和一流学科建设，但很遗憾，教育部只强调了研究型大学的一流，没有强调应用型大学的一流和职业型大学的一流；第二件事是地方院校转型发展；第三件事是推动高校提高办学质量，走"内涵发展"的道路。就我们大学自身来讲，我认为大学当前必须以质量为中心，加强各方面的工作，这里面自然也包括青年团的工作。

说说我们锦城学院的情况，希望能够对大家有所启发。我要求锦城学院的青年团要做到四条：第一条是要做学生生活的关心者，第二条要做学生学习的激励者，第三条是课外活动的组织者，第四条是良好校风的建设者。在做好这四条的基础上，我还要求锦城学院团组织办好三件事。

（一）以"三严三实"的精神，树立良好的校风

扩招以后，大学的状况堪忧，其中一个重要表现是校风不好——这是我们关起门来讲，校风不好。当然校风也不是都不好，是一部分不好，一部分不好就带坏了整个校风。

邹广严院长与青年团书记亲切握手

我给大家说说我们这里总结出来的。比如说，少数学生的思想里存在"三个误会"。误会什么呢？第一个，把大学误会成是游乐场、安乐窝，认为到了大学可以歇一歇，只要要一要就可以混个文凭。有的中学老师也是这么教育的，"你现在好好干，拼一下，到了大学就好了，闭着眼睛都可以拿到文凭"，所以少部分学生还没有进大学就想着怎样要、怎样"混"，上大学的"初心"就不端正。第二个，也不知道是哪些人发的段子，做的宣传，说美国的大学生在学校里都是玩乐，所以很有创造性，叫"玩出创造性"。我可以给大家说，这个结论似是而非，说外国的大学生都是玩出来的，完全不是事实。前几

年我到加拿大、美国的学校去考察了一下，到加拿大的英属哥伦比亚大学（UBC）的那天是礼拜六，天还下着雨，我急急忙忙地往图书馆走，想看看人家的图书馆咋样，结果怎么样？我告诉大家，图书馆是满员的。我又到教学楼去看，来到一座工商管理系的教学楼，看见老师们在那里和学生们讨论什么方案，图纸就摆在那里，大家凑在一堆讨论方案。礼拜六啊，同志们，我强调那是礼拜六。我到了加州理工，就是钱学森的母校，一位华裔教授把我们领到他的实验室看，他的研究生都在实验室里做实验。这些都是我亲眼所见，哪里像我们说的别人都是玩出来的，误会！第三个误会是什么呢？就是以为网络时代可以不读书，不记忆，可以"百度一切"，上课连个笔记本都不带，把过去一些好的学习方法都丢弃了。

还有"三个迷信"。迷信什么呢？迷信权力、迷信金钱、迷信关系，以为有权有钱有关系就能够摆平一切。挂科挂了十几门，既不退学又不降级，你提醒他，他说"我有关系"。你告诉他家长，家长跟你讲："你们不要管，我们有办法。"在我们这里他能有什么办法？迷信，而且还执迷不悟！

还有"两个热衷"。一是热衷于谈恋爱耍朋友，二是热衷于吃喝玩乐。我们这边是到犀浦，我们没有整顿校风以前，门口的三轮车都排成了长队，晚归的人还真不少，你一管他，他还说你限制他的自由。我说真是岂有此理，你晚上十一点半后不回家你爸爸妈妈不着急呀？不过问一下呀？你千方百计把他留在学校，他又热衷于在寝室里打电脑、玩游戏，别人都睡觉了，他还弄得吱吱响，引起寝室矛盾。我相信这种现象不是我们学校才有，大家都耳闻目见，是不是这样的啊？

还有不诚实、作假、考试作弊。我们这里是作弊就开除，川大曾经一次开除过一个班，我们可能一年也开除将近一个班，只是零零星星的，代考的要开除，被代考的也要开除，但就这个样子都还不足以惩前毖后。

当然，这些问题也不是咱们民办高校和高职高专才有，"985""211"同样有问题，因为这是一个社会问题，我们都应该为改善校风而奋斗。

另外，我们还面临一个不太健康的舆论环境。现在是"天不怕地不怕就怕专家瞎说话"。我很欣赏四川电影电视学院，它们管得严，什么时候出去把校门开开，什么时候不出去把校门关了，上课的时候把寝室关了。他们做得到我们就做不到，我们这样做学生们要"吵"，社会上的一些"专家"也要胡乱发表言论。本来每个学校都应该有自己的管理，譬如我刚才说的四川电影电视学院，用这个办法管理，我认为自有它的道理的，大家不要过多干预，我们现在动不动就说那是"奇葩规定"，人家怎么就成了"奇葩"了呢？前些年，我们号召学生背书包，报纸上就说这是个"奇葩规定"，我说什么"奇葩规定"啊？工人上班不拿工具袋吗？农民下地不拿锄头吗？学生上课怎么可以什么都不带呢？能行吗？像个学生吗？但是你一管，"专家"就说你是个"奇葩"。厦门大学朱崇实朱校长鼓励学生去练习打高尔夫，中央电视台那时正好在采访我，为什么采访我呢？因为我们学校搞劳动，把劳动当成必修课。记者就问我说："你们把劳动当成必修课，朱崇实在厦门大学把高尔夫当成必修课，请问你怎么看？"我说我只知道我们这样做有我们的道理，朱校长在厦门大学那样做也有他的道理，不便于评论，因为培养目标不同，教育管理方法自然也就不同，你要尊重。我的意见是我们要鼓励每个学校有自己的管理。

清华大学的老校长梅贻琦先生说过："所谓大学者，非所谓有大楼之谓也，有大师之谓也。"但按照教育部关于生均用地的规定，大楼是要有的，大师也是要有的，大楼大师有了，还得加上一个大好风气，办大学就是办风气。校风是什么？校风就是一种氛围、一种风气，就是我们通常说的大流，每个人或多或少都会随大流，随大流就是跟着走。校风好，不好的学生都会变好；校风不好，好学生也会变坏，所以一所大学办得好不好，首先看它的校风。

校风好，学校学生都受益。举一个我们的案例来说，大家都知道，工农中建四大银行基本上不招聘民办高校的毕业生，它们一般招聘985、211高校的毕业生，而且这是总部规定的。我把建行四川省分行的行长请到我们学校来转一圈，中午去食堂吃饭，走在路上他看见很多孩子见了校长见了老师都很客气，一路上都听见"校长好""老师好"，就说"您培养的学生不错嘛，很有素质，很有礼貌"。我说："是啊，是不错啊，这些孩子都是很好的。"他就说："那，我们不招这样的学生怎么对呢？那就加一个吧，'985''211'＋'锦城'。"我说这就对了，应该加。当然，最好不仅加"锦城"，应该把大家都加上，应该给大家公平竞争的机会，讲公平首先要讲机会公平，对不对？我举这个例子是要说，学生的素质好、校风好，对学生的前途、学校的声誉都是很有好处的。

校风好不好，可以看四个地方，第一是图书室，第二是实验室，第三是教室，第四是寝室。看看这四个地方就知道一个学校的校风怎么样。图书馆人少，校风不怎么样；教室里、实验室里面没有人在上自习、做实验、搞研究、做探讨，校风不好；寝室里大家都在玩游戏、抽烟，校风不好。我们青年团要认真学习"三严三实"，以严格的要求、严格的标准、严肃的态度，带头学习，带头遵纪守法，引领青年人好好学习，为将来打下基础。

邹广严院长在四川省民办高校（独立学院）暨高职院校共青团工作培训班上讲话

从这个意义上讲，我说了一句话："没有一流的校长办不成一流的大学，没有一流的班长和团支部书记，也办不成一流的大学。"我是从什么角度来讲这句话的呢？是从校风建设的角度。因为校风建设要落实到各班级、各支部上面去，而班、团干部能否带好头，起到表率和示范的作用，对班团风气的建设来说是至关重要的。大凡团支部书记、班长带头，校风就好。我当过团支部书记，那是在高中的时候，是高三（3）班的团支部书记，我们班的风气就好。我们总共四个班，高考的时候，我们那个班考上大学的人数就占了我们学校的一半，为什么？风气好，团支部书记、班长带头，发挥了榜样和示范作用。所以你们也要要求团支部书记、团干部们带好头，发挥好榜样和示范作用。

（二）紧密围绕学校人才培养的核心任务，抓好"第四课堂"，培养学生书本外的能力

这里我首先要讲一个原理，就是学生的某种本领，是通过特定的某种方式、某个场合来培养的，不是一种方式、一个场合培养所有本领。比如：实验室主要培养科学精神，要在实验室里培养领袖能力，我看不可能；工厂实习实训主要培养动手能力，和阅读能力的培养就不太相关。所以特定的方式、特定的场合培养特定的本领，这在教育原理上叫作"一把钥匙开一把锁"。我们学校把课堂分为五种，一是理论课堂，二是实验室课堂，三是生产基地课堂，四是课外活动课堂，五是网络课堂，其中的课外活动课堂就叫作"第四课堂"，主要组织者、实施者就是青年团。这里还有一个我们的观点，即学校里没有脱离人才培养这个总目标的课外活动。课外活动不能放羊，不是想搞什么就搞什么，而是为人才培养服务的，所以叫作"第四课堂"，是教育体系中一项严肃的内容，不是可有可无、无足轻重的。比如我们学校计科系的"第四课堂"是有学分的，而且是要组织答辩的，重视度已经远远超过了传统"课外活动"的含义，所以叫作"第四课堂"。

我们学校的青年团担负了"第四课堂"的组织者和实施者的任务，他们每年搞"百团大战"——100 多个社团集体招新，把大家组织起来，搞有意义的课外活动，培养学生的表达能力、沟通能力、组织能力和号召能力。你可别小看了一个社团或者学生组织，大家都知道，许多中央政治局委员、常委，在学生时期都当过干部，可见学生工作是非常锻炼人的。

我们学校倡导"长板原理"，就是一所学校、一个人，在其基本面合格的情况下（如一个人品格良好或一所学校基本条件具备），其成功取决于所具有的最长的那块板。我们特别重视通过社团活动，发现、发展、发挥学生的特长。比如说我们学校电子系的余晟睿，他能把无人机造出来，能把3D打印机做出来，但是某些学科成绩不怎么样，我说没关系，他别的方面可能差一点，但是有一技之长就好，我们不能求全责备啊。将来他发展得怎么样，我看还是要取决于他的长板。蓝光集团的杨铿董事长到我们学校来参观，他们正在搞3D生物打印，我给他介绍余晟睿的事迹，他一听，马上就说："请他到我这来，我给他高薪。"——这就是"长板"的力量。学校要支持学生的发展，尤其是支持他们长板的发展。我们学校的学生们要搞什么研究所，搞什么打印机，我说都鼓励他们搞去，给他们配指导老师，配房屋，支持他们买装备，就是要鼓励大家发展特长。

学生社团里有一个部门是"让我欢喜让我忧"的，就是所谓的"外联部"。外联部是干什么的呢？主要是拉赞助的。拉赞助往往要给赞助商一些条件，往往都是让赞助商到学校里来卖点东西，这给学校的管理带来了一些麻烦。但是搞外联可以锻炼学生的诸多能力，尤其是商务谈判能力。有的学生刚开始来的时候什么都不会，跟着高年级的学生跑几次就慢慢锻炼出来了，这是课堂上教不出来的。所以我们权衡了利弊，还是觉得锻炼学生更重要，麻烦可以想办法解决嘛。所以我说，青年团要把"第四课堂"抓好，肩上的担子也不轻。

（三）走在改革和创新的前列，掌握新技术的主导权

以互联网、大数据、云计算为代表的新技术，正在而且还将极大地改变我们的社会，也极大地改变了我们的教育。在新技术面前，青

年团要站在前沿。从某种程度上讲，新技术是青年人的天下。这里应该强调的是，新技术要颠覆我们原来很多东西，我们传统的教育方式有一部分也要被颠覆。比如现在正进行得如火如荼的慕课和"翻转课堂"，很多学校都在搞，共青团是不是也应该研究研究啊。"翻转课堂"是教育方式的一个变革，不是简单地放视频。有些老师图省事，把视频一放，然后让学生上去讲，美其名曰"翻转课堂"，这是不对的。"翻转课堂"必须是线上线下的结合，必须改变老师和学生的角色，要以老师的教为主转变为以学生的学为主，老师从上课的全讲变成了教练的角色，上课不是由老师从头讲到尾，而是变成了答疑、指导、讨论……这都不是简单地看个片子的问题。"翻转课堂"这件事要做好，光靠老师不行，必须同学们配合。我建议青年团要很好地研究这些教育的新情况，不要以为教育改革只是老师的事情，这同样是我们青年团的事情。我们学校一些系就组织同学在线上预习，线下讨论，跟老师们沟通……这些都是青年团大有可为的地方，青年团应该发挥自己的作用。

另外，青年团还要努力占领新媒体、自媒体这块阵地，激浊扬清，弘扬正气。新媒体、自媒体是新事物，传播迅速，在一定程度上难以把控。这个阵地我们要去占领，不然就容易被一些别有用心的人去占领。现在网上有些很不好的风气，比如利用别人的名义造谣，一会说这是普京说的，一会说这是钟南山说的，一会说这是袁隆平说的。有人说袁隆平说："允许一部分人先富起来，那要共产党干什么？"这话的意思就是说邓小平同志错了，改革开放错了。但他却不敢自己站出来说，而要说是袁隆平说的。袁隆平什么时候说的？不知道。在哪里说的？不知道。利用别人的名义造谣，也算是"一大发明"！而实际上估计袁隆平根本没说过这样的话。还有宣扬民粹主义，看上去大义凛然，实际上是民粹主义，思想流毒很大，尤其是盲目仇官、仇富、仇外。中央音乐学院原院长违规给女儿操办婚礼，有关部门依法依规对他进行了处罚，但部分网民一看他女儿嫁了个老外，就骂人家是汉奸。嫁个老外怎么就成了汉奸了呢？看到老外就仇视，我们还怎么搞改革开放？如果我们看到一位企业家致富了，就说要"打土豪，分田地"，那谁还敢创业？通过自己的劳动致富，怎么就不可以了？当然，个别人、个别企业利用不正当手段致富，那是另外一回事。但是我们不能看到别人致富就仇视，这个思想不利于我们的经济发展。还有，有些网民动不动就说要弄颗原子弹把美国灭了，把韩国灭了，把日本灭了，还说大不了同归于尽，这种人将来掌握了军队怎么办？我们要认识到，网上有些流言蜚语、极端言论，对我们国家的稳定、民族的前途是不利的。我们要认真贯彻国家网络管理的规定，激浊扬清，传递正能量，弘扬社会正气，坚决和那些歪门邪道、造谣污蔑、极端言论做斗争。这是我们持久的一个任务，既是政治领域的任务，也是思想领域的任务，更是教育领域的任务。

三、为争取平等的权利而奋斗

在座的一部分是高职院校的团委书记，一部分是民办高校的团委书记，我最后想借此机会号召大家为争取我们平等的权利而奋斗。袁贵仁同志说，教育部要抓教育公平，我们社会主义核心价值观其中有一条是平等，我看都是很好的。但是现实社会却并不平等，我们青年团也好，学校也好，要代表广大师生的利益，就要不断地为争取学校的平等、教师的平等、学生的平等而奋斗！

大家都知道，一开始的时候，助学金是没有惠及民办学校学生的。我当年任全国人大代表的时候，就给教育部写议案，递交了几次才有点效果。我的理由是，大家都是纳税人的子弟，都是祖国未来的建设者和接班人，凭什么民办学校的学生就没有助学金呢？通过大家的呼吁和争取，现在民办学校的学生已经有了助学金了。还有生源地贷款，一开始民办学校的学生也没有份。民办学校的学生连贷款的权利都没有？凭什么不准别人贷款？经过大家的争取，现在也都一视同仁了。古今中外的实践都证明，权利不会从天上掉下来，都是要靠争取才能获得的。

我们现在要争取什么？首先是争取生均拨款。政府的钱其实就是纳税人的钱，公办学校、民办学校的学生都是纳税人的子弟，理应同等地享受国家的支持。现在公办学校生均拨款的全国平均水平是每年12000元，政府要是给民办学校学生每人发5000元的学券也好嘛，学生拿着这个学券可以抵学费，这样下来，学校还是收15000元学费，学生可以自己交10000元，再拿学券抵5000元。这样既支持了学生，降低了家庭的负担，也间接支持了民办学校，对教育质量的提升很有帮助。

还要争取什么？还要争取平等的就业权。比如说选调生，四川省今年的选调生考试，民办高校的学生连报名都没有资格。我还是那句话，我们教育的学生考不上，是水平的问题，没有什么怨言，但是连个考试机会都不给，恐怕就有失公平。就像我给曾行长说的，我的学生报考你们单位，你该考试考试，该面试面试，他考不上是我教育得不好、他学得不好，但是你不给他考试的机会就不好。我们民办大学的毕业生一定就比公办大学的毕业生差？我看不见得。今年，中国邮政储蓄银行四川省分行公开选拔了100个一级支行的副行长，我们"锦城"的毕业生就有15个当选的，比很多985、211高校的毕业生还多。大家都说要培养未来各行各业的领袖，但谁是领袖还不一定呢，领袖要在实践中产生嘛。回到选调生的话题，团省委该说说话呀，多给青年人机会。封建社会搞科举，也还是有"朝为田舍郎，暮登天子堂"的说法，也没有说农民的孩子不许参加。我还是那句话，考不上是我们的问题，你不让我们考就不好。

还有学校的平等权利，比如高级职称评审权，山东省已经下放到各个学校了，我们怎么不能争取呢？还有老师的平等权利，民办学校的教师和公办学校教师应该享受平等的待遇，大家都是教书育人，为祖国作贡献，不宜有太大的差异。当然了，国家现在也在改革，我相信定会朝着越来越公平公正的方向改变。

平等的权利不是天上掉下来的，是我们大家共同努力争取的。为自己的私利去争取不好，为广大师生的利益去争取却是好的。当然了，我们得讲方法、讲法律、讲规矩、讲渠道，但是青年团在这个问题不能装聋作哑，对不对？

我最后还要跟大家说，不同的大学各有各的一流。研究型大学有研究型大学的一流，应用型大学有应用型大学的一流，高职院校有高职院校的一流。我们青年团要把旗帜高高举起，也要喊个口号：为建设一流的高职院校，一流的应用型大学，一流的私立大学而奋斗！

谢谢大家。

狠抓"五个坚持"，落实"三个全覆盖"，把本科教育和人才培养做到最好

——在2015年度总结表彰暨教学工作会议上的讲话

（2016年1月19日）

各位老师，各位员工：

这两天我们听了16位老师和1位学生的发言及教学督导组的报告，我觉得很好。老师们的发言各有特色，既有规范，又有创造；学生的发言有数据、有分析，很有水平；唐登学同志代表教学督导组的报告，从第三方对学校的教学质量、教师的教学表现、存在的问题及下一步改进方向等方面进行了客观、具体的评价。从教学督导组的数据来看，优、良的教师达到97.58%，这说明大多数老师进步很快，课堂质量大大提高，但还有少部分教师稍差一些，因此还需不断努力。

今天会议的主题是：狠抓"五个坚持"，把本科教育和人才培养做到最好。下面，我将总结2015年的工作，部署2016年的工作重点。

2015年工作成绩

2015年是我校办学十周年，是一个值得纪念的年份。这一年，

是艰苦奋斗的一年,也是取得辉煌成绩的一年,我们在极其困难的情况下,取得了一个又一个的进步,又上了一个新的台阶。

一、招生就业形势喜人,"进口旺,出口畅"局面继续保持

现阶段,全国招生形势发生了"逆转",从学校挑学生,变成了学生挑学校,尤其是考分高的学生挑学校。去年,学校最主要的成绩是审计学(ACCA)在我省本科一批次招生圆满成功,这点值得表扬。艺术系所有专业的招生分数线都排在省内前几名,特别是表演专业和服装专业,排到了第二名,仅排在川大之后,这也是不错的,这是我们招生的新水平。在学校招生排名中,地方本科院校共47所,文科我们排在第20位,理科排在第24位,我们处于中间偏前的位置。我们在办学经费少、办学时间短的情况下,靠什么取胜?靠的是全身心投入。另外,去年专科录取分数全部上本科线,这都说明我们招生的形势喜人,生源质量有了极大提高。

邹广严校长在大会上讲话(宣传处 供图)

在就业方面，学校继续保持了 98% 的就业率、50% 的高端就业率。每年举办 100 多场专场招聘会，去年共举办了 130 场。全年共提供 15000 个岗位，平均每人 3 个岗位。最可贵的是，广大师生都对毕业班就业给予了帮助，形成了"全民帮扶"的机制。很多老师主动帮助学生就业，例如招办文雅给学生介绍了 20 个就业岗位，校办周爱萍为学生提供了 10 多个就业岗位等。这说明锦城学院把学生就业当成生命线的理念已深入人心，对学生负责已成为一种使命。有的学校对学生就业是不怎么管的，我们不仅管，还管到底。在社会上，锦城学院就业好已小有名气，这也是广大学生选择我们的一个重要原因。"沧海横流，方显英雄本色"，当前就业形势严峻，我们不怕，在困难的就业环境下，我们依然保持了"高就业、好就业"的局面，这充分彰显了我们的就业优势。"就读锦城，锦绣前程"已成为社会共识。总之，学校长期保持"进口旺，出口畅"的局面，是不容易的，也是对多年来办学成果的最有力的验证。

二、进一步落实"6+2措施"[1]

根据教学检查评估报告，在"课程与课堂设计"全校参评教师中，综合考评成绩优秀的占 22.1%，良好的占 70.5%，差一点的占 7.4%。做得最好的老师是金融系陈薇薇、电子系周红、通识教育中心余鸿、外语系唐玉婷、文传系马秋穗、艺术系文胜伟、工商系罗

---

[1] "6+2措施"是学校提出的教学改革措施之一。其中，"6"是"教师的6条"，"2"是"两课设计"（课程与课堂设计）和"翻转课堂"。

堰、财会系池兆念、建管系易晓园、机械系蒋冬清、土木系张爱玲，共11位老师。这些老师"两课设计"的特点是：教学材料规范翔实，对考评的八个设计项目均有清晰、明确、完整的记载和描述，教学方法科学合理，课堂管理独具特色且行之有效。学校将来要把这11位老师的"两课设计"出一本专辑，留在史册上。课程设计是一门科学，必须做好。通识教育中心对此非常重视，开专题会议，对全体师生做了培训，进行规划布置。做得最好的是文传系，长期以来坚持"没有教案不准上课"的底线，所以，文传系的老师都做了"两课设计"，做得面广、水平高。没有大纲不能开课，没有教案不能上课，这应是"锦城"教师的共识，不能随心所欲，什么都要有底线。

在"翻转课堂"方面，全校参评教师中70分以上占57.5%，70分以下占42.5%。这个数据比"两课设计"低一点，这是新事物，是教育革命的前沿，有人跟得上，有人跟不上，有人认识得到，有人认识不到。做得好的个人是：文传系郑伟，电子系李丽华、周红，计科系赵春、赵杉、孙炼、李驰、李林、杨健、杨杉，土木系李敏，机械系王一舒，工商系杨安，财会系池兆念，外语系洪一江，通识教育中心余鸿、李海艳，金融系蒋月婷，建管系易晓园，艺术系张华，共20位老师。做得最好的单位是计科系，该系共有89门课实现了"翻转"，占全校总数的18%；自制视频数量885个，占全校总数的30%。计科系总结出了"一个结合、两个再造、三个自主"的"翻转课堂"模式，去年还在不增加成本的情况下，创新地进行了"把班化小"的实验，使更多的学生参与互动，扩大了学生的受益面，提高了教学的效率，实现课堂的高效化。

同时，在加强过程管理，"三不放水"等方面，各系继续推进工作，促使我们的教学质量不断提高。"锦城课堂大于天"，不是一个口号，而是广大师生自觉的行为。学校领导重视课堂，老师重视课堂，学生重视课堂，三个重视才能形成一个良好的课堂。

三、师资队伍建设进一步加强，科研工作取得很大进步

去年，我们采取了大规模的、广泛的、有重点的内培外引、双向进修等措施。学校省评副高12人，校聘副高27人、正高2人，晋升讲师61人；2015年在读博士17人、新招教师86人，其中引进高层次人才21人，正高1人、副高12人、博士8人。这是历年来教师招聘中学历最高、层次最高的一次，今后我们还要根据发展需要进一步提升学校的人才引进层次。我们内培一部分高学历、高学位的老师，壮大了我校优质的师资队伍；也从外面引进了一批高学历、高学位老师，提高了我校师资队伍的水平。同时我们开展"双师型"教师培养，鼓励教师进修和考证，全校"双师型"教师占30%，其中有"双证"（教师资格证、从业资格证）的教师，建管系占50%，财会系占41%，这也是很不容易的，提高了我校师资队伍的综合素质。有一批老师在学校经过长期的努力，晋升到副高职称，他们是外语系洪一江，工商系罗堰、周颖，计科系赵春、李婷，文传系王晓燕、霍岩，艺术系赵万斌，电子系张志亮，通识教育中心舒丽苹，招办马继征，财务部向梅，共12位老师，他们全身心投入工作，实现了自我增值。同时，有几个系已实现了每个专业都有教授、副教授牵头的师资配备。计科系、电子系试点了"专业和专业

方向教授负责制",教授对教学、论文、就业等各方面实行全面负责;艺术系试点了"教师和辅导员交叉混合管理制度",为我们将来教师和辅导员实行"双肩挑"的愿景进行了有益的探索。我们最终的发展方向是"双肩挑"。教书和育人是个整体,辅导员是教师,教师是辅导员,他们都能教书,又会育人。在开始阶段,我们可以采取试点的方式。例如通识教育中心思政课教师就可以试点带一点儿学生,将来这方面的探索实践是可以出科研成果的。我们要学习伟大的教育家苏霍姆林斯基,一辈子专注与孩子打交道,在教书和育人方面出了很多著作。

去年,我们还有一项重大突破,即科研工作取得了很大的进步。我们过去也反复说过,应用型大学不是没有科研,研究型大学也不是没有应用。前十年,我们花了大力气狠抓以教学为中心的教育质量。2015年,学校争取到的科研经费比2014年增长了85%,几乎翻了一番。获得科研经费较多的是工商系、计科系、财会系。全年发表论文总数303篇,其中核心期刊66篇,同比提高了22%。立项科研项目共计48个,其中,纵向课题41个、横向课题7个。发表论文较为突出的老师是计科系李婷、陈平,建管系易晓园,通识教育中心张媛军、李彬,文传系范美俊、霍岩、彭芳燕,招办马继征等。这说明我们的师资水平正在朝着"不但教学好,科研也好"的方向发展,这是师资队伍建设中很好的现象。还有的教师很受学生欢迎,例如通识教育中心的柴莎莎,她知道每个学生住在哪里,并定向、定期地去辅导,是非常尽心的一位老师。所以,我们的老师在为学生服务,在教学、科研论文、项目等方面,现在都有大幅度的提升。

四、校风、学风进一步好转

这几年，我们的校风、学风有了好转，在某种意义上可以说是根本性好转。根据数据统计，去年学生平均出勤率达到96.46%，这在全国院校中是比较高的，在地方院校中可以说是最高的。表现最好的是计科系，出勤率达到98.84%，其中全勤课堂达到67.34%，三分之二的课堂都是全勤。另外，学生晚归人数从每周一千余人下降到三百多人，和以往相比，人数是大幅度降低了，但问题依然严重，各系要继续加强对学生的严格管理，对学生晚归问题要高度重视，并采取有力的解决措施。此外，学校图书馆的到馆率进一步提高，知网点击率是1079万次，平均每个学生点击530多次。

校风好不好，关键看图书馆、看教室、看宿舍，这三个地方如果学生都在学习、讨论和交流，就说明校风好。目前，虽说学校的校风有了好转，但校风建设依然任重道远。

2015年7月，"锦城"教授博士服务团赴达州市洽谈合作，机械系学生刘亚在欢迎会上展示人形机器人（宣传处 供图）

五、发明创造热情高涨

发明创造热情高涨也是去年的一大亮点。这是我们多年以来梦寐以求的，也是贯彻"长板原理"的殷切期待。电子系余晟睿团队制作3D打印机、机械系刘亚制作机器人等为学校创新创造带了好头。在有关教师的指导下，学校共产生了包括第一台3D扫描成像打印机、无人驾驶飞机、3D智能手臂、人形机器人、无碳小车、语音智能机器人"锦城小丽"等创新科研产品。这一系列的创造发明体现了"锦城"师生创新研发的新高度，说明了创新创造在锦城学院蔚然成风。将来，我们要培养更多的"余晟睿"、更多的"刘亚"，让越来越多的学生加入创新创造的队伍中去，形成"你追我赶、争先创新"的局面。

六、学校的知名度进一步提高

去年，学校实现了"由参赛到办赛""由参会到办会"的转变，扩大了影响力，提高了知名度。例如：文传系承办"中国写作学会第十七次年会暨锦城写作教学模式研讨会"，财会系举办"ACCA合作与发展论坛"，工商系举办"创业教育论坛"，金融系举办"商业银行模拟经营课程"实训教学观摩会，电子系举办"高校大数据人才培养与应用实践学术会议"，艺术系举办"第一届四川省大学生原创微电影大赛"，外语系承办"21世纪杯全国英语演讲大赛川渝地区决赛"，等等。

办会办赛本身就是宣传。办会关键是跟谁办，办赛关键是谁来赛。办会办赛一定要"拉大旗作虎皮"，例如：跟重点大学办，跟省级以上的协会、学会办，跟市级以上的人民政府部门办，跟有名气的科研院所办。这样，我们的水平自然就提高了。

另外，学校应继续充分利用新媒体（各类官方网站及微信、微博、QQ 等宣传工具）进行宣传。现阶段，新媒体用得好，尤其重要。青年团、招办、宣传部、工商系等的官方微博，点击率都非常高，其中，青年团微博在全国排在前十位，影响力很大，提升了学校的知名度。

以上六个方面说明什么呢？说明我们的办学水平在不断提高，教育事业在持续进步，说明 2015 年是光辉灿烂的一年。

2016 年工作要点

我们当前面临着三个新形势。

第一个形势：2015 年 11 月 16 日，教育部印发了《关于引导部分地方普通本科高校向应用型转变的指导意见》，要求有条件、有意愿的试点高校率先探索应用型发展模式。锦城学院已在应用型大学这条路上走了十年。教育部的文件，一是对我们过去十年办学的肯定，二是为进一步发挥我们的长处创造了条件。

第二个形势：2012 年被《纽约时报》称为"慕课元年"。2013 年 1 月，我们就开始讨论学习可汗学院，所以我们的起步很早。之后我们的 MOOC、SPOC 和"翻转课堂"也都在进行之中。所以在这点上，我们也是领先的。尽管我们的实力没有那么强，但我们对这场教育的信息化革命的认识是敏感的。

第三个形势：在当前体制下，重点大学（985、211院校）的工作重点放在研究生教育上，把科研放在了首位。这些学校教师的晋升与淘汰、经费的分配和使用、学科的生存和发展，都是与科研成果紧密挂钩的。重点大学的本科教育有些是被"边缘化"的。尽管一些重点大学的校长也在反复强调要重视本科教育，强调教授要给本科生上课，但收效甚微。这就给我们重点抓好本科教育创造了一个空间。

这三点给我们学校的发展创造了机遇：一是我校一贯坚持的应用型大学建设迎来良好的外部环境；二是在以慕课、"翻转课堂"为代表的新一轮教育变革浪潮中，我校反应快、起步早、措施实，取得了良好的先发优势；三是重点大学本科教学边缘化，而我校一贯将教学质量视为生命线，将本科教学放在了中心地位，这为我们的发展创造了空间。

所以我们今年要重点把握这个机遇，下定决心，把本科教育和人才培养做到最好。要做到这一条，下面我重点讲三点意见。

一、我们必须狠抓"五个坚持"

这是我们这几年来抓本科教育的成功之道。这"五个坚持"即坚持"锦城课堂大于天"的理念，坚持"全身心投入锦城教育事业"的原则，坚持"三大改革"的方向，坚持"三不放水"的决心和措施，坚持"两课设计"的规范和走在"翻转课堂"前列。这"五个坚持"都经过长期实践，且是行之有效的，但并不是每个同志都做得很好。例如全身心投入方面，我相信大多数老师都做得很好，但并不是所有人都能做到，有的人全心全意，有的人三心二意；又比如坚持"三不放水",就是要坚持严格的管理,我们一年开一次全校教职员工大会你都迟到,你的学生能带好吗?你的课堂你能管好吗?我看有点难。文传系说没有教学大纲不准开课,我们学校并不是所有老师都把教学大纲做好了的。我们规定期末考试前不出题、不漏题,但有个别老师还是不听招呼。

大家一定要明确,并不是所有人都积极执行了这"五个坚持",有个别老师和少数同学并不以为然,所以我们才强调要坚持。为什么需要坚持?一是因为它正确所以要坚持;二是因为有人不坚持,所以才强调要坚持。所以请大家要回顾下这"五个坚持"是怎么被提出来的,它的基本要义是什么。

我们必须不折不扣地做好"五个坚持",希望各个系好好研究一下,一条一条地研究,这几条做下来并不容易,这几乎是当代中国高等教育的"尖端问题",我们远远没有解决,但值得高兴的是很多个系的很多老师都在积极努力地探索中,做了很多有益的尝试。

二、我们要做到"三个全覆盖"

(一)做到教师的科研、论文或者项目全覆盖

"全覆盖"的意思就是人人都要做。这里所指的"科研、论文、项目",包括论文、纵向或横向课题、发明专利、省级以上的大赛等。这些内容,人人都要占其中的一份或多份,如果一份都没占到,就叫作不合格,就是没覆盖。

我们一定要认识到,锦城学院发展到今天,已经把"科研"提

到日程上来了。我们过去讲应用型大学也要有科研,现在要把这个
"也"字去了,强调应用型大学要有科研。科研是教师晋升职称,学
校提高办学质量、提高学术声誉和影响力的需要,同时也是应用型大
学为社会和企业服务的需要。我们主张做横向项目,为企业服务;做
纵向项目,为地方服务。为企业和地方服务,解决问题就叫应用,解
决问题就是科研。教师要增值,当教授、当专家,没有论文不行。不
能没有论文,但也不能片面地以论文论英雄。因此,在科研方面,我
们认识上要提高,内涵上要明确。

此外,我们要充分利用科研的条件和空间。第一,学校的校地、
校企合作给我们提供了广泛的科研空间,帮企业和地方解决实际问题,
就是论文和科研项目的切入点,例如我们与成都、达州、凉山州合作,
与数百家企业的深度合作等,都为科研创造了广阔的天地;第二,我
们学校丰富的教育教学改革和发展的实践,也是很好的题目,如办应
用型大学的实践,课程与课堂设计,"翻转课堂"的实践,课程体系
的建设,教学内容、方法、评价三大改革的实践等,都应当进行研
究,都可以发表论文,这样就把科研和教学结合起来了;第三,要加
强科研机构的工作,科研处要很好地为师生员工的科研服务,校、系
两级的科研院所要出人才、出成果;第四,我们要出台一系列配套的
政策,如奖励的政策、资金配套的政策和管理考核的政策等。

我们的学术,应该包括教学的学术、发现的学术、应用的学术。
所以,我们鼓励老师们结合社会主义建设的现实,结合学校的改革,
结合教育发展和经济社会发展,大家广泛地去研究问题、解决问题,
不是为了论文而论文。应用型大学为地方、企业服务是科研的大方
向,研究我们自身的改革创新也是一个大方向。

（二）教师"双师型建设"和"双向进修"全覆盖

配备"双师型"教师是办好应用型大学的根本，也是应用型大学与研究型大学相区别的典型特征之一。中国应用型大学与德国的差距就在于缺乏企业和"双师型"教师这两根支柱的支撑。我校从2011年开始实行"双向进修制度"，五年来虽有很好的进展，但是远远不够。大家一定要明白，我们必须强调"双师型"的素质和修养，大力加强"双师型"教师队伍建设。所以，我们要求：

1.积极争取考证。有行业资格证的专业，教师要积极争取考证，如会计师资格证、建造师资格证等。没有行业资格证的专业，如外语、文传、艺术等专业，各系要进一步研究采取什么措施来发展教师的"双师"素质并证明之。业界来的老师行业资格是够的，但很多教师没有学过心理学、教育学、管理学，这也是要补课的，因此要积极考取教师资格证。

2.积极争取进修。我们要求有行业资格证的老师每年在业界工作、调研、访问、做课题不少于10天；没有行业资格证的老师不少于30天。每个系要有"一个计划、一个基地、一个安排"。例如：工造专业老师就可以和造价事务所联系，利用假期一起做项目；文传系老师深入媒体；计科、电子系联合企业一起搞开发。老师不深入实际，是很难在应用型大学执教的。从理论到理论，培养不出合格的应用型人才，所以这条必须坚持，希望大家做好安排。

（三）实现"两课设计"和"翻转课堂"全覆盖

2015年，通过课程与课堂设计，教师的教学水平、教学质量、教学成果有了很大的提高和改善，而"翻转课堂"的实验，极大地促进了教师紧跟教育技术革命的步伐，极大地调动了学生学习的兴趣和积极性。因此，2016年坚持"两课设计"和"翻转课堂"的全覆盖势在必行。

"两课设计"和"翻转课堂"的全覆盖基本要求是：没有"两课设计"不能上讲台，每个老师至少要有一门课来实现"翻转"。

今年，"两课设计"要在"八条"的基础上，实现"四化"，即科学化、信息化、规范化、高效化。

"两设一翻"属于教学的基础工作，它决定了教学的质量和效果，也是教师全身心投入的一个重要体现。

所谓"科学化"，就是要求我们的课程与课堂设计要符合教育学、心理学、管理学的要求，这三门学科是我们的基础，所有老师都要学习。不懂管理学怎么管理课堂，不懂心理学怎么教育学生，不懂教育学怎么合理安排教学？

所谓"信息化"，就是要把"互联网+"、大数据和"两课设计"结合起来。我们在进行课程设计时，要对学生进行分析，手段是大数据，落脚点是个性化教育。科学的设计，就是要用信息化的手段，来帮助我们了解服务对象。

同时还要"规范化"，要有底线，要保住必修动作，保住底线要求，不能"言不及义"，讲了两节课，却和主题无关，这是不行的。老师有充分自主性和创造性，但必须建立在规范性的基础上，必须建立在教育部教学指导委员会对每门课具体的规范上，不能离谱。

此外，我们还要做到"高效化"，即在有限的时间内，高质量地完成教学任务。老师是"为学而教"，即为了学生更好地学习而教。

大学教育不但是教学生知其然，而且教学生知其所以然。不但要教学生知道一些科学知识和原理，而且要教学生养成科学的思维。这是举一反三、一本万利的事情，这就是高效。

"两课设计"和"翻转课堂"全覆盖，要求做到以下几条：第一，每个教师都要做；第二，"两课设计"在过去八条的基础上，力争"四化"；第三，尽可能覆盖到兼职老师。要求各系负责教学工作的主任和教务科长要做好兼职老师的工作，尽可能扩大我们的覆盖范围。目前看来，专职老师做得比较好，但兼职老师还做得不够。我们要做到校内行政干部兼课的，"两课设计"必须做，"翻转课堂"尽量做；校外兼职教师要做好工作，力争与校内同步。

"翻转课堂"视频有三种获取方式：一是利用自己制作的视频翻转，就是"独创"，自编自导；二是利用慕课的视频或教育部精品课翻转，就是"拿来"，为我所用；三是将第二种资源予以改编后进行翻转，以 SPOC 模式作为校园课程。

"翻转课堂"会不会加重学生的负担？天津大学校长李家俊说，当前摆在我们中国高等教育面前的重要问题是学生的学习强度低。山东大学发表文章说，现在大学生"抬头率低、点头率低、学习的自觉性低"。"三低"现象说明现在的大学生不是负担过重，而是负担了不该负担的东西。学习的强度低，是一个共性的问题。我们曾组织大家学习过1984年美国高质量高等教育研究小组提交的《主动学习——发挥美国高等教育的潜力》报告。该报告指出："最宝贵的教育资源是学生的时间……教育者必须与学生生活中的其他力量，如家庭、朋友、工作，争夺那有限的时间和精力。"跟其他力量包括网络争夺学生学习的时间，是学校和社会上各种力量争夺的重点。我很赞赏计科系组织学生到图书馆学习的做法，计科系在争夺学生学习时间这件事上，表现突出，因此出勤率最高。所以，这不是负担轻重的问题，而是必须采取措施让学生有足够的精力和时间合理地去学习。建管系阙龙开教授说得好，"我宁肯让学生恨我一阵子，也不能让他们恨我一辈子"。

还有一个问题，是不是有视频就是翻转？视频不等于翻转，慕课不等于翻转，精品课程也不等同于翻转。翻转实际上是教学过程再造，学生课下学习，老师上课是辅导，老师不再是知识的唯一传播者，而是逐步变成了导师、教练、导演，教师地位发生了变化。由学生先上课再学习，转变为学生先学习再上课。在课上老师对学生产生的问题，进行启发、引导。这就是孔老夫子说的"不愤不启，不悱不发"。

大会现场，教职员工聆听邹广严校长讲话并做好笔记（宣传处　供图）

希望广大老师把"两课设计"和"翻转课堂"的基本问题好好研究下，我们各系要加强领导。学校要制定"两课设计"和"翻转课堂"的相关管理制度，从制度上进行规范、给予积极支持；学校要建一个"视频制作中心"，给大家提供"翻转课堂"的制作平台，建设好"锦城在线"，给教师的 SPOC 提供一个发布平台；同时对这个方面做得比较好的老师，要给予表彰和鼓励。言出法随，措施跟上。"三个全覆盖"将作为今年晋升工资的主要标准。我们要保证教学骨干和管理骨干的待遇在全行业都有吸引力，但前提就是你要做好！

三、要做好"三个覆盖"，需要正确处理"三个关系"

（一）教学"规范性"和"自由发挥"的关系

现阶段，我们有一部分老师对教学的"规范性"是认识不足的。有人说，民国时期的辜鸿铭，身穿长袍马褂，没有教案，上课想怎么讲就怎么讲。民国时期是有很多优点，但有一个缺点就是参差不齐。当时北京大学也和我们现阶段一样，缺少教师。蔡元培当北大校长时，聘请了一批名师，也破格聘了一些稍有专长的年轻人。从 1927 年南京国民政府建立到抗战爆发的十年，各级教育部门根据当时的法令、章程，对学校教育建设进行了法制化、规范化。我在报上看到一篇文章，说一位有名的教师，人家问他经验是什么，他说就是从来不按教案上课，这个问题说得似是而非。第一，当了名教师，当然"想怎么说就怎么说"；第二，他在当名教师以前，我相信他是按规范讲课的；第三，他虽然没有照着写出来的教案讲，但肯定是按照他心里的教案来上课的。这正如书法家一样，当了名家，"想怎么写就怎么写"，但你写得让人家都不认得，恐怕也不行。我们刚开始学习书法

的时候，首先要学习正楷，要临帖，再学习行书、草书。所以规范是
很重要的，规范就是不离谱，有底线。我们不能"脚踏西瓜皮，讲
到哪里算哪里"。同时，我们也积极鼓励大家，有创造性，你有充足
的空间自由发挥和创新。当然，只有在有规范的基础上，才有可能自
由地发挥，只有教师的教学水平提高了，自由发挥才不会成为漫无边
际的低效教学。我们要建设高水平特色大学，就需要"规范化的教
学"与"自由的发挥"相结合。从必然王国到自由王国，这是基本的
规律。

（二）"学习压力"和"学习动力"的关系

中国学生的学习强度低是普遍问题，教育者如何与学生生活中的
其他力量争夺学生有限的时间和精力是我们面临的一道难题。社会舆
论对中国教育的诟病甚多，有一条虽被提得少，但确是致命的，就是
我们对学生的要求不严。

我们要研究"学生学习的动力从哪里来"。我认为学习的动力，
大致从以下三个方面来：第一是自觉性，这集中在少数人，学霸类的
同学，他们自觉性高。第二是规定性（或曰强迫性），例如学分不够
不能毕业、挂科就要重修，这本身就是一种变相的压力，压力里面就
有动力，从规范中产生动力，学生为了取得大学文凭，必须参加考
试、必须上课等，这些都是规范的力量。规定了上课的时间、内容，
规定要期末考试，规定了平时要考核，这些都是规定性。第三是诱发
性，有的学生学习需要诱导，如考证可以顺利找到工作，他便对考证
的培训很积极。从这三点来看，学生学习的规定性是主要的，诱发性
是次要的，自觉性是少数的。所以，我们要加强规范的力量。

（三）"巧"和"拙"的关系

历代的中国名家都反对"投机取巧"，都提倡"勤能补拙"，梁启超、曾国藩、李光地，这些名家都是赞成"愚拙"来代替"取巧"。李光地教育儿子读书，一个字，抄！曾国藩的名言是"天道忌巧"。这里所谓"笨""拙"就是老老实实做学问，不走捷径。

我们必须反对企图用投机取巧的办法来教育学生。比如"三不放水"，以前个别老师和学生，平时不努力，考前临时抱佛脚，用出题、漏题的办法应付考试，即属此列。所以，我们非常赞赏文传系的"学生成才辅助计划"，要求学生读 20 本书，写 40 篇文章，听 30 场讲座，参加 1 个平台实训和竞赛；支持计科系要求学生到图书馆学习，将学生课堂笔记纳入平时成绩考核——不带笔记本、不记笔记，按"相对评分法"扣分的做法；支持工商系组织学生到教室上自习的办法等。这些都是"笨办法"，也是"没有更好办法的办法"，都是为了原原本本、老老实实地学习。马克思讲："在科学上没有平坦的大道。"马克思当年为写《资本论》，把椅子都磨掉了一块，足见其功夫深。马克思、列宁等人的笔记，都是老老实实做的，所以我们提倡做笔记，提倡大家下足"笨功夫、硬功夫、真功夫"。

有一个比喻叫"反刍"，就是牛先把草吃进去，狼吞虎咽地吃，然后再慢慢咀嚼、消化吸收。教育的规律就是学得越快，忘得越快，而经过认真的思考、琢磨和反刍，他的知识就牢固了。如果让学生从头到尾地做一个项目、做一个题目，他就很难忘记，所以我们每个人都要把两者关系处理好。我们不是不赞成大家用现代科技，但什么事都靠"百度一下"，没有系统的学习，尤其是没有系统、深刻的思考，是不能够培养出人才的。这点大家必须得明确！在信息化情况下，有一个风险就是"知识是碎片化不是系统化"。什么都懂，但什么都不精。我们要培养出脚踏实地、能够为社会主义建设服务的新型人才，必须下足"慢功夫、苦功夫、笨功夫、硬功夫、真功夫"。每个系都有自己的特点，回去好好研究你们要在哪些方面下足功夫。总而言之，我们今年的目标乃至今后长远的目标，就是争取把本科教育和人才培养做到最好，因而就要做到"五个坚持""三个全覆盖"，处理好这"三个关系"。

当然，管理部门和服务部门也要围绕学校发展的总体目标，做好本职工作，为教学服务，为师生服务，管理要跟上，服务要跟上。没有一流的管理、一流的服务，也不可能有一流的教学。管理和教学要相辅相成、共同前进，为达到我们的共同目标而奋斗！天道酬勤，天道忌巧！我相信锦城学院的老师们、干部们、职员们，大家辛勤的劳动，一定会取得应有的效果。

谢谢大家！

2016年
布局定策开新元

这一年，扎根教育教学和人才培养，誓将本科教育和人才培养做到最好，全面落实"五个坚持""三个全覆盖"；

这一年，谋划学校第二个十年发展升级路线，制定《"锦城2025"规划》，确立"五大发展战略"，努力建设"一流的应用型大学、一流的应用型专业"；

这一年，极富创造性、前瞻性地提出"努力走在新技术变革前列，超前培养未来型人才"，开启了"未来教育"新图景。

团结奋进，争创一流

——2016年新年寄语

（2016年1月1日）

2015年，我们在省委、省政府和省教育厅的领导下，全校师生员工团结一致，艰苦奋斗，克服了不少困难，取得了一系列骄人的成绩，在改革和创新中，实现了"锦城教育"的新发展。

2015年，我校成功举行了十周年校庆，办学成果受到各级领导和社会各界的广泛赞誉。全校师生站在教育信息革命的前列，大力实施"两课设计"和"翻转课堂"，促进了教学质量的极大提高。特别是审计学（ACCA）在一本招生中取得成功，使我校登上了一个新台阶。

值此辞旧迎新之际，我谨代表学校党政领导班子向全校师生员工、广大校友、学生家长、全体校董和一直以来关心支持"锦城"发展的各级领导、友好合作单位、社会各界友人致以新年的祝福，并表示衷心的感谢。

让我们满怀信心地跨入2016年，全校师生员工要继续以提高教学质量为重点，以培养应用型人才为中心，以建设一所一流的民办大学为目标，为锦城学院更快更好地发展努力奋斗！

怎样做一名"锦城"好教师

——在2016年新进教职员工培训座谈会上的讲话

（2016年3月26日）

参加这次学习班的有老同志，也有年轻的同志；有教授、博士，也有尚未取得高级职称的"小年轻"；有来自兄弟学校的同行，也有来自企业的业界精英；有教师岗，有辅导员岗，也有行政管理岗。但大家有一个共同点，都是为了一个共同目标来到了锦城学院。我希望大家一是认认门，二是认认人，熟悉一下环境，了解学校的情况。按照惯例，我给大家讲几句，今天我主要讲以下三个问题。

一、教师是学校的支柱

教师是教育活动中起决定作用的因素。有关教师的重要性，古今中外有许多论述。比如我们都说老师是园丁，是灵魂的工程师。清华大学的老校长梅贻琦先生提出"从游论"，大意是说学校像是水，老师像是大鱼，学生像是小鱼，大鱼领着小鱼游，老师领着学生游。这些提法大家都是比较熟悉的，我今天再举一些国外的例子。

联合国教科文组织发布的《全民教育全球监测报告》中提出："教育质量绝对不可能超越教师的质量而存在，优质的教师教育体系是高质量教育的核心组成部分。"

锦城学院历来十分重视对新进教职员工的培养、培训，每次新员工入职，邹广严校长都会前往关心慰问并座谈讲话。图为邹广严校长与2016年度新进教职工合影（宣传处　供图）

美国约翰逊总统在任期间，提出教师是国家最宝贵资源的管理者，他说："青年一代的思想是最宝贵的资源，而教师是国家最宝贵资源的管理者，优秀的、训练有素的、敬业的教师将是无价的。"

小布什总统在任期间，推动美国国会通过了一个《不让一个孩子掉队法案》，这个法案的一个重要内容是对教师提出了严格的标准。为什么会有严格的标准？原因是为了不让一个孩子掉队，必须有优秀的教师，因而有必要对教师提出一系列的标准。有标准就有评估，美国就要求教师取得证书，大家不要以为只有中国要考证，美国也要考证。美国人喜欢标准化，这个法案提出了教师的标准，值得我们借鉴。

奥巴马总统说："一个学校的质量取决于老师的质量，学校的质量不可能超过老师的质量。"他竞选总统成功后，许诺要为每一间教室配一名优秀的教师，要为每一所学校配一名优秀的校长。

看样子，对于教师重要性的认识，中外有识之士都是比较一致的。但令我感到忧虑的是，我们目前的教育对教师重要性的认识可能还不足。比如说，我们的政府非常重视教育公平，这自然是很好的。但教育不公平的症结在什么地方？我看主要就是优质教师资源分配的不公平。边远地区、农村地区的老师水平不如城市的！说家长、学生要择校，我看主要择的还是教师。现在学校的硬件大致都差不多，一个比一个漂亮。但是老师呢？老师的水平差距可能就大了。

所以，教育最关键的是教师，我们现在讲教育资源不公平，主要还是教师资源分配不公。我们现在讲的学生择校、家长择校，实际上更多择的是老师。

社会上常常有议论说："高等教育扩招以后，教育质量的平均水平降低了。"这是什么原因导致的呢？第一个原因是生源质量的平均水平降低了。我们读书的时候，毛入学率是百分之四点几，现在毛入学率达到百分之四十了，生源的质量就不同了嘛！第二个原因，就是教师的平均水平降低了。高水平教师的数量毕竟是有限的，培养新的高水平教师需要时间，学生多了，高水平教师的教育作用就被"稀释"掉了。换言之，不少学生遇不到好老师，或者接触好老师的机会太少了，时间太短了，这也是高等教育质量平均水平下降的重要原因。

高等教育大众化是大势所趋，换言之，不可能通过降低高等教育毛入学率来提高高等教育水平。那么，对于教育系统来说，提高高等教育质量最重要的途径是什么呢？我的意见就是要抓教师培训。教育系统首先应该培养老师，包括公办院校、民办院校、中小学校，国家都该拿钱来培养教师。

国内不行就送到国外去培养。我们要抓住一个核心问题，那就是培养一流的老师。清华大学从美国引进了施一公，说清华大学的水平可以得诺贝尔奖，但施一公不是我们培养的，是从美国回来的；还有北大的饶毅，也是从美国回来的。我们自己不能培养出最优秀的老师来，这是我们教育的悲哀。

同志们，对于我们学校来说，"锦城课堂大于天"，实际上是说"锦城"老师的责任大于天啊，对不对？课堂是谁来掌握的？课堂是老师来掌握的。有些提法我不赞成，说把课堂还给学生，那老师干什么？有些提法就是越提越走样。什么"为了一切学生""为了学生的一切"，前一句还可以，后一句就走样了嘛！什么叫"为了学生的一切"？学生的一切有正确的、也有不正确的，有合理的要求、也有不合理的要求。要什么给什么的家长绝对不是好家长，学生要干什么就放任他们去干什么的绝对不是好校长，也绝对不是好老师。是不是这样的？毛主席早就批评过，群众要怎么样就怎么样，这叫"尾巴主义"。学生像家里的独生子女，想怎么干就怎么干，这是要置教育、教师于何地？我们学校倡导"锦城课堂大于天"，实质就是强调教师的责任和作用，"锦城"教师的责任、作用大于天，因为是老师来设计课堂，引导课堂，驾驭课堂。

有些同志或许要问："老师重要，辅导员重要不重要？行政重不重要？"当然重要，光有老师，没有管理、没有服务也不行的啊！整个学校要正常运转，大家都是不可缺少的，但是老师是核心、是支柱。

二、什么样的老师是好老师

现在有一句流行语，"适合的就是最好的"。没错，鞋子合不合脚，只有自己穿着才知道。适合的才是好的，这个原理对于教师，同样是适用的。适合学校要求的老师就是好老师。作为"锦城"的老师和教职工至少要适合两条：一是要适合于学校的理念、目标和使命；二是要适合学生的特点和发展需要。

（一）要适合于学校的理念、目标和使命

德国教育家雅斯贝尔斯说："每个学校都体现了创办者的意志，每个学校就是不同的。"我们中国的国情比较特殊，以前是一家独办，政府一家包办，加上教育行政化等因素，中国大学的同质化问题比较突出，以至于有人开玩笑说中国的公办大学都是教育部大学。改革开放以后，我们也开始走向多元化了，办学多元首先体现在办学主体的多元化，例如民办的、公办的、中外合办的，只有多元才能克服千校一面。

个个有发明、人人有专利的"最牛发明班"（智能制造学院　供图）

学校不同，它的办学理念、办学思想、培养目标，以及所推崇的价值理念就不可能完全一样。大家在别的学校，要适应别的学校，到了锦城学院，就得适应这所学校。比如说，我们现在的课程体系是由三个板块组成的。第一个板块是"三讲三心"明德教育，我们的明德教育和通常的政治、时事、形势教育不是一回事，相当于是一种品德教育。比如说"三讲三心"的三心：我们要有孝心，"百善孝为先"，你连父母都不孝顺，何谈其他素质？我们还要讲忠心，忠于国家、忠于民族。还要讲爱心，要爱你的同事，爱你的同学，大爱无疆嘛！当辅导员，要对学生进行爱心教育，有爱心是要受到表扬的，有孝心是要受到推崇的。本校的第一位"校长特别奖"获得者是2005级学生钟颖，她妈妈肝衰竭时，她割肝救母，我们全校表扬她，中央省市主流媒体也都表扬她，她实践了我们学校推崇的价值观。我们第二个板块是"一体两翼"知识教育，第三个板块是"三练三创"实践教育。2005年我校就提出"三创"：创新、创业、创造。计科系、电子系、机械系发明创造的机器人、3D打印机、无人机、智能手臂等，还有机械系"最牛发明班"，每个人都申请专利。尽管是实用型专利，不是发明型的，但也是提升和突破。我校学生人人学创业、人人参加劳动，这就是实践教育的一部分，这就是本校的理念，本校的课程体系，大家要认同才行啊。

教育部袁贵仁部长在今年两代会上，说我们过去着重培养了一些研究型的人才，忽略了应用型人才的培养。我认为我们研究型人才也没有培养得很好，但是忽略了应用型人才的培养是说对了的，千真万确。大家都知道，我们学校的培养目标就是培养应用型、创业型人才。学校从2005年就定位为应用型大学。那个时候人们对应用型大学不屑一顾，很多学校包括地方院校、独立学院都定位于办成研究型、研究教学型、教学研究型，要办成"小常春藤"等。而我们一开始就定位办应用型。办研究型，我们赶不上北大、清华、川大，但办应用型大学就不一定了。去年，中国邮政储蓄银行从全国80所高校毕业的就职员工中聘任100个一级支行副行长，这80所高校的学生包括很多985、211高校的毕业生。比赛的结果你们都知道不？锦城学院是第一名，应聘成功率达到百分之十五，有15个小行长，这比第二名的大学高出一倍。这次选拔是邮储银行委托智联招聘通过匿名的方式，公平、公开、公正选拔的，我们的学生是凭什么脱颖而出的呢？一是有基层工作经验；二是综合素质高，表达能力强，组织能力强，落落大方。校友的成功说明学校教育的成功。写论文、做研究，我们比不上你，但是当行长，我不一定比你差，对不对？大家认同不认同？

培根先生曾说过："知识就是力量。"但在我们学校，我把这句话重新解读了一下，"知识就是知识，应用知识才是力量"。学了一大堆知识，你不动手、不动口，哪来的力量？只有你把知识运用到改造世界的实践当中去，才能够真正产生力量。

再看看专业，很多大学都是从学科出发的，比如说物理学科派生出来微电子学、核工程与核技术专业，化学学科派生出高分子专业、无机物专业等。天津大学化工系的一二十个专业都是化学这个学科派生出来的。但我们学校不是从学科出发，而是从岗位出发、从产业出发，社会上有什么或者即将产生哪些岗位，我就对应着设置什么样的专业或专业方向。在这一点上，我们和研究型大学是不同的，我们叫"专业设置的逆向革命"。

（二）要适合学生的特点和发展需要

A学生和B学生是不一样的，北大的学生和"锦城"的学生是不一样的，"锦城"的学生和川大的学生也是不一样的，每个系的学生、每个专业的学生也都是不同的，学生各有各的特点。

2005年是学校第一届招生，招了2100人，这2100人都是在三本线上招来的，这些学生的特点就是表达能力、组织能力、活动能力挺强，但是坐下来好好学习不行。所以2005年我们采取的措施是半军事化管理，礼拜一到礼拜五不准出校门，关在这里好好学习，这就是一种比较适合学生特点的做法，结果证明效果很好。那一届的学生毕业后在工作岗位上表现很好，出色的校友不在少数。

老师要充分了解你的学生。老师不了解学生，是绝对做不到因材施教的。各系的学生都有自己的特点，比如说财会系学生的特点就是坐得住，我们财会系的ACCA是一本招生，他读书就读得进，他们用的教材都是原版英文教材。老师对不同的教育对象，要有不同的教育方法，孔夫子就是因材施教。不能不看对象，"一服药包治百病"，对这样的学生这样讲，对那样的学生也这样讲。锦城学院的学生和来自其他大学的学生可能一样，也可能不一样。大家要知道他的特点、他的优点和缺点、他的长处和短处。

我们学校发明了一个理论叫"长板原理"。就是一个学生他将来有没有出息，取决于他的长板，不取决于他的短板。当然了，这个短板不能是品质上的问题，不能是基本素质方面的问题。我们的教师、辅导员要知道学生的长板。每个学生的长板你必须知道，不知道学生的长板，你怎么能把你的学生培养成人才呢？例如电子系余晟睿，制作无人机、3D 打印机、智能手臂等，很有创新创造精神，对于这样的学生，就要充分发扬他的长处、鼓励他的长板，不要求全责备，这样才能使学生的长板更长、亮点更亮。

什么样的老师是好老师？适合于学校的就是好老师，适合于学生特点发展的就是好老师。我希望我们每位教师对学校的定位、办学理念、培养目标等方面要有充分、清晰的认识，对每位学生的特点、特长要非常了解。

三、怎么样才能成为好老师

适合的就是最好的，但是怎样才能做到最好呢？做好一名好老师最重要的是什么？核心就是投入。全身心投入是"锦城"教师的第一师德。

（一）教师是终身学习的职业，希望大家能够全身心投入学习

备一次课讲一辈子，这是不可以的。因为科学在发展，社会在进步，我们要求每位教师都要把学科和产业最前沿的内容教给学生，不能做到这条就是不称职的，而这是需要不断学习的。

比如说高等教育大众化问题，大家都习惯采用马丁·特罗对高等教育三个阶段的划分，但是没有深入地进行学习，都不知道这是怎么来的。马丁·特罗在 1973 年《从精英向大众化高等教育转变中的问题》一文中把高等教育分为"精英、大众、普及"三个阶段，并且对每一个阶段量的变化都给出了具体规定。他预见了高等教育大众化后将会出现"老师紧缺、生源质量下降、整体教育水准发生变化、教育多元

化"等问题，大众化后高等教育必定会分化，就是各种类型的学校都会出现。但我们教育部还是按照大一统，全国的高校都照着办。管你是公办的还是民办的，应用型的还是职业型的、研究型的，管你什么型的都是一个文件管到底，能行不？

所以我们要学习。当然了，我们是一所新学校，新学校教师要学习，老学校教师也要学习。做好一名好老师最重要的首先就是学习，自己学好了，再教育学生。

又比如，在课程设计方面，知道的人有很多，但是很少有人研究过。我们的老师在这方面早就实践了，但没有上升到理论高度，没有认真写出几本书来。课程设计最权威的三本书是加涅的《教学设计原理》、史密斯与雷根的《教学设计》、迪克等的《系统化教学设计》。另外，中国的皮连生、刘杰的《现代教学设计》也是非常具有代表性的。这些大家都要去好好学习、钻研。同志们，我们提出来要大家做好"两课设计"，你不能说把我的讲话看了一遍，没有体会到它的基本原理是什么、要达到的目的是什么，这样怎么能做好"两课设计"呢？所以，这些方面要不断学习。

在新技术、在新革命上，要想不落伍，更要持续不断地学习，并且付诸实践。

2012年是"慕课元年"，2013年1月份我们就开始学习并部署工作了。这点上我们不落后，不落后不等于就做得好，我们可能做得还不够好。所以我说除了慕课以外，我们还要翻转，慕课不等于翻转，小规模限制性在线课程不等于翻转，精品课程也不等于翻转。我们曾组织大家学习《教育正悄悄发生一场革命》这本书。"翻转课堂"是一次革命，教师的地位发生了变化，学校传播知识的渠道发生了变化，学生把被动学习完全变成了主动学习，改变了我们学习的习惯。"翻转课堂"从一开始推行就是有阻力的，到现在还有一部分人没搞懂，没搞懂就应该去学习、去钻研，不好好学习、不努力做，这个就不好。

学校现在给大家搭建平台，建立"锦城在线"网络教学平台，为大家提供视频发布、在线学习、互动答疑、资源共享的载体；建立"视频制作中心"，为大家提供技术支持；我们还对老师开展"翻转课堂"培训等，都是鼓励大家去学习、去实践的。

所以在新技术这件事上，大家第一个要搞懂，要学习；第二个要做，要投入实践当中去。

（二）教师是全身心投入的职业，希望大家可以对自己的工作精益求精、止于至善

全身心投入就是要把心思花在孩子们身上。我们学校提倡"三个增值"。学生增值是第一位的，然后是老师增值，第三个才是学校增

"夫子育人奖"（锦城学院高级荣誉）一等奖获得者杨泽明老师，他全身心投入育人事业，提出并践行了"学生在哪里，老师就在哪里"（发现之旅频道　摄影）

值。我们对教师的底线就是不误人子弟，这也是"锦城"每个教师的良心。各位老师你们一定要想明白一件事，我们学校的学费是公办学校的3倍，别人不考公办学校要考我们，为什么？

我们从2012年就开始在二本批次招生，去年开始有一个专业在一本批次招生，今年我们争取三个专业在一本批次招生。我们在全省47所地方院校里，排在第22位左右，就是中等靠前，我们后面还有二十几所，甩掉了二十几所地方高校。地方学校的学费只有不到5000块钱，我们学校收一万五，你是高学费，那学生凭什么要报你呢？现在大家都是二本了，你这个二本怎么比人家要贵呢？所以他必须在我们学校得到良好的教育，才能物有所值啊！我们要保证我们每个老师都优秀，每个老师都负责任，每个老师都不能误人子弟。我们要求，老师要尽心地备课、尽心地讲课、尽心地辅导，利用多种方式跟学生对话、互动，要对学生全身心投入。中国大学老师"上课来、下课走"是个天大的问题，都知道这是个天大的问题，但都解决不了这个问题。其中一个原因是学校就没有给他准备办公的地方，没有给老师准备办公室。我们学校新的和平大楼修建以后，为每位老师准备了办公室，至于怎么利用这个办公室，就看各位老师的了。

我们锦城学院是负责任的学校，"锦城"的教育是用心的教育。一个人的本事有大小，但是关键是全心全意，全身心地投入教育事业。

（三）教师是出成果、出作品的职业，我们鼓励老师们积极开展科研活动

学校也给老师提供做科研的条件，我们也支持你搞好科研，所以不要以为应用型大学就不搞科研，应用型大学也搞科研。应用型大学

可以分为两个阶段：应用技术阶段和应用研究阶段。我们现在正在向应用研究阶段过渡。所以大家要多做横向的、纵向的科研题目，为企业、为政府、为地方的经济发展出力；发表有水平的、能解决实际问题的论文；还可以结合自己的教学实践来研究教育、研究人才培养等。

最后，我希望全校师生共同努力，把锦城学院办得越来越好！这是教师的事业所在，是学生的前程所在，也是地方和国家的希望所在。教师要担负这样的责任，把学校办好、把学生培养好，发挥应有的作用。

中青年干部的"三要三不要"

——在新晋中青年干部座谈会上的讲话

（2016年5月20日）

我们分两批晋升了在座诸位，到目前为止，绝大多数部系都已配备了年轻干部，个别部系尚在研究。总体来说，我们要按照建校之初确定的"三结合原则"来建设我们的师资队伍和干部队伍，这对我们事业的长远发展是非常必要的。

学校创办至今已十一年，"创业艰难百战多"，老同志们可谓功勋卓著，我主张在搬了新办公楼以后，要把创始者们的照片挂起来，学校从第一任校长、书记开始挂起，各系从第一任系主任、党总支书记挂起。这是参考的国际经验，许多国外的大学都这样做，这既是对开拓者们的致敬，也是一种历史的传承和积淀。

新陈代谢是自然规律，随着时间的推移，老同志退出历史舞台，中青年同志接班是必然的。但这得有一个过程，我们现在就是要培养一个班子，有序地、平稳地过渡。今天，我给中青年干部作一次谈话，谈几点要求和希望，概括起来讲，就是"三要三不要"。

中青年干部座谈会现场（宣传处 供图）

一、要忠诚不要动摇

一个组织能否繁荣兴盛、长治久安，很大程度上取决于有没有一批忠诚之士、"铁杆"分子。我们中国的文化，历来比较强调忠诚。我讲的忠诚有三个层面：第一是要忠诚于党和国家的教育事业，第二是要忠诚于"锦城"的教育事业，第三是要忠诚于自己的岗位。

什么叫忠诚呢？首先是要患难与共、贫富与共、荣辱与共、存亡与共。不能患难与共不能叫忠诚，不能荣辱与共也不能叫忠诚。富贵与共是容易做到的，患难与共则比较困难，一个家庭吵架的时候往往都是在困难的时候。一般来说，一种事业刚兴起的时候，患难与共是主要的，党和国家的事业是如此，知名企业如阿里巴巴、华为也是如此。我们党自诞生以来，从中央苏区到延安那一段困难时期，面临着国民党的围追堵截，可谓困难重重，但依然有一批骨干坚定地跟着党走，这就叫患难与共；马云创办阿里巴巴，最困难的时候打个车都困难，只能坐公交，创业团队的18人也是一起苦过来的；华为集团，我曾经率团访问过，是从一个小企业发展壮大的，也经历过发不出工资，背水一战，"不成功则成仁"的时候，正是靠着患难与共、荣辱与共、共同奋斗的团队精神才渡过了难关。

我们"锦城"的创业史也是一部齐心协力的奋斗史。当年有人在网络上攻击我们，姚东、许诺、田甜等一批辅导员挺身而出，与学校荣辱与共，勇敢地与歪风邪气做斗争。又比如当年的人事风波，冯正广、王红兵等年轻同志冒着被除去编制的风险，毅然选择站在"锦城"的一边。我记得冯正广当年表态说"追随校长，效忠'锦城'"，这句话我是很赞赏的，"锦城"是我们的共同事业，作为校长的我也是效忠"锦城"的，所以我们都是效忠"锦城"。当时还有许多老同志也都表示愿与"锦城"共存亡。古话说得好，"疾风知劲草"啊，这些同志在关键时刻经受住了考验，已经搞清楚了要和谁共存亡的问题，这就是忠诚于"锦城"教育事业的表现。

但也有人不讲忠诚，平时唱高调，还不到生死存亡的时候就不行了。比如当年某某走投无路找不到工作，学校接纳了她、培养了她，她在学校把小孩生了、博士读了、教授评了，婚假、产假都休了，到头来却要走了，还用"我身体不好"之类的理由来敷衍。在"锦城"身体不好，到别处去就身体好了？还有些人挖公家的墙脚，利用职务便利，做出逾越职业底线和做人底线的事情，损害了学校和学生的利益，辜负了组织对他的信任。我认为这些行为都是很不应该的。对于员工，我们要加强讲良心、讲感恩、讲诚信、讲忠诚、爱校荣校的教育。

要树立以校为家的意识。我是不主张轻易开除教职员工的，我们基本上是学习日本企业"终身雇佣""年功序列"的做法，目的就是减少大家的后顾之忧，让大家安心在"锦城"干事业。当然，我们也解除过一些人的劳动合同，但那是因为他们触碰到了学校的底线。比如艺术系一位老师连续把学生成绩搞错，引起家长的强烈不满，对不起，你触碰到了学校的底线，对学生不负责任就是对学校不负责任。机械系一位老师，督导组评教不合格，学生普遍反映他讲课不知所云，这不是误人子弟吗？我们能眼睁睁看着这种现象继续下去吗？对于忠诚、勤奋、负责任的员工，学校历来是关爱、帮助、培养的。希望大家也要把学校当成是自己的家，要爱这所学校，树立"校荣我荣，校衰我耻"的理念，与学校共进退、同发展。

讲忠诚还要讲传承。党的干部培训班从来都要讲党的优良传统，这叫传承。我们学校也有许多光荣的传统、正确的理念、很好的制度、光辉的实践，这都要靠大家去传承。我校在国内的高等教育界提出过许多创新性的理念，实施过许多原创性的做法，现在看起来都是能经得住时间和历史考验的，而且经过多年的积累和沉淀，已经成为鲜明的办学特色。什么是特色？特色就是能够坚持下来的那一套。"你方唱罢我登场"，一人上台搞一个花样就很难形成特色。当然，我的意思不是说阻止大家改革创新。改革和创新是我校的两大法宝，我校建校时间不长，在大学之林能够后来居上，靠的也是改革和创新，所以两大法宝必须坚持。我的意思是说要把握好传承与创新的关系，优良传统是传家宝，是前一辈留给后一辈的金山银山，这个传统要注意继承和发扬。

二、要负责不要滑头

年轻人容易犯的错误是避重就轻、避难就易，遇到好处是自己的，遇到了矛盾和困难时不能走到前头去。想当"好人"，当"二传手"，把矛盾和困难上交或下派……这些常见的毛病都是要引起警惕的。当然，在座诸位都是很好的，很多事情都坚持冲到一线去解决，这叫担当，叫负责任。

负责任还有一层意思，就是要自己想办法。最近网上有一篇文章，叫《公司请你来干什么》，里面有一句："如果你既不能发现问题，也不能解决问题，你本身就是一个问题。"我觉得说得挺好。如果一所学校所有的问题都要靠校长去发现和解决，那校长也太累了，这个学校根本就不可能办下去，许多事情都是要靠大家来发现、解决，把问题消灭在萌芽之中。各个部门有各个部门的难题，各个系有各个系的难题，怎么解决？全部推到学校来？恐怕不行。遇到难题的时候，就是看你水平和能力的时候了。大家要主动地研究问题、寻找出路，不能上面怎么布置我就怎么做，或者不布置就不做，甚至布置了也不做，而是要有主动性、创造性。

要有独立完成任务的意志和决心。困难面前，我们很多干部都是靠前指挥，在第一线解决问题的，这很好。但也有些不好的现象，比如该审核的不审核，该做工作的不做工作，把矛盾和困难上交，许多本该在部系层面做的工作不做，该在部系解决的问题没有得到解决，一股脑儿地甩到学校来，好人都是你们做，得罪人的事情就是校领导做，这样是不是有点不好？希望大家有独立完成任务的意志和决心，先在自己职权范围内解决问题。当然，该汇报的还是要汇报，该请示的还是得请示。但要积极想办法、做工作才行。

要有担当，有独立的见解。我不希望你们人云亦云，包括我说的话，凡是有不符合事实的，你们要大胆地指出来；包括我提出的解决问题的办法，你们认为有更好解决方案的，也要大胆地提出来。所有的问题都不止一个解决办法，同样一个题目，有几个解决办法，凡是有好的办法就勇敢地提出来，这就叫有担当。

"做什么就要把什么做得最好"，我一直信奉这个观点。我在长钢当工人的时候是"五好工人"，当班长的时候是"四好班长"，当车间书记的时候年年在大会上介绍经验，我就是要求自己做什么都做到最好。我当四个工种的工人都当得很好。一开始，我们到大冶钢厂去，搞技术分析，我大学学的不是这个专业，需要重新学习，当时我把能搜集到的所有钢厂的操作规程全部一本一本地抄完，然后做实验，找出最好的方法。同样一种元素——譬如说镍含量的测定，不同的钢厂有不同的方法，谁的好？要通过实验对比才知道。我抄完了各厂的操作规程，然后就到实验室里做实验，找出最优的办法。我刚去了半年，老班长就宣布："凡是分

邹广严校长在长钢工作时期题以自勉

析结果有分歧的数据，要以小邹分析的为准。"这就是相信你不是？为什么相信你？你认真，你负责，你想了很多办法。大冶钢厂在黄石，那个地方冬天冷得很，夏天又热得很，我们住在职工学校的教室里，冬天冷风呼呼地吹，我们弄上几个汽油桶，插上几根钢条，弄点焦炭在那里烧，别人都在那里"围炉夜话"，张家长李家短，比谁要的朋友漂亮，我还是在那里认真抄。大家想一想，要把所有的规程都抄完，容易吗？第一个要去找，第二个要会抄，第三个还要去实验室照着做实验。我说我的故事，就是希望大家做事情要精益求精，要自己想一点办法，做什么都要有自己的一套：学生工作有学生工作的一套，讲课有讲课的一套，做学问有做学问的一套，管理有管理的一套。这一点上，我们要学苏联的苏霍姆林斯基，他一辈子在中学教书，最大的官只是个中学校长，但他是世界级的教育家，享有世界级的声誉，能在平凡的岗位上做出不平凡的事情，这就叫优秀。

三、要优秀不要平庸

你们要优秀，优秀才能服众。有的人多年得不到提拔，他自己感到很委屈，好不容易被提拔了，也难以服众，别人还认为他根本就不行。你不优秀，就不能服众，即便提拔了，也很难做好工作。所以，青年干部必须优秀，必须能服众。

优秀包含的内容很多，有些是个人素质方面的，有些是领导能力上的。你们的个人素质都没有问题，不然也不可能脱颖而出。在领导能力上，我想强调四点。

一是要谦虚。"谦虚使人进步，骄傲使人落后"，"三人行，必有我师"，你们要更多地向长辈、同事、下属学习。"学然后知不足"，往往是学习了，提高了，回头去看，才明白自己的不足。一个人要是觉得自己什么都行，别人什么都不行，那就离毁灭不远了。

二是要合作。班子一定要团结，领导一定要合作。德国有句谚语："一个人的努力是加法，一群人的努力是乘法。"精诚合作，就能产生"1+1>2"的效果。希望你们能够"做好本职，关心全局，互相商量，共谋大业"。班子成员之间要求大同、存小异，多信任、少猜疑，多负责、少推诿，多民主、少专横，多奉献、少自私，多关心、少冷漠，多理解、少误解。

三是要以身作则。要求别人做到的，你带头做到；要求别人不做的，你首先不做。孔夫子不是说得很好吗？"其身正，不令而行；其身不正，虽令不从。"领导干部一定要有表率意识，要堪为表率才行。

四要有恢宏的气度。不要去争你个人的荣誉，要去争你们集体的荣誉，把荣誉让给老同志、小同志，把责任扛在肩上。四川人有一句话说"吃得了亏，打得拢堆"，吃不了亏，就打不拢堆。有功劳都是自己的，有错误都是别人的，揽功诿过没出息！是当领导的大忌！我这一辈子的经验都是这样。当年宋宝瑞省长就对我们讲："凡是我开会定的事情，你们大胆干，有问题是我的，有功劳是你们的。"这让我们工作起来感到非常愉快《道德经》上说："生而不有，为而不恃，功成而弗居。"尽管你们现在只是小领导，但也要学学这方面的智慧。团结大家，激发大家干事创业的热情，开创一个欣欣向荣的局面，你的功劳就在其中了。

同志们，我们是一所新建院校，要想出人头地，就得做别人做不到的事。如果你做到的别人也能做到，那就泯然众人啦。我今年要给毕业生讲话，就要说我们头上没有985、211院校的光环，凭什么和别人竞争——就凭你做不到我做得到，你睡觉了我还在做，你礼拜六不加班我加班。别人睡觉了你也睡觉，你拿什么超过别人？一个学校、一个团体和企业，到了礼拜六、礼拜天就去耍了，我看没什么希望。年轻人要做别人做不到的事，你们一定要以身作则，做出个模范来。最后的结果是要服众，大家都认可你，叫作"深孚众望"嘛。

由于时间的关系，今天就谈到这里吧。希望你们严格要求自己，勇担重任，加快成长，为"锦城"教育事业作出更大的贡献。谢谢大家。

赢得改变，创造未来

——在2016届毕业生毕业典礼上的讲话

（2016年6月23日）

各位来宾，同学们，老师们，家长们：

大家好。今天，我们欢聚一堂，隆重举行我校2016届毕业生毕业典礼，庆祝5000余名毕业生圆满完成学业，踏上新的人生征程。在此，我谨代表学校，向莅临现场的各位来宾和家长朋友们表示最诚挚的欢迎！向各位毕业生致以最热烈的祝贺！并向长期以来支持学校发展的各位领导、各股东单位、合作办学友好单位、奖（助）学金设立单位，以及为同学们的成长成才付出辛勤劳动的各位教职员工表示最衷心的感谢！

同学们，几年前，你们怀着对大学的憧憬和人生的梦想来到了"锦城"。光阴如白驹过隙，一眨眼工夫，你们在"锦城"的几年就过去了。经过一千多个日日夜夜，你们通过了最后的考试和答辩，今天，终于穿上这学位礼服，坐在锦城大礼堂里，迎来毕业典礼这一庄严的历史时刻。此时此刻，你们在想些什么？我相信你们一定在不约而同地回忆那充满了辛苦与欢乐、汗水与笑容的"锦城"时光。那是爱心湖畔杨柳树下的琅琅晨读，是"白宫"图书馆里的掩卷沉思；是艺术节的载歌载舞，是绿茵场上的狂奔呐喊；是用汗水浇灌出农场的春华秋实，是用激情上演的创业大赛的群雄逐鹿；是"大于天"的"锦城"课堂里老师们的谆谆教诲，也是"翻转课堂"分组讨论时小伙伴间热烈的争论；有实验室里的探索创新，也有合作企业里的实践历练；有在社团活动中的服务同学、锻炼自己，也有志愿活动中无怨无悔的奉献与付出；有紧张备考的充实岁月，也有积极求职的奔波时光……经历了这些，你们的脸上褪去了入学时的青涩与稚气，取而代之的是临别时的成熟与自信。你们可能都在思考一个共同的问题："我在'锦城'获得了什么？"

同学们，我可以和你们一起来回答这个问题。那就是："你们赢得了改变。"

第一个改变是，你们的知识得到了丰富。大学是学术的殿堂，图书馆是知识的海洋，老师们是求知的向导，而你们，则是勇立知识前沿的弄潮儿。在一堂堂精彩的课堂上，你们得到了指引；在一页页读过的书本里，你们增长了新知；在一次次名师的点拨下，你们加深了领悟；在不断地温故知新和与朋友们的切磋讨论中，你们建构了自己的知识体系。截至今天，5000余名毕业生一共取得了8251个资格证书，10位同学拿到了专利授权，38位同学发表了45篇高质量论文，1234位同学参加了省级以上大赛并获奖106项，118位同学考上北京大学、浙江大学、四川大学、厦门大学等国内高校的研究生，175位同学即将赴东京大学、伦敦大学、悉尼大学等校留学。这些显性的指标有力地说明了你们获得的知识进步。你们在"锦城"打下了深厚的通识基础，形成了与众不同的专业眼光，用知识武装了头脑，看待事物和思考问题的方式变得更全面、更深刻、更具独立性和批判性。苏格拉底说："知识即美德。"你们通过获取知识，避免了无知带来的愚蠢、盲目、偏见，变得智慧、有主见、客观、公正。从这个意义上讲，你们都变成了未来世界更好的公民！

第二个改变是，你们的才干得到了提升。作为一所崇尚"学以致用"的应用型大学，"锦城"不仅要帮助你们获取知识，更重视培养你们正确运用知识的能力。"锦城"的办学理念、人才培养模式、校企合作平台为你们提升技能、历练才干提供了广阔的天地，帮助你们形成了很强的就业竞争力。我们很高兴地看到，即便是在经济下行压力持续加大的2016年，本届毕业生仍然保持了98%以上的高就业率，还有不少同学选择了自主创业。比如：电子系的翟昊楠同学受到学校农场教育的启发，立志于为社会提供更安全、健康的食品，创办了成都来兮农业开发有限公司；财会系的王佳楠同学是从电子科技大学成都学院专升本到我校的毕业生，他通过在"锦城"的锻炼，以良好的综合素质进入了世界四大会计师事务所之一的普华永道公司工作；工商系的白文恩同学在社团活动中锻炼出优秀的组织协调能力，进入了哈工大机器人集团并担任总经理助理；金融系的王淦田同学来自巴中市的一个贫寒家庭，他以总分第一名的成绩考入了国家统计局四川调查总队；计科系的蔡凯宇同学在校期间获得过中兴集团的多项认证，现在，他成为爱立信公司的核心网工程师。还有不少同学进入了工、农、中、建、邮五大银行，以及中国石油、中国石化、中国移动、中国电信、四川航空、四川路桥、五冶集团、水利水电集团等知名企业工作……这充分说明了你们在"锦城"历练出的才干受到了用人单位的广泛认可，这是你们的成功，也是"锦城教育"的成功！

第三个改变是，你们的特长得到了发展。在"三追两谋"的"锦城精神"指引下，学校提出了教育学上的"长板原理"，帮助大家发现、发展、发挥自己的特长，形成优势突出的"长板"。几年来，我们共同见证了学校历史上的诸多第一：金融系的甘晓芸和财会系的余瞳同学举办了第一场演唱会；金融系的王甜甜同学举办了第一场个人书法展；电子系的余晟睿团队制作出第一台高精度3D打印机，并获得首届中国"互联网+"大赛四川省金奖；机械系的刘亚团队制作出第一批能完成炫酷舞蹈的人形机器人，这些机器人在十周年校庆晚会上大放异彩，并作为我校赠予达州市委、市政府的礼物，陈列在达州市科技馆；文传系的王雨烟同学成为从我校走出的第一位成都市学生联合会执行主席；文传系的杜靖宇同学带领班级联合会推动我校公益教室活动，使学生成为教室的主人；还有工商系的马政，他以自己非同寻常的努力，成为我校首位成功以"专衔本"和"海外硕士留学"两种渠道提升学历，并荣获"十佳共青团员"和"校长奖学金"的专科生，他的事例证明了我们的专科同学也很优秀，同样有着光明的前途……总之，在这里，你们找到了内心的热爱，激发了沉睡的潜能，绽放出夺目的光彩，更好地认识并最终成为你们自己！

邹广严校长在毕业典礼上讲话（宣传处　供图）

第四个改变是，你们的人格得到了完善。无论是"锦城"明德教育提倡的"三讲三心"，还是传统文化与现代精神的滋养熏陶，都旨在帮助大家完善人格，做一个尊重人、关怀人、帮助人、"不以恶小而为之，不以善小而不为"的好人。本届毕业生中，有一位来自艺术系的李渊同学，就在几个月前的一个寒夜，他在家乡广元市剑阁县冰凉刺骨的河水中，冒着生命危险，与另一名英雄一起合力救起了两名落水者，从死神手中抢回了两条宝贵的生命。他也因此受到了当地人民群众的高度赞扬，被剑阁县人民政府授予"见义勇为公民"光荣称号，被共青团广元市委授予"见义勇为优秀共青团员"称号。我想，他这义无反顾的救人壮举，不正体现了我校"三讲三心"的大爱精神吗？不正说明了"锦城教育"的巨大成功吗？"锦城"让我们获得了人格的完善、道德的升华，让我们的内心充满了浩然正气！

同学们，这就是你们的经历和改变。这真是一段精彩的、丰富的、意义深远且十分美好的"锦城"时光。在这里，你们不负父母的期待、恩师的教诲，更不负当初的选择和青春的奋斗！

你们获得自我改变的同时也改变了学校。2012年，伴随着你们的到来，学校实现了从三本升入二本的历史性转变。三年后的2015年，我们又一起见证了审计学（ACCA）进入一本的历史时刻。现在，一所创新型、应用型的锦城学院正在崛起，你们的母校正在中国高等教育创一流的激烈竞争中傲然自立于大学之林，这值得每一位"锦城人"为之骄傲和自豪！

同学们，你们就要收拾行囊，告别师友，到校门外去"闯世界""打天下"了。你们面临着一个日新月异、千变万化的世界，它的特点就是无时无刻不在改变。中国古代有"穷则变，变则通，通则久"的大智慧，你们在"锦城"校园里已经获得了改变，你们在"锦城"校园外也必能应对新的改变！我知道你们都有远大的理想，想要改变世界。但为了改变世界，你们首先要改变自己：改变自己的思维，改变自己的行为，改变自己的品性，改变自己的态度。只有赢得改变，才能创造未来！

你们面临着角色位置的改变。哈佛校园里铭刻着这样一句话："入校为增长智慧，离校为更好地服务国家与人民。"是的，从跨出校门开始，你们就从一个"学校人"转变为一个"职场人"，从一个接受教育服务的人变为了一个用自己的所学所长服务社会的人。在我们学校，一切教育的中心是学生，一切服务的中心是学生，学生的冷暖、成长、前途是学校的头等大事，从校长、教师到宿管阿姨，全校的教职员工都把学生的成功当作是自己的成功，你们是学校的中心。但走出校门，你们的角色位置就变了，你们不再是"中心"，你们为之服务的祖国、人民，为之奋斗的事业才是"中心"，你们变成了服务者、奉献者、劳动者、创造者。你们的肩膀上不再轻飘飘，而是多了几副工作、家庭、生活的担子，负重前行将成为你们人生的"新常态"。

肩上的担子就是责任。责任既是负担，也是走向人格独立和自我实现的必由之路。丘吉尔说："高尚、伟大的代价就是责任。"你们若想获取成功，赢得尊重，就必须把对岗位、对家庭、对社会的责任放在心上，扛在肩上，落实到行动上。"锦城"锻造了你们出众的品质，不是帮助你们逃避担当，而是让你们更有担当、更能担当。我希望我们"锦城"的毕业生能够多一点"当仁不让"的勇气，多一点"舍我其谁"的气概，多一点"祖国人民需要我"的情怀。你们肩负得越多，你们取得的成就就会越大，就能让"老者安之，朋友信之，少者怀之"，就更可实现"为天地立心，为生民立命，为往圣继绝学，为万世开太平"的伟大理想和抱负！

你们面临着评价标准的改变。社会和学校一样，对人们都是有所考验和评价的，但内容、要求和标准却不一样了。大概而言，学校对学生的评价偏重智商，评价的方式偏重考试，如果哪一位同学门门功课都能得高分，就能称得上是"学霸"，哪怕其他方面差强人意，往往也会受到推崇。但到了社会上就不同了，社会综合考验我们的知识、技能、素质、修养……绝不像考试那样简单，也绝不是分数所能衡量。

在现代社会中，单打独斗很难成功，机遇更垂青于那些有亲和力、懂得包容、善于合作的人。清代有个名人叫郑板桥，他的名言之一是"吃亏是福"，为什么吃亏是福呢？正如有句四川话所说，"吃得了亏，打得拢堆"，能吃亏的人往往有好人缘，更容易获得认同和信任。肯吃亏的人才是有大智慧的人，我希望大家能够铭记"己欲立而立人，己欲达而达人"的道理，更多地支持他人、帮助他人，把方便留给他人。这样，你们定能够凝聚人心，得道多助！

"锦城"学子有很多长处，其中一条是有行动力。脱离了行动，梦想只能是幻想，思想只能是空想。马克·吐温说："进步的秘诀就是要善于行动。"任何事情，想到了还要做到，做到了还要做好，做好了还要坚持下去——这就是"锦城"的成功之道！

你们的竞争者和合作者发生了改变。在学校里，你们的竞争者和合作者大多是同龄人，大家有着类似的经历和相当的水平，有着共同的语言和话题。走出校门，你们的竞争者、合作者将变为不同年龄、不同经历、不同水平、不同背景、持有不同价值观，或是来自不同地区甚至不同国籍的人群，这又是一个重大的变化和挑战。

面对可能的跨国别、跨文化、跨阶层、跨价值观的合作，我希望大家能用自己的美德和智慧，做无敌的仁者、不惑的智者、无畏的勇者。要学会"求同存异"，懂得"和而不同"，坚持"换位思考"，践行"将心比心"，把老祖宗"己所不欲，勿施于人"的精神发扬光大！

面对未来世界的压力与挑战，你们要敢于竞争、敢于胜利。四年前，我在你们的开学典礼上讲过："过去不代表未来，起点不决定终点。"我们头顶上可以没有985、211高校毕业生的光环，但一定要用竞争中的胜利为自己加冕。为此，我们要想别人想不到、做别人做不到的事，以十倍的勤奋，百倍的努力，去打造"锦城学子"这块金字招牌！

想别人想不到的事就是要特别能创新。未来世界是创新驱动的世界，未来世界的领导者一定是各个领域的创新者。创新是突破，是颠覆，是后来居上的法宝，也是改变世界的力量。希望大家能及时发现新问题，形成新思路，提出新点子，用创新的头脑和行动，为国家和单位多作贡献。

做别人做不到的事就是要特别能坚持，特别能吃苦，特别能战斗。要大处着眼，小处着手，坚持认真做好每一件事。正如海尔总裁张瑞敏所说："坚持把简单的事情做好就是不简单，坚持把平凡的事情做好就是不平凡。"别人休息了，你在学习；别人玩耍时，你在工作；如果全公司只有一个人加班的话，那个人一定是你！如果你们能够做到这些，就会获得势不可挡的力量！

你们还要有君子的风度与豁达。赢了不要张狂，输了也不必气馁，要学习古人"不以物喜，不以己悲"的可贵品质，以及"穷则独善其身，达则兼济天下"的高尚情操。"锦城"不会以成败论校友，母校永远是你们心灵的港湾、坚强的后盾！

同学们，放开眼界，张开双臂，像勇敢的海燕在大海上空飞翔吧，未来属于你们！

谢谢大家！

把"锦城"的本科教育做到最好，
把"锦城"的人才培养做到一流

——在2016年夏季教学工作会议上的讲话

（2016年7月7日）

大学的核心任务是培养人才，我们锦城学院讲"五个第一"，首先就是人才培养第一。人才培养始终是我们"锦城"的首要任务，这是我们一贯的、旗帜鲜明的主张。

这次会议，我们集中讨论了人才培养方案的若干问题，上午发言的几位同志对人才培养方案提出了非常好的、具有创造性的意见，几个系的同志也介绍了他们各具特色的想法和做法。总的来说，大家对人才培养的重视，对人才培养模式的创造，以及对课程的设计，有很多可圈可点之处。下面，我讲几点意见。

一、办学十年来的人才培养经验

十年来，我们已经探索出一条应用型大学的办学之路，在应用型人才培养上取得了一些成绩和经验。比如我们树立了正确的指导思想，即"学校错位竞争，人才分类培养"。我们找准并坚持了应用型办学的定位。大家知道，独立学院一般来说都是沿用母体学校的人才培养模式、课程体系，甚至于教学方法，但我们一开始就明确了和川大的区别，川大是研究型大学，我们是应用型大学。我们一开始就认识到这是两个不同类型的学校，因而不能照搬母体学校的办学理念、治校方略、教育教学。我们确立了办应用型大学的自信，提出研究型有研究型的一流，应用型有应用型的一流，我们就是要争创应用型大学的一流。

再比如我们确定了清晰的人才培养标准，即我们常说的"做人第一，能力至上"。"能力至上"又具体列出"三会两商两强于"，这就把我们的培养标准具体化了。

又比如我们基本形成了完整的课程体系。这个课程体系由三个板块构成，第一个板块是明德教育，"三讲三心"，讲的是做人；第二个板块是"一体两翼"，讲的是知识；第三个板块是"三练三创"，讲的是实践。现在全国都在讨论应用型大学怎么办，我看离了这三个板块也是不行的。我们十年前就提出"三创"——创新、创业、创造，并且逐渐取得了一些成绩。自李克强总理提出"双创"以来，全国掀起"双创"热潮，但我们已经搞了十年，这说明我们是很有前瞻性的，不是人家说了我们跟着说，人家喊了我们跟着喊。这十年我们默默地做，因为我们坚信这样的方向是对的。实践证明，我们的做法符合教育的规律和潮流。

同时，我们确立了自己的人才培养的检验标准，即社会认不认可。社会认不认可的一个重要表现是就业率。上午两个教研室都讲了他们的就业率是100%，这是了不起的成就。计算机和中文这两个专业，由于开设的学校很多，学生数量大，整体的就业率一直都是不高的，为什么我们这两个专业能达到100%呢？只有一种合理的解释，那就是我们的办学很好地满足了社会的需要，而且办出了质量和特色。你办我办大家办的专业，风景这边独好，能够在众多学校中出类拔萃，那就不简单。

当然，我们取得的经验还不止这些，这里就不一一列举了。我想我们首先要回过头来认真地总结这十年来的探索。办一所大学，十年是很短的时间，我们没有悠久的历史、深厚的积淀，但我们方向正确，敢于创新，而且看准了方向就大胆地前进，执行力很强，精简高效，这些都是可贵的。我们马上就要制定学校的第二个十年发展规划，对于这十年来的基本经验，最科学的态度是要很好地总结它、完善它、发展它，而不是另起炉灶、推倒重来。

2016年7月，计科系黄兴同学收到北京大学研究生录取通知书后，向邹广严校长报告喜讯并衷心感谢学校培养（计算机学院　供图）

二、在人才培养上的缺点和不足

在第二个十年，我们要进一步优化和完善人才培养方案，不断提高人才培养质量。这就要在总结经验和成绩的基础上，找准我们在人才培养上的缺点和不足，然后有的放矢地改进、完善、提高。那么，我们在人才培养方面有哪些不足呢？主要有如下五个方面。

（一）培养模式特色还不突出

什么叫特色？人无我有可以算是特色，人有我优也称得上是特色。如果从大众接受的角度说，特色就是辨识度。在两千多所学校中，锦城学院有一些特质，能让人一眼就认出来；在全国那么多同类院系中，我们的院系也有一些特质，能让别人一眼就认出来，"卓尔不群"，这就叫有特色。

我们不能说没有特色，譬如计科系的"五种培养方式"，文传系的"技术型文科人才"，财会系的"双证培养"，工商系的"以赛促学"，建管系的"工学结合"……各个系都是有特色的，但我们的缺点是特色还不够突出，还没有在全国都叫得响的特色。

特色一定是在比较中产生的。我们艺术系得跟传媒学院比一比，电子系、计科系得跟电子科大比一比，土木系、建管系得跟交大比一比。你的学生会下工地，别人的学生也会下工地，在这方面就不算特色。也许你的"双师型"老师比他们多，这就可以算是一个特色。如果"双师型"老师数量都差不多，但你的"双师型"老师的技术职称高、结构更合理，也算是一个特色。举这个例子是要启发大家，要以"他者"为镜，在仔细对比中不断思考和追问我们的特色到底是什么？首先是要办出特色，然后是要把特色总结好、提炼好、宣传好，如此，方可达到"特色鲜明"的目标。

（二）课程体系存在个别不完善的现象

课程是学校人才培养的主要保证，是人才培养方案的重中之重，也是学校服务学生最重要的内容，"锦城课堂大于天"，就足以说明课程的重要性。

现代大学的人才培养是划分成班级的、成批量的，这种情况下要取得成功，必须以科学有效的课程体系为保障。所谓课程体系，就是由若干课程组合起来的有机体，既包括具体的课程，也包括课程间的内在联系，以及与人才培养目标的匹配。我们办学十一年了，是不是每个专业都能拿出一个清晰的、完整的、科学的课程体系来？能不能说清楚你这个专业的通识课有哪些，专业基础课有哪些，专业方向课有哪些，主干课程是哪些，核心课程是哪些，每门课程占多少学分，安排的先后次序如何，课程间的联系是怎样的……这个体系必须很好地对应人才培养目标，每门课程都要和人才培养目标建立起映射的关系，不能有脱离人才培养目标的课程，要清楚地说明某门课程是怎样具体实现人才培养目标的。

课程体系是一个相对稳定的形态，调整变动是可以的，但不能天天变动、随意变动，要保持一个基本的稳定。课程体系应该是一种运动变化中的平衡态，是师生可以看明白、心中有数的，也是随时可以拿出来接受评估和检查的。不能以"正在调整"为借口，迟迟拿不出一个体系来。

课程体系既应包括教指委的规定动作，也应该有学校的自选动作。不做规定动作，就有"离经叛道"之嫌，在评估时很难过关，但只做规定动作，就千篇一律、"泯然众人矣"，体现不出特色，也是不足取的。规定动作和自选动作的比重如何？怎样有机结合起来？是各个系要做的文章。

（三）与产业、行业前沿的贴合尚不紧密

我们的课程里和行业密切联系的课程还少了一些。前些年我们开展了深入实际的岗位调查，可以说是在中国高等教育的历史上开了先河。现在我们要把对岗位的调查和预测结合起来，因为社会发展得很快，有些岗位是在迅速形成的，我们除了要有"发现"的眼光，还要有"预测"的智慧，尽可能地使我们的课程和人才培养更加贴近产业、行业的前沿。譬如说我们电子系、计科系搞大数据、物联网、云计算等，就是贴近前沿，金融系搞互联网金融是前沿，机械系搞智能制造是前沿，其他系也要思考怎样贴近前沿。

2016年9月9日，锦城学院外国语系与四川路桥集团海外分公司合作建设"一带一路"综合型外语人才培养基地授牌仪式现场（外国语学院　供图）

（四）国际化程度较低

学校发展要提升水平，必然要走向国际化，这自然也包括人才培养和课程体系的国际化。我们的课程要努力和国际前沿相匹配。比如我们一直鼓励有条件的教学单位多采用权威度高、适用度高的国际化教材，ACCA用的就是英文原版教材，实践证明教学效果很好。那么，斯坦福的教材我们可以拿来用不？我很早就提过一个系能不能有一个专业或一个专业有一门课程采用国际化教材？当然，这也随即给我们的教师教学和学生学习提出了更高的语言要求，但我们能否先试一下？我希望有更多的专业或教研室出来带这个头。

（五）措施和力度不够

应用型人才培养方法中最重要的一条是产教融合、校企合作。我们从办学伊始就一直坚持这两条，但这个说起来容易做起来难。我们通过十一年的努力，取得了一些成绩，但依然存在两个深度不够的问题：一是为地方服务的深度还不够，二是与企业合作的深度还不够。在为地方服务的问题上，我们与省内地市州的学校相比，可能存在一些不足，地市州的学校往往很受当地政府的重视，所以与当地结合更紧密。成都的高校很多，高校间竞争大，怎么办？那就"上山下乡"，"农村包围城市"嘛。前些年我们与青白江区合作，我们跟达州市合作，工商系和巴中市合作，艺术系和阿坝州黑水县合作，这就慢慢地打开了一些局面。但总的来说，我们为地方服务的功能还比较弱，影响还很有限，需要进一步加强。在和企业合作的问题上，我们现在与600余家企业建立了友好合作关系，广度够了，但深度还远远不够，与一些大企业的合作，刚开始还不错，但慢慢地就淡了下来了，为什么呢？主要是因为合作还不够深入，融合得不够深。我们过去提过一些很好的办法，比如说吸纳地方和企业的专家与学校的专家组成顾问委员会、教学指导委员会等，有名有实，但还不够实，我们还要在这些方面加强。

三、抓住三个环节

在完善人才培养模式这个大题目下，要抓住三个环节。

（一）目标与要求

第一个环节是必须设立清晰的目标，这个目标要满足五项要求：一是国家的要求，二是社会的要求，三是学校的要求，四是师生和家长的要求，五是学校间竞争的要求。

教育部、教育厅都代表国家，对于领导机关的要求，我们要认真领会，积极贯彻。满足社会要求是我们多次强调的，学校的要求也是非常明晰的。要注意处理好师生和家长的要求，因为教师、学生和家长的要求虽然从大处看、长远看是一致的，但从局部、近期看，却未必一致。比如我们推行"三不放水"，管严了，有的学生不满意，管松了，广大家长不满意，这就要求我们在政策上有个取向。至于与学校间竞争的要求，更是多方面的，教学管理、学生管理等各个环节都要考虑到这一层要求，在积极竞争中，不断增强我们的教育教学水平。

总结一下，一是必须有一个清晰的人才培养目标，二是在人才培养目标的制定上要综合考虑到上述五个要求，这两点必须明确。

（二）路径与措施

一是要选好赶超路线。一般来讲，赶超有三条路线，第一条叫"单线赶超"，别人在前面跑，我们在后面赶；第二条叫"弯道赶超"，别人在前面跑，我们在后面赶，别人挡住我们了，我们就绕道转过去；第三条叫"复线赶超、专线升级"，就是我们在主道旁另辟一条辅道或复道，你跑你的，我跑我的，最后大家都能到北京，有一个成语叫"另辟蹊径"，说的就是这个意思。我们现在选择的是"复线赶超、专线升级"，我们不能跟在北大、清华后面跑，也不能跟在川大、电子科大后面跑，他们有他们的节奏，我们有我们的节奏，跟在别人后面跑，就容易被别人带乱节奏。错位发展是我们大的战略，但具体到每个系、每个专业怎样才能走好这条路，那就是大家要认真研究的问题了。

二是要把薄弱环节作为主攻方向。我们有强项，当然也有薄弱环节。有的系理论上不错，但实践上是薄弱的；有的系实践上不错，但理论上是薄弱的。各个专业有不同的情况，要找准薄弱环节在哪里，譬如我多次讲艺术系的学生有很多优点，大方、开朗、表达能力强、善于交流和沟通，但是读书少，到图书馆的次数少。须知读书是不能被替代的，守着图书馆那么好的资源不利用，那就浪费了。艺术系能否借鉴文传系的做法，要求学生读20本书，写40篇文章？编导专业为什么不可以要求学生写20个脚本？20个多了10个也行嘛。这只是举艺术系的例子，我们其他各系、各教研室、各专业都有自己的薄弱环节，大家都找找自己的薄弱环节，并将其作为改善人才培养的主攻方向。

三是要充分利用一切可以利用的资源。善于利用资源是一切成功人士的第一本领。国内外、校内外、系内外的资源都要充分利用。资源要共享，任何一个单位要想什么资源都有，那做不到。要学会利用外部资源，比如我们有的系请有关的专家来开讲座，文传系开了讲座，艺术系能不能参加？电子系开讲座，计科系能不能参加？工商系开讲座，财会系能不能参加？资源要综合利用，现在都讲共享经济了，共享就是大家分享，我为人人，人人为我，最后你好我好大家好。我们现在还有一个缺点是国外的资源利用得不好。现在热度很高的两所学校，一所是合肥学院，一所是天津中德应用技术大学，这两所学校都是应用型高校，都很好地整合了国外的教育资源，尤其是德国的资源。可惜我们没有德国的资源，但美国、加拿大的资源能不能争取一下？我们要发动全体员工引荐，使用国内外、省内外、校内外、系内外资源。我从前讲我们要傍"四个老头"，就是要借鸡生蛋、借船出海、借光发展嘛。现在还要把眼光放长远一点，把海外资源也纳入我们的利用范围。

四是要合理利用两种学分。上午有同志提出大胆的建议，认为可以把我们的学分分为"直接付费的学分"和"间接付费的学分"，我认为很值得研究。现在有一种倾向，好像课程越多，人才培养质量就一定越高。一说到要提高人才培养质量，首先想到的就是增设课程。其实世界上一流大学设置的课程都不是很多，而是少而精炼。美国大学的专业学分不比中国多，中国重点大学的学分不比地方大学多。从经营管理上来讲，课程也不能随便增加，因为每增加一门课程都要增加相应的成本，包括教学成本、管理成本、机会成本等。我们现在的总学分数和全国各重点大学的差不多，不能一增再增没有边际，着力点应该放在调整和优化结构上来。"直接付费的学分"和"间接付费的学分"就是一种思路，但具体怎么实施，还要做进一步的研究。

五是教师择优开课，学生自由选课。老师要择优开课，不要随便开设没有把握的课程，学校和各系也要把关，不要让老师随便开设不熟悉、不擅长的课程，否则他就只能照本宣科。学生要自由选择，选修课自由选择，必修课可以选择不同老师的课程，比如说外语，文举在讲，武举也在讲，10位老师都在讲，他可以自由选择去听谁的。我觉得这个不是什么洪水猛兽，无非就是文举班上人多了，武举班上人少了，那武举就要好好努力。这就是竞争，竞争有助于老师水平的提高，也会给学生带来更多的益处。

（三）评价体系

完善的人才培养体系必然包含科学的评价体系，有了这个评价体系，我们才能更好地评估、监控、分析、调整我们的办学行为。评估体系是由一系列科学的指标构成的，指标要具备如下几个性质：一是科学，有道理；二是可测量，有根据；三是可对比，既可以是纵向的在时间轴上的对比，也可以是横向的和别的学校的对比。举一个例子来说，比如全校大学英语四级考试的过级率，2015年是多少，2016年是多少，2016年比2015年是升了还是降了，这就是纵向的在时间轴上的对比；2016年，"锦城"的过级率是多少，川大是多少，"锦江"是多少，这就是横向的和其他学校的对比。

那么，我们的评价体系要抓取哪些重要的指标呢？这是我们要认真思考的问题，比如生源质量——现阶段主要指的是招生的分数线，这个是看得见、摸得着的；又比如公共英语四六级、专业英语四八级、计算机等级的过级率，还有建造师、会计从业等职业资格或等级考试的通过率，再比如就业率、考研率、出国率；还有对毕业生校友的追踪，毕业 3 年后的平均薪资水平如何？当了银行行长的有多少？当了项目经理的有多少？……把这些指标集合起来，就成为一个体系，我们要尽快拿出这样一个体系。

四、几个理论问题

（一）知识与能力

我们强调"做人第一，能力至上"，但从来没有否定知识的重要性。知识是能力的基础，没有知识做基础的能力只是原始的、本能的、不稳定的能力，那些具有持久性、发展性、创造性的能力一定是建立在稳固而且不断增强的知识的基础上的。现在社会上流行着一种简单粗暴、非此即彼的对立思维，把能力捧得过高，把知识贬得过低，轻视乃至藐视知识，我认为这是极端错误而且十分危险的。所以我要强调，知识是能力的基础，学习知识仍然是大学生的主要任务，传授知识仍然是学校和教师的重中之重。所有专业的学生都必须认真学习知识，所有老师首先是让学生学到更多的知识，并在这个基础上促进他们能力的发展、提高。

（二）节奏、均衡、疲劳、共鸣

英国教育家怀特海在他的《教育的目的》一书中专门讨论了教育节奏（rhythm of education）的问题，他指出教育是要讲节奏的，因为人的认知、发展都有一个内在的节奏，教育的节奏要和学习者学习的节奏相吻合才能引起教与学的共振、共鸣。如果教与学不在一个拍子上，则是揠苗助长式或削足适履式的教育，这就违背了人才成长的规律，强扭的瓜是不会甜的。

学校的排课要继续强调"三个均衡"，即学期课程、每周课程、每天课程要均衡。不要一天排8节课，也不要把某位老师的课集中安排在几周之内，这样对老师和学生都不好，老师容易生理疲劳，学生容易审美疲劳。对学生来说，这就好像暴饮暴食之后又长期饥饿，既不利于消化吸收，也不利于知识的巩固、提高。

教师的课堂设计和课堂教学也要注意把握节奏、引发共鸣。要学习孔夫子的"循循然善诱人"，让学生"欲罢不能"，好的课堂一定是通过精巧的设计，引人入胜，让人沉醉其中，达到忘我的境界，而且是流连忘返、回味无穷的。对我们老师来说，除了要具备深厚的专业功底以外，还要进一步学习和运用心理学、教育学的知识，以一种精益求精的教学设计和科学性、艺术性、技术性兼备的教学水准，达到师生共鸣的效果。

（三）教育改革的"供给侧"与"需求侧"问题

习近平总书记在经济领域提出了"供给侧结构性改革"，那么教育到底存不存在供给侧的问题呢？当然有，我们要实行将需求侧和供给侧结合起来的改革，需求是拉动教育发展的主要动力，供给满足需求，也可以创造出新的需求，这是基本原理。但就我们学校目前的发展阶段而言，更多的是供给要满足社会的需求。我很赞成大家讲的要做调查研究，应该把这个好的传统坚持和发扬下去。着眼点在需求侧，但发力点是在供给侧，供给侧要综合考虑结构、质量、特色等问题。

2016年6月15日，邹广严校长在2017届毕业生夏季实习生供需见面会上与同学亲切交谈（就业处　供图）

（四）分工、专业化、效率

人类社会很早就出现了社会分工，从历史上看，分工促进了人类社会的进步。亚当·斯密在《国富论》中就系统全面地阐述了劳动分工对提高劳动生产率和增进国民财富的巨大作用。在分工的基础上，又出现了专业、专业化和专业主义等观念。分工的对立统一面是合作，人类社会的进步，一方面是因为分工的细化，另一方面是合作的密切化。尤其是在现代社会，既高度分工，又高度合作，这与传统小农经济"自给自足"的做法是很不一样的，现代人应该要有现代思维。

搞教育也要注意分工、专业化和效率。我们的"长板原理"同样适用于教师的教学活动，要注意发挥专业化的优势，通过合作来互补支撑、互补短板。比如电子商务专业要学管理学原理，就可以跟着工商系的老师去学；文传系的老师讲实用写作讲得好，除了在文传系授课，也可以在全校授课……这样，大家的效率都能够得到提高，这符合大家的利益，也符合教师职业发展的要求。学校教务管理要做通盘的考虑，各教学单位也要以大局为重，不搞"小而全"，也不要给老师设置行政壁垒。

我主张每位老师讲课的门数要控制，不宜太多。因为课程设计是要花费相当多的时间和精力的，而人的时间、精力总是有限的。"样样通，样样松"，对老师、学生都不好，教学单位的领导也不要因为工作量的问题让老师开设自己不熟悉、没有把握的课，因为那样会降低我们的教育教学质量。

五、"双一流"目标和"双特色"发展

教育部现在启动了"双一流"工程，即"一流大学、一流学科"，那我们"锦城"怎么说呢？从长远上来看，我们也要搞"双一流"，不过应该是"一流大学、一流专业"。我们的强项是专业，所以我们的提法是"一流大学、一流专业"，或者更准确地说，"一流的应用型大学、一流的应用型专业"，这就是我们的发展目标。

与"双一流目标"并列的，是我们的"双特色发展"。"双特色"就是学校"三追两谋"精神中的"两谋"精神，即"学校谋特色，学生谋特长"。"双一流"是目标，"双特色"是途径，也就是说，为了达到"双一流"，关键就是抓"双特色"。大家试想，如果我们每个

系、每个专业都有特色，老师、学生人人有长板，个个有亮点，那我们学校是第几流？我看可以算是一流。

同志们，我们今天讲的所有内容，都是围绕着我们的中心任务——"培养人才"，我们要在过去十年的基础上去完善它，把本科教育做到最好，把人才培养做到最好。美国的奥巴马总统上台后，要求每所学校要配备一个优秀的校长，每一间教室要配备一名优秀的教师。我们也要求每一堂课程要配备一名优秀的教师，每一个专业或专业方向要有一套优秀的人才培养方案。什么叫优秀？就是任何一个上级机关来检查，任何一个兄弟学校来考察，任何一个学生或家长来评论，都说这是最好的，优秀就是有口皆碑。我希望大家能够共同努力，为把我们"锦城"的本科教育和人才培养做到应用型大学中的一流而奋斗，谢谢大家！

关于第二个十年规划的几个问题

——在第二个十年（2016—2025）规划研讨会暨第11期暑期干部学习班上的讲话[1]

（2016年8月19日）

今年的会议要在整风的基础上，对我们前十年的工作进行总结、反思和检讨，同时研究我校的"第二个十年规划"，制定《"锦城2025"规划》。在规划上，我们要做到有目标、有措施、有评价，要以人才培养为中心，既要培养满足当前社会需求的人才，也要着眼于培养五年后、十年后新技术、新产业、新岗位所需要的"未来型人才"。

下面讲一下我校"第二个十年规划"的五个问题。

一、目标的设定

这个目标我考虑再三，各系都根据实际情况提了自己的目标，我觉得都是切合实际的，但是要提一个能够振奋人心又切实可行的目

---

[1]8月16—19日，锦城学院第二个十年（2016—2025）规划研讨会暨第11期暑期干部学习班在北戴河举行。会议专题研究了锦城学院第二个十年规划的若干问题，本文是邹广严校长的总结讲话。

标，也很难。根据国务院、教育部提出的"双一流"建设要求，面向国内外产业发展、技术发展、社会发展的三大趋势，结合我校应用型大学的定位，我们将具体的目标设为以下三点。

锦城学院第二个十年（2016—2025）规划研讨会暨第 11 期暑期干部学习班在北戴河举行（宣传处　供图）

（一）实现一个转变：学校由"应用技术型"转变为"应用研究型"

我们把应用型大学的模式分成两个阶段：应用技术型、应用研究型。第一个阶段是应用技术型，是以教学为主、应用知识为主、培养有技能的学生为主。就是培养有专业知识的人才，如若培养出的学生什么都干不了，那才是失败。我们前十年走的就是第一阶段，后十年我们要走第二阶段，即应用研究型阶段，就是加拿大滑铁卢大学的阶段。在应用研究型阶段，科学研究的比重增加了，要用研究促进教学和知识的发挥、应用。后十年，我们要朝这个方向转变，逐步地转变。前十年我们在科研方面发表的文章不多，当时我们的主要任务是教学、培养人才。但现在不同，我们已办了十年了，我们的第二梯队、第三梯队都上来了，说明我们的年轻队伍成长起来了。副教授以上的专职专任教师，加上外聘的已达三百多人，这是不简单的。如果再没有研究来支撑，我们在三大职能中就缺少了一个职能，三个能力中缺了一个能力。这三个能力是必须具有教学、科研、为地方服务的能力，我们要为地方服务，不能没有教学能力、没有科研能力。教学能力就是除了输送人才还要为在职人员搞培训，科研能力就是帮助地方做项目，解决实际问题，这两个缺一个都不行。

能够实现这个转变主要有三个原因：一是时机到了，二是我们有了一定的基础，三是全国的形势。在武书连的评价里面，对我们人才培养的评价是很高的，但是老师的创造力、科研能力（发表论文），就排到后面去了。客观地说，武书连中国大学评价排行榜还是比较靠谱的，它客观地指出我们存在的优点和缺点。因此，我们在这十年，科研方面要赶上。

（二）争创两个一流：建设一流的应用型大学、一流的应用型专业

一流的学科要用一流的专业来实现，一流的专业要靠一流的课程来支撑，一流的课程要有一流的管理和老师来实施。所以我们提出了建设一流的专业，凡是我们办的专业，都要办成一流，办不成一流，就要淘汰。如果通过十年、二十年还搞不成一流，我看就要淘汰。有进有出、有上有下、有增有减，这是正常的，留在我们学校的一定是一流专业。同志们一定要明白，现在考生报考志愿，要么选名校，要么选好专业。如果你什么都不占，谁还会选你？

（三）争取三个突破

今后十年内争取三个突破：一是转设，摘帽子、实现独立；二是提升办学层次，创办硕士点；三是实现来校留学生零的突破。

1.转设，摘帽子、实现独立

这当然也有一个过程，转设要努力。第一，各项办学条件要达标；第二，要和母体学校进行有效谈判；第三，要投入资金，准备一笔钱"赎身"。总体来说，希望我们能够以较小的代价，实现学校的成功转设。

2.提升办学层次，申办硕士点

大家都提到了申办硕士点，我觉得很好。首先是联办，无论和谁联办，学校都给予支持。例如财会系与西南政法大学，只要他们愿意，都可以联办。硕士点这件事要经历几个阶段，首先是联办，培养力量，然后自主申报。教务处要把硕士点的申报条件印发出来。我们要积极准备、积极申报，成熟一个报一个，就和上一本专业一样。上了一本专业的要奖励，申报硕士点成功的更要奖励，重赏之下看看有没有勇夫。

3.实现来校留学生零的突破

在接受留学生这点上，我们要名不要利，所以要积极争取，无非就是倒贴一点，先立起来再说。现在出国留学的学生很多，到中国来留学的较少，所以要解决"教育逆差"的问题，要接受一部分外国人进来读书，为国家作贡献。

实现一个转变、争创两个一流、争取三个突破，这是未来十年我们要达到的目标。

二、关于"三个不动摇"

大家在讨论总结前十年的基础上，提出了"三个不动摇"。

（一）坚持我校办学思想、办学理念、大学价值不动摇

"锦城"的应用型大学的办学理念、办学定位、"三大教育"课程体系、劳动和创业特色教育等，在过去十年都被证明是正确的，应该坚定不移地坚持下去。

（二）坚持"三大教育"的课程体系，坚持严格管理和"长板原理"相结合的治校模式不动摇

严格管理就是从严要求，严格就是规范，就是制度，就是条条框框。"长板原理"就是适当宽松，就是有一技之长，是灵活。总体来说，就是严格和宽松相结合。

（三）坚持"四大合作"为基础，建立巩固的产教融合根据地不动摇

简单来说，校、系要有教学基地、实习实训基地、就业和创业基地，我们要有足够的、深度的、巩固的根据地。根据地是以校企合作、校地合作、校会合作、校校合作这"四大合作"为基础的。

三个"坚持不动摇"，第一个讲了指导思想，第二个讲了课程和治校的理念，第三个是培养人才时独特的、也是国家提倡的方式方法。提得准不准、全不全，大家可以讨论。我们必须把这几条强调起来。

接下来，我要解释一下"大学价值"。"大学价值"就是大学崇尚的办学总理念。"大学价值"经历了三个大的阶段：第一个阶段，培养人才。纽曼认为，大学是一个传授普遍知识的地方，"如果大学的目的是进行科学和哲学发现，我不明白为什么大学应该拥有学生"。可以认为，那时的大学，培养人才是其主要价值。第二个阶段，科学研究。以洪堡、费希特等为代表的一批杰出教育家，创办了高等教育史上第一所代表高等教育职能新发展的大学——柏林大学。柏林大学的办学思想是"大学应当同时进行科学研究和教学两项工作"，因此它被公认为是具有现代意义的大学。大学科研价值的确立，极大地影响了世界其他国家高等教育的发展。第三个阶段，服务社会。随着工业的发展，需要培养应用型人才，在这里为地方服务的价值又体现出来了。大学增强社会服务的新职能是与美国 1862 年颁布《莫里尔法》后一批赠地学院的建立相联系的，尤其是以威斯康星大学的办学思想为标志。这就是"大学价值"的三大阶段。因此，我们现在需要全面坚持大学这三个价值，就是"培养人才、科学研究、服务社会"。

三、如何取胜

我们现阶段进入了瓶颈，表现出来的是近三年招生录取分数线在高出省控线 40 分左右徘徊的问题，实质上是与公办学校竞争的问题。我们现在所处的圈层和以前不同，以前的竞争对象都是民办学校，所以容易脱颖而出，我们在西部第一的位置是毋庸置疑的。现在的竞争对象是公办学校，我们的劣势就显出来了。主要表现在以下两个方面：第一个是钱的问题，国家没有给民办学校经费支持，包括财政、信贷等方面的支持，所以这自然形成了一种弱势的状态；第二个是社会环境和舆论，社会上的环境和舆论对民办高校存在歧视，某些行业、省份还对民办高校学生就业进行限制，这不但打击了学生，也打击了学校。

在这样的情况下，我们和公办学校的竞争，如何才能取胜，如何才能突破这个"天花板"？这是我们目前办学最艰难的地方，这也是"锦城"黎明前的黑暗。现在学前教育、初等教育、中等教育都已经成功解决了民办和公办学校竞争的问题，例如成都外国语学校、成都七中嘉祥学校等，他们出现了"学费高，分数高，还要排队"的局面。可以说，中国的中小学民办学校实现了与哈佛大学、耶鲁大学一样的局面，成功地走出来了。这是为什么？原因很简单，因为公众对中小学的评价标准只有一个——升学率。这个考核指标是看得见、摸得着、可量化的。但是，对于高等学校来说，考核标准就多样化了，而且人才的质量要有一个较长的时间才反映出来。因此，对于民办高校来说，现在的局面很艰难，我们必须千方百计各个突破，胜过公办学校。突破这一关后，就是哈佛、耶鲁、康奈尔等美国著名私立高校的局面了，即柳暗花明又一村。总的来说，我们要从四个方面胜过公办学校。

（一）体制取胜

充分发扬、发挥体制、机制的优势，大胆改革，另辟蹊径。如果不改革，就显现不出体制优势。民办大学理应享有比公办大学更多的办学自主权，包括对干部的选拔、教师编制和职称评审、人才培养模式和课程配置、职工福利待遇等。总之，我们要通过改革更好地达到人尽其才、物尽其用。

（二）质量取胜

包括生源质量、教育质量、就业质量。我们现在的生源质量在四川省内民办高校中是上游，但与公办一起比，就处在中游，中间偏上。未来十年，我们要争取生源质量达到地方高校的中上游。

（三）特色取胜

包括管理特色、教学特色、生活特色。第一是管理特色，我们办学之初提出的"半军事化"管理，学生称"锦城高中"，家长很喜欢、很放心。后来我们提出"三不放水"，坚持从严要求和管理，这就是特色。王亚利副院长提出的加拿大滑铁卢大学的模式，可不可做？那也是一种模式和特色。第二是教学特色，我们提出的"锦城课堂大于天""三不放水""翻转课堂""两个设计"，这都是特色。第三是生活管理上的特色，我们的宿舍、食堂都是全国、全省办得最好的，校园规划得好、宿舍条件好、食堂办得好、操场修得好等，这都是特色。因此，未来十年，我们要在管理特色、教学特色、生活特色等三个方面取胜。

（四）宣传舆论、品牌形象取胜

注重网络新媒体和传统媒体的结合。各处系[1]要多用网络媒体、

---

[1] 锦城学院于 2016 年 5 月 17 日实行"部改处"，2016 年 11 月 7 日实行"系改院"，此处的"处系"是过渡时期的称呼，实指处和学院。

网站、微博等新兴媒体宣传学校。宣传上争取做到"少花钱多办事","又要马儿跑，又要马儿少吃草"。现在看来，谁用得好，谁就走在前面。宣传处、招生办、团委等各处系，都要重视，要利用一切机会，让品牌形象深入人心。另外，我们还要充分发挥校友的作用。例如，电子系校友胡泮参与5G研究攻关，工商系校友张皓宸靠写作出名，艺术系校友蒋矛是金鸡百花奖得主，金融系、计科系校友当小行长，土建系校友搞创业，这都要宣传。每个人都要树立自己的形象，把系、学校、学生、老师的形象树立起来，树立它们就是树立自己。传统的靠广告，我不是非常赞成，必要的广告是要做的，但靠广告不是唯一的路径。

四、五大发展战略

（一）差异化发展战略：走个性化、多样化、特色化发展道路

在我国普通高校的建设发展中，可以说"趋同化"是最大的弊病。尽管从经费、师资、生源等各个方面，一般高校不具备与重点高校公平竞争的条件，然而在各种评估中却又不得不享受"同一把尺子"评价的待遇，这就迫使普通高校追随重点高校的脚步前进，形成千校一面、同质化。

地方高校基础比较薄弱、资源比较紧缺，采取"直线赶超战略"很难取胜。我校自建校以来，坚持错位竞争，走个性化、多样化、特色化办学之路，是唯一正确的道路。今后十年，我们要继续坚持特色立校，开辟发展空间；坚持特色兴校，形成发展优势；坚持特色强

校，确立声誉地位。

我们在追赶国内外应用型高校时，既有仿效问题，也有追赶问题。在追赶的路线上，最好是复线超车，另辟蹊径，而不能尾追，尾追是永远超不了车的。

我们走差异化发展之路，不但学校要有差异，"锦城"要和其他学校差异开来，各处系也要与竞争对手有差异，各个专业也要与竞争对手有差异。怎么样体现差异呢？靠个性，靠特色。在"锦城"，个人、部门单位，都要有个性、有特色，与同类有区别、与众不同，真正形成多样化办学的局面。

差异化就是要个性化、多样化、特色化。过去十年，各系形成了自己的特色，这是个基础，将来要继续发扬。各个系的特色化差异发展要全覆盖，不能只一个专业。要一点突破，全面展开。每个系都要有特色，没有特色就不行，没有个性就麻烦。具体来说，学校内部允许多元化，允许各个系百花齐放、各不相同；学校外部，要和同类型院校专业区别开来，例如计科系的专业和电子科技大学的专业区别开来，财会系的专业要和西南财经大学的专业区别开来。区别不了就是没有个性，这个就是很糟糕的。

（二）国际化发展战略：走开门办学，开放办学，请进来、走出去的道路

早在 1983 年，邓小平同志就提出"教育要面向现代化，面向世界，面向未来"。而"面向世界"，实质就是要求教育走国际化之路。《国家中长期教育改革和发展纲要（2010—2020）》也有针对性地阐述了加强国际交流与合作、引进优质教育资源提高交流合作水平等内容。

2016年5月25日，泰国素可泰府史那空县代理县长和泰国商会大学高院长一行来访锦城学院，就国际合作联合培养硕士研究生问题达成共识（宣传处　供图）

高等教育国际化是全面提升高等教育质量的现实需要。在经济全球化、社会信息化、教育现代化的时代背景下，只有通过彼此交流与合作、相互学习与借鉴，才能在互通有无中扬长避短，不断提高自身的质量与水平，从而推动高等教育又好又快地发展。

国际化不是趋同化，而是"和而不同"。经济全球化和国际交往的增多，促使越来越多的领域建立了国际通行的活动准则和技术标准，使全世界各国大学之间有了越来越多共同交流的语言。同时各种大学排行榜在世界范围内确立了"好大学"的标准，很多大学都自觉不自觉地用这样的指标体系衡量自己的水平，这在一定程度上催发了评价标准的趋同倾向和接轨意识。任何一所发展中的大学都无法漠视高等教育面临的这种形势，不能游离于这种趋势和规则之外，放弃与国际教育界的对话和融入。国际化是跨文化交流，而不是消灭文化的独立性和差异性。坚持共同性，才有共同的语言；坚持差异性，才能取长补短，百花齐放。

我们学校国际化就是要解放思想、开放办学，就是要请进来、走出去，培养具有国际视野的跨文化的世界公民。具体来说，一是要把教师请进来、送出去。把国外优秀的教师资源请到我们学校，参与教学、科研和交流，把我校教师送出去参与教学、科研和会议，要让国内外教师多交流，走向世界。二是把学生引进来、送出去。把学生引进来就要实现来校留学生零的突破，采取多种渠道和方式鼓励国外学生来校留学，同时要通过多种渠道鼓励在校生对外交流。过去几年，我们在交换生、出国留学生方面做得很有成绩。三是把外国大学的模式、经验、课程、教材引进来。要积极学习国外大学先进的办学理念、办学模式，要大胆引进国外名校的前沿教材和课程，特别是自然科学和工程等方面，例如ACCA14门课程全引进，一举达到国际标准，做法很成功。

我们要逐步实现学校的国际化，实现教师的国际化、教材的国际化、学生的国际化、评价体系的国际化。在未来十年，争取与一两个海外学校合作办学；引进一批优质的全外文授课课程，逐步建立与国际接轨的专业教学课程体系，建成全英文授课专业两三个；逐步推进专业国际认证，全面提升专业建设的国际化水平；加大引进海外智力工作力度，建立完善激励机制和配套政策，采用多种方式大力引进海外高水平人才；建立来华留学基地，实现来校留学生人数零的突破。

（三）信息化发展战略：走用信息技术改造教育、改造学校、改造专业、改造课程的道路

总体来说，人类教育的历史，伴随着介质的不断革新。商代，竹简被发明，文字被记载了下来，促使了孔子这样伟大的教育家的诞生；公元105年，蔡伦改进了造纸技术，造纸技术的发展对学校教育的发展起到了重要的作用；11世纪中叶，毕昇发明活字印刷，活字印刷术改变了中世纪的大学，并促使了报纸的出现；1991年，蒂姆·伯纳斯–李发明了万维网，从此地球不同地方的人可以同时互动；2002年，麻省理工学院"经典物理"成为公开课程；2006年，可汗教育诞生，2013年，可汗学院拥有1000万注册学员，成为世界上最大的"大学"。

是什么改变的教育？园丁、教师、教育精神？不，是技术。第四次教育革命与信息技术的发展密切相关，以移动互联、大数据、物联网、云计算等组成的信息技术网，促成了现在的教育革命。

2012年是慕课元年，我们学校几乎是同步的，我们没有落后。"翻转课堂"全覆盖的提出，要求师生积极站在教育信息化的前列。我们要运用大数据、云计算、移动互联，建设智慧学校、智慧家庭，使学生用信息技术武装起来。我们的教学设施要信息化，教学内容、人才都要信息化。我们要好好研究信息化战略，用信息化改造教育、改造学校、改造专业、改造课程。与信息化并存的，还有智能化、虚拟化等。这是一个日新月异的时代，一些传统产业衰落了，一些新兴产业诞生了。各系要好好研究新技术带来的产业变化、岗位变化，要预测社会需求和毕业生去向的变化。要抓住新技术革命的战略机遇，迅速做出调整和反应，以促进我们教育教学的现代化，实现培养创新型、

未来型人才的伟大转型。

（四）复合化发展战略，走跨学科、复合式人才培养之路

随着知识经济的发展、信息技术的广泛应用，产业的边界愈趋模糊，复合发展已成为现代产业发展的基本方向。在当下这个知识融合、技术集成的时代背景下，培养适合时代发展需求，既有宽阔的知识面，又有强烈变革思维的复合型人才，已经成为必然选择。

具体来说，全校各系之间就要打破学科之间的壁垒，打破专业壁垒、行政壁垒，形成资源整合、资源共享、信息互动的局面，促使文理交叉、理工渗透，实现复合式发展。

复合化战略首先要求教师复合化，教师要具备跨学科的知识结构，在人才培养上，要培养跨岗位的复合型人才，这就必须进行跨学科的复合。总之，在未来十年，我们要将复合化战略应用到专业建设、人才培养、师资队伍建设等各个方面。

（五）产教融合发展战略：走依托社会、依托企业、产教融合、工学合作办学之路

"产"是指产业、生产、实践应用等。"教"是指教育，包括教学、科研、培养人才等。产教融合就是要求产业和教育高度融合，使人才培养、科学研究与产业需求实现"无缝对接"。从产业需求出发，明确办学发展方向，以地方优势主导产业的大中型企业为主，通过校企合作建立以产品和技术研发为主的中心，培养以技术应用推广为主的技术人才，最后形成专业群或学科群。

紧密围绕区域战略产业、新兴产业的发展和传统产业的转型升

级，主动对接产业行业需求，重新规划专业布局，建立一个有效合理的动态专业结构调整机制，对现有专业进行优化改造，重点培育和建设优势专业，以带动专业建设。

服务民族地区经济社会发展，锦城学院艺术学院为阿坝藏族羌族自治州黑水县拍摄旅游宣传片（艺术学院　供图）

各单位要继续坚持"四大合作"，突出应用型主题，建设好巩固的根据地，不断拓展"四大合作"的宽度和深度。保障学生有地方实习实训，每个系建设不少于50个基地。应用型人才培养没有基地不行，要采取多种措施与社会各界合办实验室和实习实训、就业基地。

五、十大保障措施

（一）人力保障

人力资源应包括管理队伍、师资队伍、服务队伍等三支队伍。学校的建设与发展，要靠这三支队伍支撑。

经过十年的发展，我们已经建设了一支学界和业界相结合、专兼职相结合、老中青相结合的三结合师资队伍。这支队伍在教学、科研和为地方服务方面发挥了很好的作用。今后十年，我们特别要注意继续内培外引，提供有吸引力的薪酬水平和工作环境等，培养一支具有博士学位的、中青年为主的教授、副教授队伍。

（二）实验条件保障

先进、实用的实验条件是保证教学和科研的重要条件，我们必须完善之。我校的实验室建设方案要科学、合理、不重复、实用，有较高的利用率。实验室建设要走多元化、多渠道建设之路。除由学校出资建设以外，大力提倡依托企事业单位共建、共享、共用、共管。

（三）课外阅读保障

促进师生广泛而深刻的课外阅读，是提高大学学术水平的重要措施。所以我们要加强图书馆建设和互联网建设。要增加数量，提高质量，调整结构，发展网络。要改善条件和服务，保证师生阅读和科研的需要。

（四）课程保障

好的学科、好的专业是由好的课程来保障的。我们学校"三大教育"课程体系，从板块上来说是很好的、很先进的，也符合国家和人民群众的要求，但是需要更具体化。我们的课程一定要做到"精准""精干""精到"，做到和培养目标相匹配。基础课要适当"宽"，但不能漫无目标；核心课要"精"而明确；专业和专业方向课要

"准"而紧跟前沿。总之，各个单位要对课程、课程体系做进一步的修订，要形成"锦城"的特色课程体系来支撑"锦城教育"。每个专业的课程体系要厉行审定程序并公布之。

（五）生源保障

生源仍然是保障教学质量的重要基础，吸收优质生源是提高教学质量的基础。在分批次录取制度没有被取消之前，要逐步争取我校的录取分数线向一本线靠拢，争取有五六个专业在一本批次招生，取消批次后也积极向上靠拢。当然，我们讲的生源质量不仅是讲高考综合分数，还包括学生的素质和特长。总的来说，生源保障就是要从宣传、招生技巧、在校培养等多方面共同努力。

（六）环境保障

环境包括硬环境和软环境。硬环境主要包括工作环境、学习环境、生活环境；软环境主要包括人际关系、师生满意度、工作满意度。继续贯彻严格与宽松相结合、纪律与自由相结合的治校理念，坚决保障学术自由，尊重教师的学术自主权。同时，工作不是无限制的自由，该上课必须上课，该到校必须到校。

我们现在为所有老师都配备了办公室，有些老师习惯了上课来下课

《"锦城2025"——锦城学院第二个十年发展规划（2016—2025年）》书影（校办 供图）

走，这可能不行，大家要共同讨论商量怎么解决这个矛盾。各系根据自己的情况制定具体的解决办法，学校出政策，鼓励老师在学校有更多的时间和学生接触。人际关系是大家要愉快地工作，互相支持，不拆台。学校和各处系、教研室要创造一个好氛围、好环境，提高工作满意度。

（七）服务保障

一流的大学必须有一流的服务，包括住宿、安全、活动、生活多方面的保障。学校要创造条件，教辅人员要更好地为教学一线服务，大家都要围绕一个中心，即培养人才，提供更为周到的服务。

（八）管理保障

学习世界一流大学的管理经验，包括行政管理、教学管理、学生管理都要采用世界上最先进的管理办法。各机关、处室要树立为教学第一线服务的思想，使老师办事更容易、学生办事更方便。一定要解决教师、学生办事难的问题，避免、杜绝管理事故的发生。通过刚性管理和柔性管理相结合的方式，增加师生对学校的向往度，增强学校的向心力、凝聚力。

（九）实习实训基地保障（四大合作基地保障）

保障学生有地方实习实训，每个系建设不少于50个基地，争取做到：一，基地高管和专业技术人员参与教学、人才培养全过程；二，合作搞科研项目；三，合作办实验室；四，合作培养人才。

（十）财务保障

贯彻开源节流、勤俭办学的方针，解决生钱、攒钱、用钱的问题。学校所有单位在花钱的同时，也要考虑如何才能对学校的财务方面有所贡献，通过业务运营、资产运营、社会捐赠等多种途径拓宽资金来源。但有一个基本原则就是不能在学生身上打主意，不准向学生收额外的钱，这是学校的底线。

总之，下一个十年，我校要保持在校生总规模两万人左右的水平，尽力实现各系的均衡发展。要实现以质量为中心的内涵式发展，实现学校的转型升级，争取办学层次、教育水平等上档次、上水平、上台阶，在创一流大学、创一流专业的活动中走在前列。

认识你的大学

——在2016级新生开学典礼上的讲话

（2016年9月5日）

各位来宾，各位家长，老师们，同学们：

大家上午好！

今天，我们在这里隆重举行2016级新生开学典礼。首先，我谨代表全体师生员工向锦城学院的新同学们表示热烈的欢迎！向四川大学、各股东单位、奖助学金设立单位和个人、用人单位和友好合作办学单位长期以来对本校的关心与支持表示诚挚的感谢！同时，向对我们投出信任票的广大家长们表示衷心的感谢和崇高的敬意！

同学们，从今天起，你们就是"锦城"的学生了。锦城学院是一所什么样的大学？她培养的是什么样的人才？这是你们首先要了解和知道的。

锦城学院自2005年成立那天起，就明确宣布："我们办的是一所应用型大学，培养的是高素质、复合型、经世致用的应用型人才。"学校的教育就是要为你们将来的就业发展和读研深造做好准备。我们毫不含糊地申明，本校教育旨在帮助你们实现知识和能力的统一，使你们的才能更加符合社会的需要，毕业以后能体面而有尊严地工作和生活。就业和工作是造福社会的机会、报答父母的基础、照顾家庭的保障、实现理想的起点。我校认为大学生就业是头等大事，实行就业导向的教育，帮助毕业生多就业、就好业。在"锦城"8届3万余名校友中，有3000余名校友进入了北京大学、哥伦比亚大学等国内外著名高校继续深造，其他大部分选择了直接就业或创业。在不到十年的时间里，我们培养了一大批优秀的工程师、会计师、管理者、艺术工作者、新闻工作者，其中不少"锦城"校友成长为银行行长、企业高管、项目经理、业务骨干。此外，还有一批成功的创业者，他们创办了自己的企业，为地方经济社会的发展作出了杰出贡献。"锦城"校友在为社会创造巨大价值的同时赢得了社会的认可，过上了体面而有尊严的生活。我希望你们以师兄师姐为榜样，秉持"现在刻苦学习，将来幸福生活"的信念，发奋努力，为将来就业和升学做最好的准备！

2016年9月迎新季，用独特的方式欢迎"锦城萌新"（宣传处　供图）

我校有一个育人标准，那就是"做人第一，能力至上"。为了实现这个标准，我们有一套完整的课程体系。这个体系从细节方面讲由若干课程组成，但从大的方面讲，我校只开两门课：一曰"会做人"，二曰"能做事"。

做人是立身处世之本，是一门大学问，欲成大事者，首先要在做人上下功夫。中华民族从孔夫子到毛泽东主席都非常重视做人。孔夫子教导人们要做君子不要做小人，儒家提倡的仁、义、礼、智、信，历经两千多年，至今仍是我们公认的价值标准，且在国际上影响日盛。毛泽东主席在纪念国际主义战士白求恩时号召人们要做"一个高尚的人，一个纯粹的人，一个有道德的人，一个脱离了低级趣味的人，一个有益于人民的人"。习近平总书记也说要会做人，做好人，做一个有高尚品德的人。我们推行"三讲三心"明德教育，就是要教会同学们讲诚信、讲礼仪、讲感恩；对国家人民尽忠心，对父母长辈尽孝心，对同学同事尽爱心，使每个同学都成为心地善良、感恩图报的有良心的人，成为尊长爱幼、亲善友爱的有道德的人，成为谈吐文雅、举止得体的有教养的人。同学们，拿出信心和决心吧，让我们在"锦城"明德修身，努力成为一个好人、善人、贤德之人！

"能做事"是我校的第二门大课。学知识、长见识、练本领、提能力、学会做事是大学生的天职，天经地义之事。能做事，首先是想做事，要有做事的愿望和激情。其次是要有做事的能力和本领。这些能力和本领从哪里来？要从学习和实践中来！本校的"一体两翼"知识教育和"三练三创"实践教育正是为此而设。专业教育旨在培养你们精准的专业能力，通识教育则侧重于帮助你们打下广博的基础，形成宽泛的迁移能力。"学习知识，运用知识，发现新的知识"三位一体则是我校教育的精髓。学校还培养你们的坚持力和"三会三商"。

"三会"即会动脑、会动口、会动手,"三商"是不仅提高智商,还提高情商和行商。以上这些教育让我校毕业生在工作岗位上大受欢迎,许多企业反映"锦城"学生人品纯厚,态度端正,积极主动,想做事,能做事,而且能做成事,是企业和政府机关重点培养的好苗子。这是"锦城"校友的成功,也是"锦城"教育的成功,相信你们也必将由此走向成功!

同学们,今天你们成了"锦城"的学生,就要符合"锦城"的标准,就要养成"锦城"的习惯,就要达到"锦城"的要求!

"锦城"对你们的要求是什么呢?主要有三条:

第一,全身心投入学习。我校是一所新兴的现代化大学,也是一所具有传统大学价值的严肃的大学。我们践行严格办学、严格治学、严格教学,坚持"三不放水""锦城课堂大于天",凡事从难从严,绝不马虎。要在这样一所大学成长、成人、成才、毕业、出彩,你就必须全身心投入!投入时间,投入精力,聚精会神,心无旁骛。必须十分专注,方能修成正果。同学们一定要明白,大学是老老实实做学问的地方,来不得半点虚假。教育和学习都是个慢功夫,任何人都别想创造什么短平快的奇迹。同学们要力戒懈怠,力克浮躁,下足真功夫、硬功夫,甚至笨功夫,"书山有路勤为径,学海无涯苦作舟"!

第二,自立自律,自主自强。你们从中学到大学,从家庭到学校,实现了人生中最重要的转变。你们在家里住单间,到学校要和室友一起住;在家里生活上有父母,有的还有保姆照顾,但到了大学就要自己动手。刚开始,你们可能不习惯,但这是你们走向独立的必由之路。为你们的生活和学习提供良好的条件和服务是我们的责任,但要像对待未成年人那样提供保姆式的服务，是做不到的，也是十分有害的。我们不能把大学办大了，却把大学生变小了。希望你们尽快适应转变，生活上自立，行为上自律，学习上自主，人生上自强，担负起一个成年人对自己、对社会的责任！

第三，激发潜能，发挥长板。我们是一所创新型大学，建校伊始就提出发扬创新、创造、创业的"锦城精神"，这样一所学校当然希望你们全面发展。全面发展是对德、智、体、美、劳五育的基本面而言，并不是在专业和能力上面面俱到、同等发力、均衡发展。均衡发展不符合人才成长的规律，我们更重视学生的爱好、特长、想象力和创造力。我校在长期探寻人才培养规律的基础上，创造性地提出并推行了教育学上的"长板原理"。我们认为一个人的成功很大程度上取决于他的长板而非短板。"锦城"的学生都是青年才俊，是应届考生中的优秀人才，人人都有自己的特长和亮点。而特长的发展、发挥离不开内心的热爱，离不开潜能的激发，也离不开宽松适宜的环境。"锦城"的氛围是鼓励创新、宽容失败、支持长板、发挥亮点。在"锦城"，不能帮助学生发挥长板的老师不是称职的老师，不会找到自己亮点的学生是不及格的学生。我们曾经为甘晓芸、余瞳、陈戈儿、马林等同学举办过个人音乐会，为王甜甜同学举办过个人书法展，为许婷同学举办过个人摄影展，还支持余晟睿团队制作出高精度 3D 打印机、无人机，支持刘亚团队制作出先进的人形机器人……类似的案例不胜枚举。在"锦城"，有特长，更出彩！所以，2016 级的新生们，一起来加油吧，一起来创造"人人有长板，个个有亮点"的伟大"锦城"！

同学们，你们选择了"锦城"，就是选择了"锦城"的办学思想、治校理念、规章制度、校园文化；选择了"锦城"，就是选择了自觉自主，自强自立；选择了"锦城"，就是选择了长板更长、亮点更亮。最重要的是——选择了"锦城"，就是选择了锦绣前程！

谢谢大家！

努力走在技术革命前列，
超前培养"未来型人才"

——在制定《"锦城2025"规划》，开展第二轮岗位调查，培养"未来型人才"启动会上的讲话

（2016年10月25日）

同志们：

2012年，我校开风气之先，在全国高校中率先开启了针对高校毕业生就业的岗位调查，对我校毕业生可能去向的2000余个岗位进行了深入的调查和分析，并对这些岗位所需要的知识、技能和素养进行了细微的描述，它为大学教育解决了两个问题。

其一，它促进了大学教育，尤其是应用型大学教育与现实社会需求的精准对应。社会需求的细胞是工作岗位，满足工作岗位要求就是适应和满足社会需求。其二，它颠覆了高校专业设置的原理和顺序。传统高校的专业设置是从学科出发，延伸出专业和专业方向，然后以卖方市场的姿态对应社会需求。而我们通过岗位调查，是把这个顺序颠倒过来的，从社会（产业、企业、事业、政府机构等）需求的岗位出发，几个类似的岗位对应一个专业方向，几个类似的方向形成一个专业，几个类似的专业回归到一个学科或跨学科。这种倒推的专业设置，我们称之为"逆向革命"，它把多年来高校人才跨学科培养的口

号变成了可行的实践。

现在,距离上次岗位调查已有五年,世界发生了翻天覆地的变化,以移动互联网为基础的新技术突飞猛进,大数据、云计算、智能制造、虚拟世界等飞速发展。这些新技术的产生和发展必然要摧毁一些旧产业,消灭一些旧岗位,同时也催生一些新产业,衍生一些新岗位。因此,现在我们重启新一轮岗位调查,不仅要解决社会现实人才需求的适应性问题,而且要解决未来五年、十年后社会对人才需求的超前性问题,这就需要我们根据新技术的发展,预测未来的岗位和它所代表的新的社会需求,努力培养"未来型人才"。这就是我们今后的方向,正如邓小平同志所说的,教育要面向未来。

事实上,近年来,我校一些院系已经在这方面迈出了重要的一步。例如,文传系着眼于技术文科,培养新媒体人才;计科系着眼于互联网平台,培养复合型商务人才;金融系着眼于互联网金融,培养金融新业态人才;电子系着眼于软硬结合的技术,培养智能系统研发人才;机械系着眼于智能制造和智能控制,培养新型技术工程人才。这些都使"锦城教育"走向全国的前列。

科学技术是第一生产力,任何一个社会的进步、产业的跃升都是技术革命的结果。教育不能总是被动地适应,而必须抓住以移动互联网为代表的新技术革命的战略机遇并迅速做出布置和调整,解决新形势下"教什么、怎么教"的问题,为大学培养人才,从"适应型"向"未来型"转变,努力走在技术革命的前列!

教育随笔三篇

（2016年）

教育管理和教育公平

我们的教育管理部门出了很多政策和规定，提出了若干个"不准"，例如没有户口不能入学或参加考试，农村的孩子及农民工子弟不能在城市入学或参加考试，这个省的孩子无论什么原因都不能到另一个省参加考试等，总之对读书和教学限制颇多。据说，都是为了一个神圣的目标：教育公平。

但实际上，现在的教育公平吗？恐怕没有多少人这样认为。北大、清华在北京的招生比例是河南、广东的几十倍，这个计划是怎么订出来的？高考凭分数决定一切，技能如何评价呢？如果分数加技能作为高考的评价标准就一定公平了吗？那品质道德又如何衡量呢？考了智商，还有情商、行商呢？所以，现在的高考本身就不完全公平。当然，也可以说，还找不出一种办法能兼顾一切人群，达到绝对的公平。

世界上大多数国家，包括中国的民国时期，都是把教育的选择权交给学校和学生，让他们互相选择，或者说交给了市场。这就像农民卖桃子，一筐桃子，有先来的，你可挑选，后来的，你也可挑选，不过后来的只能接受已经选剩下的，直到选完。大家选择的标准可能也不一样，有考虑颜色的，有考虑个头大小的，有考虑成熟程度的……总之，卖完了，选完了，大家都相对满意，这叫不叫公平？再比如青年人选对象，漂亮的、一般的、丑一点的，最后都嫁出去了，并无一个什么伟大的标准或程序，也未经政府成立一个"婚姻介绍考试院"，大家相对满意，算不算公平？我看算公平。

所以，政府的责任不是总说"No"，这不准那不准，而是多说一些"Yes"，要放手把权力交给学校和学生，指导学校和学生自主选择，要支持孩子有学上，上适合自己的学校。

现在每年高考期间都发现有些学生被骗，为什么？因为他们迫切要求上学，而正道对他不开放，逼他走歪道。如果不搞什么招生计划，像美国的大学那样，学校能招多少学生由学校自己定，难道天塌了？美国的社区学校可以说对想学习的人敞开了大门，读两年后想读本科，你可以继续读，没有限制。他为什么一定要去争本科？如果每个想读书的孩子都有书读，他为什么去上当受骗？

故，政府应何为？一曰"放"，即放手多元化办学，增加供给；二曰"帮"，即支持、帮助，不但帮公立学校而且帮私立学校或中外合作学校；三曰"监管"，当好学监，监督学校依法办学，量力招生，保证安全，提高质量。在过渡时期，政府对学校可以在容量上管上限，在质量上管下限（如专、本、硕等最低线）。

如果要讲什么教育公平的话，让更多的孩子有学上，让更多的孩子上好学，至少让更多的孩子要能上与自己的智力、爱好、家庭状况相适应的学校，这就是看得见、摸得着的公平了。政府不能继续把资源人为地堆给少数典型或重点学校，应该给大多数学校特别是民办学校更多的资源。

真正的教育公平不是人为地去限制、去约束、去划定范围，而是通过快速、有序、健康的发展去促进公平。教育公平是教育资源合理、有效配置的必然结果，是市场的价值选择和最终的结果导向，是人民群众在相对宽松的教育资源的选择下，所呈现出的自然状态。唯有这样的公平，才是真正意义上的教育公平。

邹广严校长是教育公平的呼吁者，在担任全国人大代表期间，多次提出书面建议，为全国民办高校师生的平等权益鼓与呼。图为教育部对其建议的答复（校史馆　供图）

学生的知识是从哪里来的？

学生到学校接受教育，最重要的目的之一是学习知识。知识是能力的基础，知识是智慧和本领的源泉，但是学生的知识是从哪里来的呢？

首先是从教师那里来，即教师教的，也是从书本上来的。教师的职责，按韩愈的说法即"传道受业解惑"，很重要的一点是传授知识。苏联教育家苏霍姆林斯基说："变知识为人所有……这是普通学校和大学教育的头等重要的任务。"

教师怎样教给学生知识，这是另外一个问题。一般地说，教师运用适当的方法，通过教科书作为手段和工具。正如美国教育家杜威所说："教科书的用途在于引出问题，并提供解答这些问题的知识。"英国著名教育家纽曼也说："可是细节、色彩、口吻、氛围、生气，使得一门学科融入我们血脉的那股生机，凡此种种都要从师长那里把捉……"

第二，学生的知识可以通过网络、课外阅读而来。现在信息技术发达，知识的载体和传播知识的渠道都多样化了，学生可以通过课外阅读、自学、互学等方式获取知识。

"锦城"图书馆：让知识之光照耀心灵（发现之旅频道　摄影）

第三，学生的知识是氛围、环境熏陶出来的。这里有两层意思，一层意思是氛围、环境出知识。北京大学陈平原教授说道："理想的大学校园，应是既有饱经沧桑的，也有英姿焕发的，老中青都有，大家在一起念书、思考、对话。"这种人与人之间的接触、交流，可谓谈吐生风，本身就是一个促进学生成长的、充满知识的大课堂。另一层意思是好的氛围、环境会促进学生学习知识。现在各大学都注意营造氛围，从美国的住宿学院到中国的现代大学办书院，均是如此。一所一流大学应重视校风、校园文化。在一个好的氛围下，差学生可以变好；在一个坏的氛围下，好学生可以变差。

第四，学生的知识是悟出来的，即学生通过自己的实践，体悟而成。悟性是什么？是一种感悟性的思维能力，它具有偶发性、跳跃性和创造性的特点，其表现如心领神会、醍醐灌顶、茅塞顿开、大彻大悟、触类旁通、举一反三。"悟"应分为两类，一类是感悟，一类是体悟，前者主要靠天赋，后者主要靠实践。

爱因斯坦说："学习某种东西，除了我们亲身去体验外，别无好办法。"毛主席在《实践论》里说："你要知道梨子的滋味，你就得变革梨子，亲口吃一吃。"当然，我们学到的知识多数是间接经验的东西，但那也是别人直接经验得来的。我国的大教育家陶行知提出"生活即教育"，美国大教育家杜威提出"做中学"，也就是一切学习都来自经验，这些都是说通过亲身经历体悟出心得和知识是一条重要途径。

既然学生通过以上四种途径获取知识，那么学校抓什么？一抓教师，二抓校风，三抓与实践实验相结合。

学生和学校

学校有自己的宗旨、理念和目标，有自己的规章和制度，这些东西体现了学校创办者的意志，是一所学校最本质的特征。

学生有选择学校的自由，但不能改变学校的方向。你选择哪所学校，就是选择了它的宗旨、理念、规章和制度。

学生是一个复杂的群体，他的要求和愿望并不一致。考分高的和考分低的、来自城市和乡村的、毕业后想就业和想考研的、想到大学学习和想到大学混个文凭的，各有所想、各有所见；而且学生是流动的，每年有毕业生离校和新生进校。如果按照每个学生的要求和愿望改造学校，那非但是不行的，而且会造成学校形象的扭曲。

"锦城教育"让学生成长、成人、成才、成功（发现之旅频道　摄影）

学生要怎么办，学校就怎么办，这是一种尾巴主义，不符合教育的本质，必须坚决反对。

　　当然，学校在制定一些具体的规定和管理办法时，要适当听取学生的意见，在不违背原则的前提下，满足学生一些愿望和要求，这是技术层面的问题，另当别论。

　　这是否违背学生的主体地位？不违背。所谓学生的主体地位是在学校这个框架里学生的位置，而不是把学生摆在学校的框架之上或者框架之外。现在有些提法过了头，例如"一切为了学生""为了学生的一切"，这前一句还可以，后一句就值得商榷了。学生的"一切"包括什么？是合理的，还是不太合理的？是应鼓励、支持的，还是应该批评、抑制的？我们需要甄别。

　　因此，学生和学校的关系，大致可以这样来总结：一方面，学生要遵守学校的教育和管理制度，选择了哪所学校，就是选择了这所学校的教育理念和规章制度；另一方面，学校要遵循教育教学的规律和学生的成长规律实施人才培养，要在适当的范围内考虑如何开展针对性的教育。学生是主体，学校是主导。